Stratégies de marchés

Groupe Eyrolles
61, bd Saint-Germain
75240 Paris cedex 05

www.editions-eyrolles.com

© Groupe Eyrolles, 2016
ISBN : 978-2-212-56439-6

Bernard Prats-Desclaux

Préface de Pascal Perri

Stratégies de marchés

Futures, CFD, actions

EYROLLES

Il n'y a qu'une chose qui puisse rendre un rêve impossible,
c'est la peur d'échouer.

Paulo Coelho

Sommaire

Préface

Tous traders ?

Bernard Prats-Desclaux s'attaque à un sujet tabou sur les marchés financiers. Son ouvrage présente toutes les garanties de sérieux. Son expertise professionnelle est incontestable. Le lecteur en apprendra beaucoup sur le trading dans un ouvrage qui présente une approche interdisciplinaire passionnante. Pourtant, par de curieuses dispositions d'esprit, une partie des Français a encore tendance à considérer le trading comme une activité sulfureuse. Heureusement, comme l'explique l'auteur, l'investissement séduit de plus en plus de foyers. Nous en avons besoin. Notre économie en a besoin ! Trading, investissement, on comprend immédiatement que les mots ont un sens caché. Hélas, l'actualité financière la plus spectaculaire a contribué à travestir le vrai débat, car au bout du compte, il n'est question que d'investissement et d'épargne. On montre les scandales de la spéculation, mais on oublie de dire combien la prise de risque est parfois périlleuse. Pardon de reprendre une expression mille fois employée mais là aussi, l'arbre cache la forêt.

Prenons un peu de recul. Sortons des passions aveuglantes pour entrer dans le champ de la raison. L'échange est inscrit dans la nature de l'homme, c'est la base de l'économie. Les premiers échanges ont produit les premières richesses et c'est ainsi que nos sociétés se sont construites. C'est ainsi, parfois au prix du risque, que nous avons collectivement abondé le progrès. Le trading et l'investissement mettent en scène la prise de risque et le financement de l'économie. Ils rappellent aussi très opportunément que, dans notre monde, les aventures économiques individuelles ont peu de place. Les éléments sont tous interconnectés. Ils interagissent. La science de l'investissement mobilise donc des connaissances, sans doute des intuitions et un grand sens de l'observation. J'ai beaucoup apprécié l'approche de Bernard Prats-Desclaux. Le trading ne se compare pas à une loterie. On bâtit des stratégies d'investissement sur une méthode globale, on doit anticiper, analyser, corriger ou adapter. Il n'y rien de magique en la matière. La conduite de l'investissement est une activité raisonnable, adossée à des connaissances académiques, à la comparaison. Elle rappelle pour partie les principes de l'échiquier de Machiavel. Imaginez un carré dont les quatre angles sont occupés par les principes suivants : la science, la précaution, l'économie et l'innovation. L'investissement requiert la bonne dose de ces quatre variables. C'est une science complexe mais il n'est pas de science plus utile. Bernard Prats-Desclaux réconcilie enfin l'économie avec les mathématiques. Il nous rappelle le rôle des contrats à terme dans notre vie quotidienne. Le contrat à terme assure par exemple le revenu immédiat de certains agriculteurs et les garantit des variations de prix. Dans des activités à forte intensité capitalistique où la rémunération de la production est lointaine, le contrat à terme assure le revenu du producteur sans lequel il n'y aurait pas de production. Actions, devises, matières premières, le champ de la spéculation est aujourd'hui très large. L'auteur ne se contente pas de présenter les produits financiers du marché. Il vous prend par la main et vous livre une bonne partie de sa boîte à outils. Vous trouverez aussi un jeu de rôle pour savoir quel trader vous aimeriez devenir et une galerie de portraits du trader méthodique au trader aventurier. Ce livre instructif et passionnant se lit comme un ouvrage vivant d'économie. Nous avons tous un jour parié dans notre vie. Le trader est un parieur qui aurait grandi en sagesse et en expertise. Alors demain, tous traders ?

Pascal Perri, économiste

Partie 1

Aborder les marchés financiers

Chapitre 1

Comprendre les marchés

Introduction

Trading et investissement passionnent de plus en plus les Français. Que ce soit dans le cadre d'une activité complémentaire, d'un loisir ou, pour les plus motivés, d'un objectif professionnel. Le monde de la finance intrigue, dérange parfois, irrite même certains esprits chagrins. Mais surtout, il fascine. L'imaginaire populaire l'associe facilement aux clichés des images véhiculées par le cinéma. La réalité n'a pourtant que rarement d'accointances avec la fiction. Loin des débordements et des excès, l'investissement et le trading sont d'abord et avant tout une leçon d'humilité et, osons les mots, une leçon de vie. Pourtant, rares sont ceux qui viennent sur les marchés pour en apprendre plus sur eux-mêmes. Le premier attrait est celui de l'argent, celui du gain et, parfois même, hélas, celui du jeu.

La réalité est plus complexe. Jour après jour, le trader doit maîtriser ses émotions, face aux pertes mais aussi face aux gains. Il doit gérer sa concentration sur une longue période, apprendre à trier les informations techniques ou fondamentales, et résister à la pression collective du microcosme. La perfection est un chemin, une quête, et jamais un aboutissement, une fin en soi. La réussite sur les marchés, tant pour l'investisseur que pour le trader, passe par l'application rigoureuse d'une méthode globale. La liberté, sans règles, n'est qu'égarement, actions non réfléchies, et contre-performances financières. Une méthodologie rigoureuse, appliquée avec discipline, adaptée aux soubresauts des marchés et à la personnalité de chaque intervenant doit permettre à chacun de devenir un gagnant des marchés.

Mon parcours

Diplôme de Business School en poche, je me suis lancé dans le trading à une époque où l'accès aux marchés n'était pas aussi simple qu'aujourd'hui. Internet démarrait, les courtiers internet n'existaient pas, les flux graphiques et les flux de données n'existaient pas, les livres et les formations étaient rares. Quelques années plus tard, j'ai été recruté dans un hedge fund avant d'en prendre la direction. Que ce soit en tant que trader pour compte propre ou trader dans des fonds, j'ai toujours eu la même exigence de la gestion du risque et du capital. La performance dans la durée exige une bonne analyse des marchés, une gestion du risque appliquée sans failles, et un mental adapté pour gérer l'environnement extérieur et intérieur.

Ces années de pratique et de recherche m'ont conduit à élaborer une réflexion profonde sur ce sujet passionnant des marchés financiers, de l'investissement et du trading. J'ai côtoyé de nombreux traders, j'en ai formé beaucoup aussi. Le trading est donc aussi une aventure humaine lorsque l'on reste guidé par l'humilité et le désir constant de progresser. Être meilleur aujourd'hui qu'hier mais pas autant que demain est une philosophie enthousiasmante. Franchir les étapes vers la performance ressemble à une quête initiatique. Rien n'est simple. Mais les obstacles ont été franchis un à un, pas à pas, avec patience, persévérance et volonté. Le sens de la vie, tout simplement. Animé de ces mêmes sentiments, je vais tous les jours encore au bureau travailler sur les marchés. Il n'existe pas de méthodes miracles. Le secret, s'il en existe un, est dans l'application rigoureuse d'une méthodologie, fruit de longues années de recherche. Apprendre le trading, c'est arpenter un chemin tortueux, partir en quête d'un inaccessible désir. Le trading est un formidable défi.

La méthode GTAS : pédagogie et efficacité

Écrire un livre sur le trading et l'investissement, c'est tracer les plans d'une méthode solide, poser des balises et des barrières, des règles et des interdits. Investir sur les marchés sans méthode est certainement la première erreur commise par les débutants. Ensuite, il faut être capable de faire preuve de discipline personnelle et de rigueur dans l'application pour que la performance soit régulière. C'est ici qu'intervient la gestion des émotions, le mental et la psychologie.

Dans ce livre, fruit de 20 ans de travaux et de recherche, mais aussi et surtout de pratique quotidienne sur les marchés, je décris pas à pas une méthode globale capable de vous mener au succès. Les outils sont présentés, les méthodes sont livrées, les stratégies sont détaillées et peuvent être appliquées sur les marchés telles que nous les utilisons nous-mêmes tous les jours.

L'accent a été tout particulièrement mis sur des notions rarement abordées, ou trop rapidement, comme la volatilité, la gestion de position et la taille de position et bien évidemment la notion de timing. Si la tendance est importante, elle est insuffisante à l'élaboration de méthode d'investissement et de trading performante dans le temps. Deux concepts nouveaux, ceux de zone de valeur et d'unité de base, sont présentés. Pour que la construction soit solide, chaque brique doit être placée correctement. Et il ne doit pas en manquer une seule. Mais un livre n'est qu'une première étape d'un apprentissage. Un site dédié, www.e-winvest.com, vous permettra d'aller plus loin grâce à l'ajout de nombreuses vidéos, d'exemples des stratégies traitées dans la troisième partie et d'articles complémentaires. Il sera régulièrement complété et mis à jour afin de vous aider à progresser à votre rythme et dans la durée. Enfin, et pour prouver que la méthode est réellement efficace, un suivi des performances, avec le détail des statistiques, est présenté. Prétendre enseigner une méthode d'investissement sans démontrer son efficacité, dans le détail et dans la durée, ne fait pas partie de notre éthique professionnelle.

Le reste dépend de vous, lecteur attentif, de votre implication, de votre travail et de votre désir de réussite. Mais ma confiance est totale. Celui qui décide de s'impliquer dans ce petit monde du trading doit être convaincu qu'il réussira. Et je ferai tout pour vous accompagner sur cette voie. Le formidable défi du trading sera relevé par le lecteur qui accepte les contraintes et les règles. Un trader doit être humble. Il connaît la difficulté, il doit savoir que la performance passe par des remises en cause constantes.

Pour réussir...

Derrière les fluctuations erratiques, souvent incompréhensibles pour le profane, se cachent des hommes, avec leurs émotions exacerbées, cupidité et peur. Beaucoup d'approches scientifiques ou pseudo-scientifiques tendent à apporter leur contribution à l'étude des marchés boursiers et au comportement des cours. Mais si la réussite sur le long terme implique l'application d'une méthode qui regroupe plusieurs analyses, l'attitude aussi est importante. Aborder les marchés en dilettante ou en mode jeu est l'assurance de l'échec. La mesure du risque doit guider chacune de nos actions. Si la prise de risque est consubstantielle à l'investissement, elle doit s'effectuer dans un cadre mathématique précis, et jamais sous le coup de l'émotion, de la déception, de l'agacement ou de l'euphorie. La gestion du capital et la gestion du risque, ainsi que la gestion des positions, sont des notions clés.

Mise en garde

Le marché est un maniaco-dépressif qui s'ignore. Il alterne entre des phases d'euphorie, des phases de somnolence et des phases critiques de panique. Pour performer dans la durée, il faut éviter de se laisser envahir, parfois submerger, par les mêmes émotions. L'opérateur, investisseur ou trader, ne doit raisonner qu'en critères objectifs, en dehors de tous sentiments. Certaines phases de déprime profonde seront des occasions uniques d'achat et certaines phases d'euphorie irrépressible, des occasions de prises de bénéfices. Dans tous les cas, l'acte de gestion s'effectuera avec mesure et calme, rigueur et discipline.

Les gérants de fonds long terme regardent les évolutions du marché à l'aune de la macro-économie et de la micro-économie. Les traders professionnels, souvent de formation scientifique, abordent les marchés comme une matière rationnelle où l'on peut appliquer avec succès des formules mathématiques. Les investisseurs privés, selon leur cursus, pencheront d'un côté ou de l'autre, certains favoriseront les mathématiques, d'autres l'économie.

Mathématiques et économie ne sont que des modes d'analyses. La structure profonde du marché, malgré l'avancée croissante des algorithmes de trading, reste guidée par la nature humaine. Le marché est la confrontation entre acheteurs et vendeurs, portés par des intérêts différents. Au sein de cette foule immense, disséminée aux quatre coins de la planète, la course au profit et à la performance prime. Il faut se montrer plus malin et plus fort que l'opérateur anonyme qui sert de contrepartie. Face au marché, le trader ou l'investisseur est seul contre tous, et tout le monde est contre lui. Les passe-droits pour la réussite n'existent pas.

Pourquoi divulguer des méthodes et stratégies qui marchent ? Il y a plusieurs réponses à cette question. La première est évidente pour nous. Si c'est pour écrire un autre livre de trading qui n'apporte rien de plus, sinon des conseils généraux, nous n'en voyons pas l'intérêt. La deuxième est plus subtile. Depuis le temps que nous diffusons conseils et analyses gratuits, nous ne pouvons que constater que le principal problème vient du manque de rigueur dans l'application. Apprendre comment pêcher est un début, encore faut-il ensuite que le débutant ne change pas de méthode tous les mois. Certains confondent adaptation d'une stratégie à sa personnalité avec modification d'une stratégie. La troisième réponse est que le seul risque qu'il y aurait à diffuser nos stratégies serait de croire qu'une large diffusion de nos méthodes serait susceptible d'en amoindrir la performance. Nous n'avons pas de statistiques précises sur le sujet, mais nous pencherions plutôt pour le contraire. C'est pourquoi nous n'hésitons pas à travailler avec des hedge fund afin de les doter de nos systèmes de trading. Enfin, dernière et quatrième réponse, l'enseignement est quelque chose d'humainement passionnant car on se penche vers l'autre pour essayer de l'élever, et de manière plus égoïste, enseigner, c'est s'obliger à chercher. Écrire un livre, c'est donc s'améliorer, sortir de la « routine » des marchés et de son environnement pour prendre son temps et réfléchir. Et en trading, on ne cesse jamais de tendre vers l'excellence.

J'emploierai indifféremment les termes « trader » ou « investisseur ». Le travail ne change pas, seules changent les unités de temps utilisées pour la prise de décision et donc le temps réel octroyé à cette même prise de décision. Pour éviter l'emploi répétitif des termes « trader » et « investisseur », sachez que dans mon esprit, ils sont identiques, et que les stratégies présentées dans ce livre conviennent aussi bien aux unités de temps courtes qu'aux longues. Lorsqu'il conviendra de faire la différence entre ces deux acteurs de marché, je l'expliciterai clairement.

Si nous réussissons à vous faire comprendre ce qui se cache derrière le mouvement des prix, il n'y aura plus de raison pour que vous en ayez peur. C'est comme dans les films d'horreur, ce qui fait peur n'est pas le monstre en carton-pâte mais bien l'image fixe de la porte qui grince, à demi-entrouverte. Dans ce livre, nous allons vous révéler, pages après pages, tout ce qui se cache derrière les portes entrouvertes. Les mouvements de marché ne vous feront plus peur car soit vous les comprendrez et donc vous resterez calme en sachant quelle action entreprendre pour faire du profit, soit vous ne les comprendrez pas et à ce moment-là, vous aurez retenu que ne pas trader ou ne pas investir lorsque les opportunités ne sont pas présentes est l'une des qualités indispensables à ce métier.

En théorie, gagner après avoir formulé des scénarios de marché reste relativement simple. Le choix est binaire : acheter ou vendre à découvert. Ce ne devrait donc pas être aussi compliqué que tout le monde veut bien le faire croire. Pourtant, quelques grains de sable viennent se greffer à cette vision simpliste. Chaque opération est grevée par des frais de courtage (pour les contrats futures, les actions, certains CFD), par du spread (écart entre l'offre et la demande) ou par du slippage (différence entre le cours d'exécution et le cours souhaité). Et même si les frais sont apparemment réduits, la multiplication des opérations, notamment pour ceux qui pratiquent le day trading ou le scalping suffit à rogner le capital du compte de trading. Plus un trader sera actif et plus la probabilité de le voir perdre augmentera. Peu de courtiers seront d'accord avec ce constat, mais ce n'est pas surprenant. Les intérêts des clients et des fournisseurs d'accès au marché ne sont pas toujours convergents.

La réalité exige donc de posséder un avantage comparatif réel, fiable dans le temps, et pour cela, il n'existe pas de raccourcis. Il faut être capable d'aborder les marchés avec une méthode globale, adaptée aux différents cycles de marché et prenant à la fois en compte la gestion du risque et des positions, mais aussi la psychologie de l'intervenant.

Dans un monde de compétition extrême, tout doit être étudié, prévu et encadré. Un trader ou un investisseur participe à un championnat où, match après match, opération après opération, il affronte les autres traders, investisseurs et gérants de la planète. À l'exception de quelques coups de chance, non reproductibles, ce sont les meilleurs qui l'emportent à la fin. Ceux qui brillent sans règles s'effondrent tôt ou tard. Ils font la Une des journaux lorsqu'ils entraînent avec eux une banque, ou ils se replient sur eux lorsqu'ils restent seuls chez eux à déplorer leur situation. Sur un match, chacun a ses chances, mais sur un championnat, dans une série de trades, il faut faire partie des meilleurs. Et plus le championnat durera, plus vous passerez de temps sur les marchés, et plus vous aurez à résoudre de situations complexes. Rendez-vous dans 20 ans, donc, pour les meilleurs d'entre vous. La durée est un critère de performance.

Les différents produits

Avant d'intervenir sur les marchés financiers, il faut d'abord faire le choix du ou des produits : les actions, bien sûr, les produits dérivés structurés comme les contrats futures, ou non standardisés comme les CFD et aussi le marché de devises, le Forex. On n'oubliera pas les options qui permettent de construire des stratégies de marché et tous leurs dérivés comme les warrants et les turbos. Il faut bien connaître les caractéristiques du produit sur lequel on opère.

Les contrats futures et les CFD sont à la fois des instruments de couverture, utiles pour l'investisseur long terme, et des outils de spéculation pour le trader actif sur les marchés au quotidien. La liquidité, la large palette de supports et le coût de transaction réduit en font des outils privilégiés pour l'investisseur et le trader moderne.

Les contrats futures

Définition

Les contrats futures ont été créés au XIXe siècle.

Un contrat future est un contrat à terme, négociable à l'achat ou à la vente, portant sur un sous-jacent comme une matière première agricole (soja, maïs, blé), un indice (SP500, Nasdaq, CAC 40), une devise (Eurodollar, EUR.JPY), une matière première (pétrole, or), ou un taux d'intérêt (T-Bond, Bund). Les contrats sont standardisés (devise, pas de cotation ou « tick », horaires, échéances), et traités sur des marchés organisés via une chambre de compensation (contrairement aux marchés OTC, marchés de gré à gré). Le carnet d'ordres est donc identique pour tous les intervenants, sur chaque coin de bureau de la planète.

Fonctionnement

Les variations d'un contrat suivent celles du sous-jacent avec un écart de cotation fonction de plusieurs éléments : valeur temps jusqu'à l'échéance, coût de l'immobilisation des capitaux par rapport au taux sans risque, et valeur des dividendes non perçus par les porteurs des contrats si le sous-jacent est un indice actions. À l'échéance, l'écart entre le contrat à terme et le sous-jacent devient nul.

Longtemps négociés à la criée, dont celle de Chicago au CBOT célébrée par Hollywood dans de nombreux films, la quasi-totalité des transactions s'effectue aujourd'hui de manière électronique.

Dès son origine, le contrat future est un instrument de couverture qui garantit aux producteurs ou aux industriels un prix de vente ou un prix d'achat futur, en transférant sur la contrepartie financière le risque de variation du prix.

L'agriculteur couvert par la vente, à prix ferme, sur le marché des contrats à terme de tout ou partie de sa production ne redoute plus une baisse de prix éventuelle. Il renonce à une hausse aléatoire des prix pour une assurance, gage de pérennité de son entreprise. Le risque à terme est supporté par le porteur du contrat. C'est ici qu'intervient le financier. Sans lui, pas de liquidité, donc peu de contrepartie, et donc un coût d'assurance plus élevé pour le producteur ou l'industriel. Et sans spéculateur, pas de marché, car la liquidité fournie par le spéculateur est l'assurance d'une faible prime de risque. Le spéculateur parie sur l'avenir en décidant que ce qu'il achète aujourd'hui vaudra plus cher d'ici son terme. Si c'est le cas, il est gagnant. Dans le cas inverse, il perdra la différence. Il a aussi la possibilité de transférer sa position, à tout moment, s'il estime qu'il a suffisamment gagné ou trop perdu. Il peut aussi engager des paris sur la baisse du prix en vendant le produit à terme pour le racheter plus tard à un prix inférieur si ses prévisions se sont révélées exactes.

Le principe est identique avec les contrats sur indices. Un investisseur individuel ou un gestionnaire professionnel investi sur les actions du CAC 40 peut souhaiter se couvrir d'une baisse des marchés actions. Plutôt que de couper sa position, passer à côté d'une poursuite éventuelle de la hausse et devoir subir des frais de courtage conséquents, il peut décider de couvrir tout ou partie de son exposition en vendant des contrats futures CAC appelés FCE. En cas de baisse du marché, il encaissera des gains sur ses contrats et compensera, en partie ou en totalité, les pertes de son portefeuille d'actions.

Un cours de compensation est calculé chaque jour après la séance boursière cash, à heure fixe. Il permet la détermination éventuelle des appels de marge et valorise la position ouverte.

Les échéances

Les échéances trimestrielles sont les plus courantes. Elles sont notées par des lettres (H, M, U et Z) associées à l'année. Z5 représente le contrat à échéance décembre 2015. Certains contrats, comme le FCE (CAC 40) ont des échéances mensuelles. F6 représente le contrat d'échéance janvier 2016.

Tableau des échéances

Mars	H	Juin	M	Septembre	U	Décembre	Z
Février	G	Mai	K	Août	Q	Novembre	X
Janvier	F	Avril	J	Juillet	N	Octobre	V

La liquidation des contrats a lieu le troisième vendredi de chaque mois pour le FCE (à 16:00), chaque trimestre pour contrat future DAX (à 13:00), ou le future Eurostoxx50 (à 12:00).

Caractéristiques

- Un trader ou un investisseur peut intervenir à la hausse (long) ou à la baisse (short) avec les contrats futures.

- La liquidité est assurée par l'ensemble des intervenants où qu'ils soient dans le monde. La plupart des contrats permet de rentrer et de sortir à tout moment grâce une contrepartie opposable. L'offre (bid) de l'acheteur est à un ou deux ticks[1] de la demande (ask) du vendeur. Sur un contrat moins liquide, le spread[2] s'élargira et le coût d'opportunité deviendra trop élevé pour le trading intraday.

- La chambre de compensation impose un « dépôt de garantie » lors de l'ouverture de position et un appel de marge quotidien est effectué pour les positions maintenues sur plusieurs jours sur la base du cours de compensation. Les marges intraday sont inférieures aux marges overnight[3]. L'intermédiaire financier doit se couvrir contre les mouvements de marché qui pourraient se manifester durant la nuit. Après la clôture officielle des marchés européens, les marchés américains poursuivent leur séance, des nouvelles peuvent déclencher de nouveaux mouvements. Puis durant la nuit, des événements en Asie peuvent créer de brusques décalages. Les marges demandées doivent tenir compte d'éléments exogènes.

- L'effet de levier attire depuis toujours le débutant en bourse. *Quitte à spéculer, autant spéculer gros et vite.* L'effet de levier est en effet un moyen d'engranger de somptueuses plus-values rapidement. Mais c'est surtout le moyen le plus rapide et le plus sûr de tout perdre. La plupart des traders perdants (plus de 90 %) usent et abusent à mauvais escient de l'effet de levier.

- Le coût de transaction, le courtage, est relativement peu élevé (de l'ordre de 0,01 % l'aller-retour) mais relatif car il incite beaucoup de débutants à pratiquer l'« overtrading », à confondre leur ordinateur et leur courtier avec une machine à sous. En day trading[4], la multiplication du nombre de transactions peut rapidement faire enfler la facture quotidienne jusqu'à parfois dépasser les gains (lorsqu'il y en a). Nous verrons comment se concentrer sur un nombre réduit de configurations, pour gagner de l'argent régulièrement.

---

1. Un tick représente la cotation minimale.
2. Le spread est la différence entre le bid et le ask.
3. Overnight représente l'action de détenir des contrats futures après la clôture des marchés, d'un jour sur l'autre.
4. Day trading : action d'ouvrir et de clôturer ses positions dans la même journée, en allers-retours rapides.

Exemple : le FCE (contrat future CAC 40)

La valeur du FCE est sa cotation multipliée par 10 euros (chaque point de FCE vaut 10 euros). À 5 000 points, il vaut 50 000 euros. Le courtier immobilise sur le compte une marge de 2 500 euros (variable suivant la valeur du contrat et de la volatilité).

Avec ce dépôt, le trader spécule sur 50 000 euros, soit un effet de levier de 20. Une variation de 5 % lui fera perdre tout son dépôt. L'effet de levier fonctionne aussi bien pour s'enrichir que pour se ruiner. Il est valable dans les deux sens. Certains traders l'oublient, surtout les débutants. Mais ce ne sont pas les seuls !

En intraday (prise de position et débouclage dans la journée), une variation de 25 points (0,5 %) équivaut à 250 euros de gain... ou de perte, soit 10 % du déposit.

L'effet de levier est très attractif... mais il est surtout très risqué.

Depuis le 2 septembre 2013, Euronext (anciennement NYSE Euronext) a lancé des mini-contrats sur l'indice CAC 40 (Bourse de Paris) et l'indice AEX (Amsterdam). Leur valeur est d'un dixième (1 euro le point pour le contrat CAC par exemple, code MFC). La liquidité n'est pas encore optimale mais elle s'améliore. Eurex a lancé aussi son mini-contrat DAX, depuis le 28 octobre 2015, sur une plage de cotation identique au contrat DAX, de 08:00 à 22:00, sa valeur cotée en point (et non pas en 0,5 point) est de 5 euros.

Les CFD

Définition

Le CFD est l'acronyme anglais de Contract For Difference. C'est un produit dérivé qui permet de spéculer à la hausse ou à la baisse sur de multiples actifs sous-jacents (actions, indices, devises ou matière première). Le vendeur – le courtier – s'engage à payer au souscripteur – le spéculateur – la différence entre le cours d'achat et le cours de vente.

Les contrats ne sont pas standardisés. Ils ne sont pas traités sur des marchés organisés par les autorités de tutelle mais sur des marchés OTC, de gré à gré.

Le courtier est à la fois market-maker et contrepartie. Le carnet d'ordres sur l'écran d'ordinateur est celui de son courtier, et ne sera pas exactement le même que celui d'un autre, notamment lors des mouvements de marché rapides et très volatils.

Fonctionnement

Le CFD est un contrat passé entre un courtier et un client, portant sur un produit spécifique, qui précise que la différence entre le cours d'entrée et le cours de sortie sera créditée sur le compte du client si c'est un gain, ou débitée si c'est une perte. Le courtier est libre de mettre en place le fonctionnement qu'il souhaite (levier...).

La valeur du CFD repose sur la valeur d'un actif sous-jacent et réplique son fonctionnement en partie (échéance si elle existe, horaires parfois élargis...). Les CFD portent ainsi sur les actions, les indices, les taux ou le marché des devises.

Caractéristiques

* Un trader ou un investisseur peut intervenir à la hausse (long) ou à la baisse (short) avec les CFD.

* La liquidité est assurée par le courtier, elle dépend directement de son sérieux, notamment sur les marchés nerveux. La liquidité est généralement très bien assurée durant les heures des marchés officiels, les heures de marchés cash, puis le spread s'élargit durant les heures de globex ou hors marché.

* Comme pour les contrats futures, le courtier va immobiliser une marge (un pourcentage de l'investissement) en fonction du risque présenté par le support (risque de liquidité et niveau de volatilité). Mais ce dépôt est généralement très faible par rapport au montant investi (pour un achat d'un contrat CAC par exemple, il suffira de quelques centaines d'euros selon le courtier).

* La conséquence de dépôt faible pour acheter un CFD est que les leviers autorisés par certains courtiers sont juste... délirants. Les plus sérieux ne mettent pas en avant cet argument pour attirer les traders mais les préviennent du risque de l'utilisation des leviers. Et il faut réitérer les conseils de prudence sur l'effet de levier, nous y reviendrons tout au long de ce livre. La principale cause de l'échec des traders débutants est un usage immodéré de l'effet de levier. Ils oublient systématiquement que le corollaire de gros gains potentiels avec un fort effet de levier est de grosses pertes probables.

* Le CFD est exempt de commission (à l'exception des CFD actions) et le courtier se rémunère sur l'écart (le spread) bid-ask. Cet écart, variable selon les courtiers et selon les sous-jacents, peut devenir problématique, voire prohibitif sur une forte poussée de volatilité, un violent mouvement de marché, lors d'annonces surprises par exemple. Le sérieux de l'intermédiaire financier est alors mis à l'épreuve. C'est un premier critère de sélection du courtier.

- Pour les positions overnight[5], des frais de financement sont appliqués aux positions détenues, fondés sur le taux interbancaire sur la devise négociée, plus un pourcentage.

Mise en garde

L'Autorité des marchés financiers publie régulièrement la liste des courtiers non agréés sur le territoire national. Il est impératif de travailler uniquement avec les courtiers reconnus par l'AMF.

Le principal avantage des CFD par rapport aux contrats futures est d'offrir à l'investisseur ou au trader débutant une large palette de produits, accessibles facilement depuis une plateforme unique, et surtout, avec des tailles souvent très largement inférieures à celle du contrat future. Le CFD permet donc à toute une gamme d'investisseurs ou de traders d'expérimenter des stratégies de trading en posant de l'argent réel sur la table, mais sans risquer des sommes colossales. La possibilité de travailler avec des mini-lots sur de multiples supports est un atout incontestable à condition de ne pas confondre le trading ou l'investissement avec un simple jeu de casino. Enfin, les horaires de cotations élargis sont aussi un des atouts à prendre en compte pour ceux qui ont une activité professionnelle.

Le marché des devises

Le marché des devises ou Forex (FOReign EXchange) est devenu très populaire parmi les traders ces dernières années. Pourtant, il reste un marché difficile à appréhender la plupart du temps et il ne devrait pas être abordé sans une certaine expérience des marchés. Ce n'est pas un marché de débutants.

Ouvert 24h/24, il attire les investisseurs et traders qui travaillent la journée et désirent trader (ou jouer) le soir ou très tôt le matin. Les leviers proposés sont souvent le meilleur moyen de tomber dans un mode gameplay[6].

Pourtant, le marché des devises peut être abordé de manière professionnelle et sérieuse à condition de s'intéresser à la macro-économie et à l'influence des banques centrales sur les mouvements de devises. Techniquement, les horizons de temps relativement larges présentent des configurations intéressantes, notamment avec des stratégies de suivi de tendance.

---

5. Positions détenues la nuit, en dehors des heures normales de marché, sur un ou plusieurs jours.
6. Gameplay : confondre marchés financiers avec un jeu en ligne.

C'est donc un marché très intéressant qui traîne une mauvaise réputation en raison d'un nombre conséquent de courtiers non régulés, ou régulés dans des zones peu exigeantes, et de la mise en avant d'effets de levier délirants. Une approche professionnelle de ce marché est possible.

Les actions

Avant d'être un produit à vocation spéculative, une action est un titre de propriété que les gens vont acheter lorsqu'ils pensent que les perspectives de la société sont bonnes, et qu'ils vont vendre lorsqu'ils envisagent le contraire. L'influence des nouvelles micro-économiques est donc très importante. Un bon résultat trimestriel d'une société du même secteur peut propulser à la hausse tout le secteur. Plus une action sera conservée longtemps et plus il faudra s'intéresser à l'analyse fondamentale, à l'économie. Pour du trading, voire du day trading sur actions, des allers-retours rapides, l'analyse technique sera suffisante. Les actions présentent beaucoup d'aspects intéressants pour celui qui veut s'intéresser à la bourse dans une optique de revenu de complément ou dans une approche de capitalisation pour la retraite (notamment au sein du PEA pour les Français).

Mais l'investissement en actions doit aussi passer par une méthode globale. À cet égard, GTAS (Global Trend Analysis System) permet aux investisseurs de ne plus se positionner à contre-tendance comme le font souvent les derniers arrivants qui suivent le conseil de leur banquier.

Comment choisir son produit ?

Un trader ou un investisseur doit d'abord s'interroger sur le temps qu'il veut passer sur les marchés. Puis, en tenant compte de son capital, il choisira les produits en fonction de son expérience.

- Le débutant se tournera plus facilement vers les CFD pour apprendre à opérer sans trop de pression sur de petits comptes de trading. Il pourra aussi investir sur les actions, sur des opérations plus longues, pour comprendre les mouvements de marché à moyen terme et ne pas se laisser impressionner par le bruit du marché et l'agitation médiatique.
- Le trader confirmé, doté d'un capital déjà conséquent, optera pour les contrats futures pour la spéculation, et les options pour ses positions long terme. Le marché des devises sera plutôt réservé à des traders court et moyen termes, déjà expérimentés. Il pourra aussi se doter d'un portefeuille actions.

Dans tous les cas, les CFD seront utiles à condition de sélectionner un courtier agréé et sérieux, pour tester sur compte réel de nouvelles stratégies ou commencer à travailler sur de nouveaux produits (un indice spécifique, une matière première...).

La volatilité des produits sera à prendre en compte. Un indice comme l'Eurostoxx50 ne se comporte pas comme l'indice DAX ou le pétrole. Le comportement de l'indice Dow Jones n'est pas celui du Nasdaq. L'action Parrot n'a pas le même comportement que l'action Total.

La volatilité est un des éléments à prendre en compte. Elle diffère énormément. Certains produits retracent beaucoup, d'autres très peu. Les cassures fonctionnent mieux sur certains, moins sur d'autres. Des produits sont corrélés entre eux, accentuant le risque global du portefeuille. D'autres permettent au contraire de diminuer ce risque en investissant sur des supports décorrélés. Certains lancent de puissantes tendances et en corrigent faiblement. Les cassures fonctionnent généralement mieux sur les produits plus prompts à se lancer dans une tendance puissante que les autres. Tous ces comportements devront être étudiés avant de choisir les produits sur lesquels investir.

Mon expérience

Je ne pourrai pas vous citer le nombre de fois où j'ai dû batailler avec des traders en séance de coaching pour les convaincre de s'aguerrir sur un ou deux futures ou une ou deux techniques. Si vous constatez que le produit n'est pas adapté à votre système de trading, à votre caractère ou à votre capital de trading, il ne faut pas hésiter à changer. Investir sur le contrat future DAX avec un compte de trading inférieur à 50 000 euros n'est pas sérieux. Mais il conviendra, auparavant, de s'assurer que les problèmes rencontrés ne proviennent pas d'une mauvaise gestion du risque, d'un mauvais timing ou de stratégies de trading défaillantes. À la condition expresse de ne pas tomber dans la tentation légitime de papillonner d'un produit à un autre, d'une stratégie à une autre, à la recherche du Graal. C'est le genre d'erreur qui déstabilise et ne permet pas de s'inscrire dans la durée. L'une des clés de la réussite passe par la répétition et donc par la spécialisation. Sinon, les difficultés réapparaîtront vite et aucun progrès n'aura été accompli. Du temps sera passé. C'est tout. Et sur les marchés, plus qu'ailleurs, le temps, c'est de l'argent !

Le débutant qui ne maîtrise pas encore son sujet cherche à s'améliorer et, souvent, il se disperse en cherchant à se nourrir de « tuyaux » glanés sur les réseaux sociaux. Il prend surtout le risque de nuire à sa concentration. Pour apprendre à maîtriser les marchés, comme dans tous les domaines, la répétition est obligatoire. Refaire constamment ses gammes pour acquérir des automatismes indispensables, notamment sur les phases de marché les plus émotionnelles. Maîtriser un produit avant de vouloir en essayer un autre est une évidence.

Chaque forme de trading et d'investissement a des spécificités techniques. Mais cela reste du trading et de l'investissement. Une méthode globale doit performer sur tous les produits et tous les horizons de temps en adaptant les stratégies, les moyens d'intervention et les temps de prise de position aux spécificités des produits financiers. Tout ce qui est écrit dans ce livre est applicable sur tous les marchés et sur tous les produits. En dehors de leurs spécificités techniques propres, les futures et les CFD se caractérisent par leur effet de levier. Le trader discipliné, celui qui gère son risque avec application et sérieux, celui aussi qui possède de bonnes connaissances techniques, trouvera dans ces produits à effet de levier des occasions de réaliser des performances enviables. En revanche, le joueur, l'indiscipliné ou l'impatient, pressé de gagner, ne réussira pas.

En suivant le chemin déroulé au fil des pages, vous deviendrez un trader ou un investisseur discipliné et rigoureux, capable de gagner sur les marchés, qu'ils soient en hausse ou en baisse.

L'essentiel

Pour gagner de manière régulière, il ne faut pas compter sur les « coups de bourse », sur la chance ou sur sa bonne étoile, mais bâtir un avantage comparatif, une méthode globale, qui considère tous les cycles de marché, et aussi les comportements exceptionnels comme les bulles et les krachs. Une méthode complète se base sur plusieurs analyses (technique, fondamentale, comportementale ou encore mathématique et statistique). Chaque critère objectif devra valider un ensemble convergent pour acter la décision. En combinant les techniques de trading discrétionnaire et les techniques avancées d'apprentissage des algorithmes de trading, il est possible de développer des modèles de trading et d'investissement capables de performer sur de nombreux actifs financiers. Des stratégies robustes fonctionnent aussi bien en intraday que sur des données long terme.

Les futures et les CFD sont des produits accessibles à tous, traders et investisseurs, à condition de bien connaître leurs caractéristiques. Le Forex et les actions sont des produits intéressants qui répondent chacun à des spécificités et des profils particuliers.

Bien connaître les différents produits avant de trader est essentiel. Savoir qu'un produit est traité sur un marché organisé ou sur un marché de gré à gré peut éviter des surprises désagréables.

Contrats futures et CFD permettent de travailler les marchés à l'achat ou à la vente.

Les CFD permettront aux investisseurs débutants d'apprendre le fonctionnement des marchés en utilisant de petits comptes de trading, tout en ayant accès à une large gamme de produits.

Les contrats futures seront accessibles à tous les traders suffisamment capitalisés et possédant déjà une expérience suffisante des marchés.

Les coûts de transaction sont des arguments de poids à étudier en fonction de son profil d'investisseur ou de trader. Plus la fréquence d'opération sera importante et plus le coût de transaction viendra grever la performance.

Utiliser l'effet de levier est un accroissement du risque, première cause de disparition subite du trader débutant. La gestion du risque, la taille de position doivent être intégrés dans une gestion rationnelle et cohérente du capital dévolu à l'investissement et au trading.

L'effet de levier est réservé aux traders et investisseurs expérimentés.

Se spécialiser, au début, sur un produit financier ou deux et sur une ou deux techniques/stratégies.

Chapitre 2

Un mental et des attitudes de professionnel

Le temps, ce n'est pas de l'argent, parce qu'il y a des moments où votre argent devrait rester inactif – le temps, c'est le temps, et l'argent, de l'argent. L'argent qui reste disponible pourra être investi plus tard au juste moment et faire une fortune – patience – patience – patience, voilà la clé pour le succès. Ne soyez pas pressé.

Jesse Livermore

Si la technique est importante, comme dans tous les métiers, le trading est très exigeant sur le plan mental. La mise en place d'une méthode rigoureuse permet aussi d'inscrire le trader dans un schéma gagnant en lui inculquant de manière quasi-mécanique les bonnes attitudes et le comportement adéquat.

Au bureau, face à ses écrans, le nombre d'opérations n'est jamais un critère pour déterminer si la journée a été bonne ou pas. Le résultat ne devrait pas l'être non plus. L'exigence est dans la concentration et l'application des méthodes d'intervention. Le qualitatif doit toujours primer sur le quantitatif à court terme, avec l'assurance de la performance sur la durée. Le trading n'est pas amusant, mais c'est normal, ce n'est pas un jeu. C'est un travail exigeant, parfois déroutant, exaspérant même à certaines périodes, et qui implique une motivation sans faille. Celui qui râle, qui parle, qui s'amuse sur les réseaux sociaux, ne peut pas sérieusement intervenir sur les marchés. Et il ne le devrait pas.

Mise en garde

Certains traders s'orientent vers le trading par goût du jeu. Le trading devient alors un formidable jeu, labellisé adultes en manque de sensations fortes. Ils se laissent rapidement submergés pas leurs émotions. Pourtant, trader n'est pas jouer. Investir n'est pas non plus laisser libre cours à ses peurs ou à son imagination. C'est une activité ou un métier, toujours exigeant, et souvent ennuyeux. Mais la récompense de la performance est à ce prix, et elle recouvre bien des satisfactions.

Pour vivre des marchés, pour agir comme un professionnel, il faut respecter les cycles long terme. Souvent, les apprentis traders et les investisseurs débutants se focalisent sur des horizons de temps trop courts. C'est l'air du temps. Les grands mouvements, les plus rémunérateurs, sont ceux qui durent quelques mois, voire plusieurs années. Pourquoi se priver de ces flux de marché robustes et lisibles sous prétexte qu'aujourd'hui on entre et on sort des marchés en un clic ? Le scalping et l'intraday sont utiles. À la fois formateurs pour tester des configurations et des stratégies en temps réel, et alimentaires, ils peuvent et doivent apporter des revenus réguliers. Mais savoir repérer de grands mouvements, savoir quand et comment les saisir puis rester assis sur une position de plusieurs semaines permet de réaliser du rendement, sans stress, sans puiser constamment dans les ressources, gourmandes en énergie et en tension, de l'intraday.

Mon expérience

Voulez-vous savoir pourquoi tant de formateurs sont sur les marchés et prétendent vous enseigner des techniques qu'ils savent ne pas pouvoir réaliser au quotidien ? La réponse est tout simplement dans la question. Le trading n'est pas seulement une affaire de technique. Encore faut-il être capable, années après années, de réaliser des opérations sur les marchés, d'en avoir l'envie, la volonté, employons le mot, le courage. J'ai connu de nombreux traders qui flambaient avant de disparaître aussi rapidement. Encore dernièrement, je suis tombé sur un site plutôt bien fait où le formateur se vantait de proposer ses services en montrant ses résultats, torse bombé. Intrigué, je constatais l'arrêt du site. Je suis donc allé voir ses performances sur le site de trading et il avait simplement fait du – 97 % en quelques semaines après seulement quelques mois à tenter de se parer d'une gloire sur Internet. Il est plus facile de parler que d'agir, surtout sur le long terme. Après 20 ans sur les marchés, au quotidien, je connais les difficultés de ce métier mais je suis toujours là, à acheter et à vendre, d'abord pour mon compte, puis pour celui de clients au sein de fonds de gestion et de hedge funds. J'ai seulement adapté le trading afin de pouvoir continuer à le faire aujourd'hui comme hier. Et je ne proposerai jamais de technique que je sais impossible à tenir plus de quelques mois sans un épuisement psychologique. Dernièrement, un de mes meilleurs amis, trader durant plus de 10 ans, s'est arrêté, épuisé. Il n'avait pas réussi à trouver une technique, non seulement efficace, mais surtout pérenne, capable de ne pas détruire par le stress celui qui la portait. Les débutants, toujours plein d'envie, ne pensent jamais à raisonner ainsi. C'est une erreur. Mieux vaut en avoir conscience dès le début plutôt que de constater son erreur après avoir perdu des mois ou des années. Sans parler de l'argent...

Le trading est en effet un formidable jeu pour les adultes qui s'ennuient dans leur vie quotidienne. Il est possible de réussir à gagner de l'argent en cliquant simplement sur sa souris. Se placer face à ses écrans pour regarder des courbes se dessiner. Anticiper le mouvement à venir. Voir son compteur se mettre à enfler. Le trader débutant découvre la magie des marchés, la magie des mots, des indicateurs colorés et se laisse envahir par les émotions. Le rêve est à portée de souris. Les légendes du trading sont là pour entretenir l'illusion. La peur de perdre, la joie de gagner, la cupidité, sont des moteurs extrêmement puissants. Le débutant sort de sa routine pour se jeter à corps perdu dans le trading. Le jeu a pris le dessus.

Portrait de trader : Philippe, l'ambitieux

Philippe se lance dans le trading avec un capital conséquent. Pour lui, le trading, c'est la liberté, l'absence de contraintes, plus de hiérarchie et plus de clients, et aussi des horaires flexibles à souhait. Il installe donc son bureau dans un coin de sa salle à manger, avec ses jeunes enfants autour de lui. Il refuse de quitter son domicile pour prendre un bureau avec des horaires et les contraintes d'un métier « normal ». Ses débuts sont catastrophiques. Il enchaîne pertes sur pertes, il achète quand il faut vendre et vend quand il faut acheter. La frustration et l'énervement le gagnent. La dure réalité écrase ses rêves de réussite. Sa vie de famille aussi s'en ressent. Après un entretien téléphonique, il décide de suivre une de nos formations. Puis, sur nos conseils, il consent à agir comme un professionnel en installant son activité dans des locaux séparés de son domicile. La liberté, c'est aussi ne pas empiéter sur celle de sa famille. Quelques changements dans ses méthodes de trading et la prise de conscience de la nécessité de professionnaliser son activité ont tout changé. Aujourd'hui, Philippe vit de son trading. Il a su s'imposer suffisamment de règles pour pouvoir profiter réellement de sa liberté.

Philippe existe vraiment et il se reconnaîtra. Je tiens à saluer son courage car il a accepté des contraintes qu'il refusait au départ. Il a eu l'humilité nécessaire pour réagir et se sortir de l'impasse dans laquelle il s'était engagé. Ce n'est pas donné à tout le monde.

L'introspection qui vise à amener le trader à développer une psychologie adéquate pour gagner sur les marchés n'est pas une fin en soi. C'est un outil de travail comme un autre. Mais c'est une pierre de plus dans la construction de son trading.

Déterminer qui vous êtes est essentiel pour votre réussite en trading. Choisir un système de trading qui convient à un copain qui est performant n'assure en aucun cas sa propre réussite. Appliquer un système sans l'adapter à sa personnalité est une erreur. Un système de trading doit se rapprocher de la personnalité et de la psychologie du trader.

Pour établir votre profil de trader et d'investisseur, vous devez répondre aux questions suivantes :

- De quel capital disposez-vous ?
  - Est-ce un capital que vous pouvez perdre ou pas ?
  - Quelle somme êtes-vous prêt à perdre pour apprendre le trading ?
- De combien de temps par jour disposez-vous ?
- Quel est votre degré de discipline dans la vie ?
- Quel est votre niveau de patience ?
- Pendant combien d'heures pouvez-vous rester face à vos ordinateurs sans trader ?
- Comment jugez-vous votre capacité de concentration ?
- Préférez-vous :
  - gagner souvent et peu et perdre beaucoup mais rarement ?
  - gagner beaucoup rarement et perdre peu mais souvent ?
- Après une perte, êtes-vous du style :
  - vengeur masqué : vous allez reprendre ce qui a été volé à la veuve et à l'orphelin (vous, en l'occurrence) ?
  - à tendre l'autre joue : vous attendez qu'on vous en remette une avant de réagir ?
  - à passez tranquillement à l'opération suivante ?
- Après un gain, vous vous sentez :
  - calme comme après avoir appliqué des règles ?
  - content du résultat financier ?
  - le « maître du monde » ?

Un trader doit comprendre que plus son capital de trading est petit et plus son temps de survie sur les marchés est compté. Cette situation doit être intégrée à son plan de développement. Ce sujet est rarement abordé. Peu de personnes ont intérêt à vous mettre en garde. Les traders qui ont beaucoup de capitaux peuvent se permettre d'en perdre... beaucoup. Ils travaillent généralement avec des leviers plus faibles, sont plus expérimentés, sont patients. S'ils commettent des erreurs, ils savent qu'ils peuvent rebondir sans soucis. Ils sont donc moins stressés, moins inquiets. Ils regardent les marchés lucidement. Voilà la différence entre un trader capitalisé et un qui ne l'est pas.

Mon expérience

Il ne vous viendrait certainement pas à l'idée d'aller vous inscrire à une course automobile avec votre véhicule de tous les jours. Vous connaissez déjà le résultat. Vous allez donc vous éviter les frais d'inscription. En trading, attaquer le marché avec un capital réduit, c'est accepter de payer les frais d'inscription pour se voir déposséder de son véhicule à la fin de la compétition. Oui, j'avais oublié de vous prévenir. Le trading est une course particulière. Si vous ne gagnez pas, vous laissez votre voiture à la fin de la course. Bien sûr, en tant que trader individuel avec un petit capital, vous aurez des « astuces » que n'auront pas les gros. Vous allez pouvoir emprunter des raccourcis, des chemins détournés. Mais vous n'êtes pas avantagé. Vous allez devoir être beaucoup plus prudent. Pas de mécanicien pour vous aider, pas de roue de secours en cas de crevaison. Si vous êtes prêt à vous investir et à rester discipliné pour appliquer des stratégies de trading efficaces, vous pourrez réussir. Mais uniquement à cette condition.

Vouloir travailler un contrat FCE avec moins de 10 000 euros est un handicap certain. En démarrant avec 30 000 euros par contrat, les chances de survie sur les marchés seront meilleures. Tout l'environnement pousse à travailler avec 3 000 ou 4 000 euros par contrat, avec des stops courts, souvent inadaptés aux conditions de volatilité. Le courtier a besoin de vous. Dix comptes de 10 000 euros valent bien un compte de 100 000 euros. Parfois même plus en fonction des effets de levier utilisés et des frais générés. Mais réfléchissez bien et demandez-vous de quelle manière travaillent les professionnels. Pour le future DAX, les comptes inférieurs à 50 000 euros devraient l'éviter.

Portait de trader : Jean-Pierre, le méthodique

Jean-Pierre, ancien cadre bancaire, décide de consacrer son capital de licenciement à son nouveau métier de trader. Il est ravi de quitter les bureaux aseptisés pour l'aventure du trading. Il a poussé très en profondeur ses recherches. Pourtant, son trading peine à décoller. Il a des bonnes périodes, des moins bonnes périodes. Au final, il ne s'en sort pas. Il fait partie de cette frange de traders, les 5 % qui ne gagnent pas et ne perdent pas. Son état d'esprit change totalement dès qu'il ouvre une position. Il opère sur les actions. Dans ses analyses, il est parfaitement rationnel, calme et rigoureux. Mais dès qu'il ouvre une position, ses émotions le submergent. Peur et espoir rebondissent et jouent avec lui comme sur une montagne russe à chaque fois qu'un tick le rassure ou l'effraie. Il en a conscience et sait que ça influe négativement sur son résultat. Il décide de gérer ses émotions comme le reste. Au bout de quelques semaines, il réussit à trader de manière détachée et froide, non émotionnelle, réglant sa position comme des curseurs mécaniques que l'on ajuste sans trop y prêter d'attention. Ses performances deviennent plus régulières. Il est donc sur la bonne voie. Il arrête le trading au bout de quelques mois. Il s'ennuie ferme devant ses écrans. Il ne trouve plus ce qu'il était venu chercher avec le trading.

... / ...

L'adrénaline, l'émotion, le stress. Les montées de joie avec des gains et les baisses de moral avec les pertes. Il se nourrissait à l'émotion et non pas aux résultats. Il a repris une activité normale, je ne vous dirai pas dans quel domaine... vous ne me croiriez pas.

Jean-Pierre ne se reconnaîtra pas dans ce portrait car je doute qu'il relise un jour un livre de trading.

Avant d'ouvrir la plateforme de trading, il faut analyser le marché. Sans ce travail préalable, sans l'élaboration de scénarios prospectifs, investir ou trader revient à jouer en bourse, ce qui n'est pas compatible avec la performance sur le long terme.

Savoir ce qu'il faut faire est très important, mais il faut aussi savoir quand ne rien faire devient la meilleure option.

Portrait de trader : Stéphane

Stéphane veut se lancer dans le trading de futures. Il discute de trading sur Internet et s'entraîne pendant six mois sur une plateforme de démonstration.

Il essaie et teste plusieurs futures, plusieurs plateformes, avant de commencer à trouver un équilibre.

Au bout de quelques semaines, il gagne régulièrement. Juste avant de passer en réel, il réalise régulièrement 10 à 20 % par mois, avec des configurations qui lui donnent 80 % de trades gagnants.

Sa réussite professionnelle lui permet de vivre en dehors de ses résultats de trading. Pas de pression du résultat, donc. Sportif et compétiteur, il a l'habitude de l'effort et de la concentration. Stéphane est calme, serein, totalement détaché des gains ou des pertes : le candidat idéal pour le trading. Animal à sang-froid et entraîné sérieusement pendant des mois avec un capital de trading élevé plus du capital en secours, si nécessaire.

Il commence le « réel » un vendredi. Première journée et premier gain. Le soir, il ouvre une bouteille de champagne pour fêter ça.

En fait, il a raison d'en profiter ce soir-là. C'est le premier et dernier jour où son compte de trading s'affiche en positif. Il encaisse 20 journées de pertes consécutives avec un – 15 % au terme de trois semaines de trading. Toujours en retard ou en avance. Un timing soudain défaillant. Il essaie les stops courts : il saute. Il essaie les stops plus larges : le marché *va le chercher*.

Son moral est atteint. C'est un sportif, il devrait pouvoir rebondir. Ses réactions deviennent incontrôlées, il oublie ses règles de gestion du risque,

... / ...

« pète les plombs » plusieurs fois. Au bout de trois mois, son capital affiche un –40 %. Il veut abandonner le trading.

Résumons : il a travaillé pendant des semaines sur un système qui marchait bien. Soudain, il s'est mis à essayer toutes sortes de systèmes, accumulant les pertes, multipliant les trades comme en « papertrading »[7]. Il refuse mon aide et s'enfonce. Il n'acceptera mon aide qu'après avoir sérieusement entamé son compte. Stéphane se reconnaîtra. Il n'a finalement pas renoncé. Et les premiers résultats positifs commencent à apparaître. Il applique des stratégies de trading précises et il agit avec rigueur et discipline.

Le plan de trading et le plan d'investissement

Le plan de trading est de l'ordre de l'analyse et du descriptif. C'est un guide qui structure les interventions autour de configurations techniques bien assimilées. Les opérations sont ensuite réalisées de manière quasi automatique en appliquant rigoureusement, avec une discipline sans failles, tous les paramètres de gestion de position. Le plan précise les actions possibles, le sens (achat ou vente) à privilégier, les stratégies à appliquer, les niveaux fixes ou dynamiques à surveiller. Le plan définit le cadre. Comme une carte routière, plusieurs chemins sont dessinés, des voies rapides et des routes départementales, pour arriver à l'objectif : trader avec succès. L'analyse détermine la tendance, sa force, sa vitesse et sa maturité sur différentes échelles de temps. Les produits et les horizons de temps qui offrent les meilleures opportunités sont soulignés.

Un plan de trading doit comprendre les éléments suivants :

- les tendances sur au moins trois horizons de temps, plus la tendance primaire ;
- les horizons de temps qui offrent les meilleures probabilités d'intervention ;
- les niveaux de volatilité ;
- les scénarios probables à X périodes ;

---

7. Trading sur un compte de simulation. Les opérations restent virtuelles et ne sont pas réalisées sur les marchés.

- les zones de valeur et les zones d'équilibre ;
- le sens à privilégier pour les opérations ;
- les stratégies envisageables, celles à privilégier en fonction de l'avancée du cycle ;
- les signaux d'alerte qu'il faudra surveiller ;
- les signaux de market timing à privilégier ;
- les niveaux d'exposition à allouer pour chaque stratégie.

Le scan de marché sur plusieurs actifs financiers permet de découvrir les meilleures opportunités. Lorsque les indices actions ne donnent pas de signaux cohérents et utilisables, les marchés de taux peuvent être intéressants à surveiller, ou ceux des matières premières. Le marché de devises peut lui aussi présenter des opportunités spécifiques.

L'analyse effectuée, l'opérateur s'est forgé des convictions fortes, moyennes ou inexistantes. Il peut alors décider des produits ou des scénarios à surveiller.

Tous ces paramètres de configurations, de stratégies, d'entrées, de gestion du risque, de gestion des positions, sont établis à l'avance. Au moment de cliquer pour ouvrir sa position, l'opérateur est pleinement et uniquement concentré sur sa configuration technique et sur l'application des règles de gestion. Et uniquement sur cela. Le travail a été fait en amont, des choix mûrement réfléchis et backtestés, seul moyen de ne pas laisser ses émotions prendre le dessus à chaque bruissement de marché. L'improvisation n'a pas sa place à ce stade, au moment d'ouvrir une position sur le marché.

Portrait de trader : Alexandre, procrastination et sur-optimisation

Alexandre nous accompagne depuis maintenant plus de 10 ans. Durant les deux premières années, sagement, il s'est constitué une solide expérience de chercheur en science des marchés, le fameux syndrome du garage. Il cliquait peu, trop peu. Chaque fois que j'essayais de le pousser, il me renvoyait mes propos : rigueur, recherche, backtesting, patience... En effet, j'ai patienté, pris à mon propre jeu. Puis le temps passant, j'ai décidé de le mettre devant ses propres contradictions. À force de backtester, le trader qu'il voulait devenir s'est mué en chercheur. Doté d'un capital conséquent, le confort des marchés vu du siège des spectateurs était agréable. Le passage à l'action résonnait comme une douleur. Il le repoussait donc toujours au lendemain. Il fallait le remettre sur de bons rails. La discussion fut vive. Le travail de recherche ne devait et ne pouvait tendre que vers un seul but : l'efficacité sur les marchés, le résultat et la performance. La seule vérité sur les marchés est celle du terrain, des résultats. Les backtests ne doivent avoir comme objectif que le passage à l'acte. En fait, il gérait

... / ...

> très mal son stress et voulait donc toujours plus de certitudes. Je lui ai expliqué qu'il confondait préparation rigoureuse et performance assurée. Progressivement, il en a accepté l'idée. Au bout de quelques semaines, il a commencé à maîtriser son stress et a pris l'habitude d'investir. Aujourd'hui, il opère avec succès sur les marchés. S'il est indispensable de backtester manuellement ou informatiquement des stratégies, certains se complaisent dans cette recherche, intellectuellement passionnante, mais nullement rémunératrice.

Le travail de l'intervenant sur les marchés consiste donc, de manière chronologique, à :

- scanner les différents marchés et/ou les différents horizons de temps ;
- repérer le ou les sous-jacents les plus intéressants ;
- déterminer les zones de valeur et les niveaux fixes et dynamiques ;
- identifier des configurations ;
- choisir un système de trading ;
- élaborer des scénarios et attendre les signaux d'alerte puis les signaux de market timing ;
- appliquer une stratégie.

Intervenir sur les marchés, c'est savoir quand et où entrer, comment gérer la position et enfin où sortir en gain ou quand stopper sa perte.

Maîtriser les entrées

Bien que le guépard soit l'animal le plus rapide au monde, il attendra d'être sûr d'attraper sa proie. Il peut se dissimuler une semaine en attendant le moment idéal. Il attendra que passe une antilope et pas n'importe laquelle, une bête blessée. Alors, sûr de prendre sa proie, il attaque. C'est pour moi la quintessence du trading.

Mark Weinstein dans Jack D. Schwager,
Le secret des grands traders

S'il est difficile, et inutile, d'essayer d'acheter au plus bas ou de vendre au plus haut, ouvrir une position sur le marché dans le bon timing est une étape importante. L'ouverture influence directement et indirectement les autres paramètres des stratégies.

Un débutant doit, dès ses premiers pas sur le marché, travailler spécifiquement cette partie très importante de l'opération. Le timing est étrangement souvent négligé alors qu'il est un atout incontestable dans la performance globale à long terme.

En pratique

L'objectif de tout trader et investisseur est de découvrir des configurations de marché à faible risque et à fort potentiel de gain, des configurations graphiques et techniques où la tension entre les acheteurs et les vendeurs est maximale. Une configuration doit être facilement visible, qu'elle soit recherchée visuellement ou algorithmiquement. Si un trader écarquille démesurément les yeux pour détecter une configuration, il cherche à forcer le destin, à ouvrir des portes qui ne sont pas là, et son œil finira par lui offrir ce qu'il cherche. Il n'est plus à l'écoute du marché, mais il est simplement mû par ses émotions, son ennui ou sa frustration. De bien mauvais conseillers. C'est la meilleure manière d'échouer.

Un bon timing d'entrée présente de multiples avantages.

- Plus l'entrée est précise et plus il est possible de placer un niveau d'invalidation proche. D'où l'intérêt de rechercher des configurations techniques sur l'unité de temps de timing ou mineure en phase avec le cycle de marché des unités de temps supérieures.
- Plus le niveau d'invalidation est proche et plus le trader pourra utiliser, sans risque supplémentaire, l'effet de levier. Pour un risque donné équivalent, il pourra augmenter le nombre de contrats ou de lots. Il maximisera ainsi son rendement sans trop dégrader le taux de réussite de sa stratégie.
- Un niveau d'invalidation optimisé sur l'unité de temps mineure offre aussi l'avantage de réduire le temps (relatif) d'exposition au marché, de sécuriser rapidement la position en remontant le stop, et en cas de stop activé, de pouvoir passer à une autre opération, sans immobiliser inutilement ses ressources, mentales et financières. Un bon trader doit prêter autant d'attention à son capital qu'à sa fraîcheur mentale. La fatigue est mauvaise conseillère.

Un timing précis est donc économe en énergie, en tension psychologique, pour l'opérateur de marché. Pour les débutant, il est toujours nerveusement fatigant de s'accrocher à des positions pour les voir fluctuer sans tendance durant de longues minutes/heures/jours (selon l'horizon de temps de l'intervenant). Une entrée précise et un stop court évitent toutes ces tensions. L'opérateur sait rapidement s'il a eu tort ou raison.

La précision de l'entrée permet donc d'accroître la performance totale et le rendement par unité. Elle installe l'opérateur dans un confort psychologique, si appréciable pour les moins expérimentés. L'ouverture de position ne peut donc pas être négligée, ni se résumer à entrer uniquement dans le sens de la tendance en pensant qu'il faut toujours suivre le mouvement, ou à contre-tendance parce que l'on estime que le marché est « trop cher » ou « trop survendu ». Une entrée obéit à des critères objectifs, définis pour une stratégie donnée : le doigt mouillé, le flair et l'intuition d'un « gros coup » ne font pas partie des armes des traders et des investisseurs.

Deux types de timing

Classiquement, nous utiliserons deux types d'entrées : les entrées sur niveaux et les entrées sur validation technique.

Les entrées sur niveaux pourront s'utiliser aussi bien en suivi de tendance (trend following) qu'en retour à la moyenne (mean reversal). Dans le premier cas, en tendance haussière, on entrera typiquement à l'achat (inversement à la vente) sur des zones supports (résistances), repérées dans l'analyse et inscrites dans le plan de trading. Dans le second cas, on ouvrira des positions à la vente (inversement à l'achat), en tendance haussière (baissière) sur l'unité de temps de timing[8], sur des zones de résistance sur l'unité de temps principale ou majeure.

Les entrées sur niveaux s'utilisent avec des stops relativement larges, des stops alertes et des expositions faibles, généralement comprise entre 0,2 et 0,4 unité de base. Le stop TrDma[9] sera souvent utilisé en intraday. Pour les opérations d'investissement, un multiple de l'ATR, ou l'indicateur FibTdi feront aussi de bons stops. Une opération démarrée sur niveau pourra être complétée par une entrée sur validation si la zone est confirmée par des éléments techniques. L'exposition au marché sera alors mécaniquement accrue, sans accroissement du risque, en ajustant le stop.

L'entrée sur validation correspond à une stratégie de marché précise. Elle tient compte des cycles croisés sur les horizons de temps suivis. Une stratégie comportera plusieurs niveaux de validation, des échelons « d'agressivité » adaptés à la tendance et à la volatilité, mais aussi au caractère de l'opérateur.

Les entrées sont alors déclenchées par un ou des éléments objectifs (le hasard, la subjectivité et l'émotionnel sont bannis des stratégies) :
- une configuration en chandelier japonais, en clôture, sur l'unité de temps de timing (ou parfois sur l'unité de temps principale) ;
- un croisement des cours avec une moyenne mobile ;
- un croisement sur un ou des indicateurs ;

---

8. Voir partie 2, chapitre 3.
9. Voir partie 2, chapitre 9.

- un niveau ou une configuration sur un indicateur ;
- un gap ;
- un volume significatif.

Cette liste de critères objectifs n'est pas exhaustive. Ils pourront être utilisés seuls ou en validation multiple dans le cadre de la convergence d'éléments. Le choix de la configuration en chandeliers japonais des moyennes mobiles ou des indicateurs dépend de la stratégie utilisée.

Les règles d'entrées doivent être très précises et ne souffrir d'aucune approximation. En effet, le stress, le manque de concentration, un énervement éventuel, une frustration mal contenue sont à même de faire valider une entrée là où il n'y a que le bruit erratique du marché, le plus souvent un mouvement impulsif destiné à piéger les débutants.

Seule l'inscription des opérations dans un cadre rigoureux, très précis, permet de performer dans la durée, sans se laisser envahir par une douce euphorie lors des périodes de gain, ou par une lente déprime lors des périodes de pertes. Si tous les critères de la configuration sont présents, le trader doit juste s'assurer que le timing répond aux critères exigés. Le scalper devra réagir en quelques secondes, l'investisseur aura plus de temps. Mais plus le temps de réaction exigé sera court, et plus il sera important de travailler avec des critères objectifs simples et facilement repérables.

Parfois, le trader débutant pourra trouver les critères trop contraignants. Il sera alors tenté de les oublier, de les anticiper, surtout lorsqu'il alignera ses premiers gains. C'est évidemment ce qu'il ne faut pas faire.

Mon expérience

Certaines de nos stratégies sont validées à un tick près... ou pas. Dans ce cas, anticiper un tick avant revient à ne pas respecter les critères d'entrées, donc à ne plus faire preuve de rigueur. Bon nombre de traders finissent par maîtriser les stratégies enseignées, puis à s'y habituer. Parfois trop. La facilité relative les fait tomber dans une routine. Ils finissent par ouvrir les positions en anticipant les signaux, pour « gratter » un ou deux ticks, trop confortable de voir des stratégies qui performent aussi bien. Au bout de quelques mois, ils reviennent vers nous et ne comprennent plus pourquoi ils ne gagnent plus sur les marchés. Les règles des stratégies ne sont pas des contraintes dont le seul but serait d'ennuyer les traders et les investisseurs. Les règles, à ajuster selon les profils d'intervention sur les marchés, sont là car elles ont prouvé leur solidité dans le temps, depuis des années, et sur plusieurs cycles de marché.

L'aide d'algorithmes de marché peut faciliter la tâche des traders et investisseurs qui peinent à se montrer rigoureux. L'avantage des programmes informatiques est de ne jamais intégrer les émotions dans leur process de validation. Ils délivrent une information brute, sans nuances. C'est un résultat binaire. Parfois, cela peut devenir un défaut. D'où l'intérêt de bâtir un système global, fusionnant systématique et discrétionnaire pour avoir le meilleur des deux mondes.

Prenons l'exemple d'une cassure classique, avec une stratégie qui ouvre une position longue en intraday en fin de 15 minutes en cas de cassure d'un sommet précédent. Souvent, la tentation est grande de vouloir gratter une à deux minutes lorsque le chandelier et le volume semblent indiquer que plus rien ne peut arrêter le mouvement des prix. Pourtant, la rigueur et l'application de la stratégie exigent de se montrer patient. En une ou deux minutes, les prix peuvent refluer et invalider le signal.

Mise en garde

Les règles sont faites pour être respectées. Et la discipline, c'est toujours. Toujours et tout le temps. Manquer de discipline une seule fois, c'est ne pas avoir de discipline. Être discipliné à 98 %, c'est être indiscipliné ! CQFD

Affiner les timings d'entrées

Pour progresser, il faut pouvoir être capable d'évaluer la qualité de ses entrées, stratégie par stratégie. Il existe un indicateur précieux : le MAE (Maximum Adverse Excursion). Il renseigne le nombre de points (ou de ticks) qui vont dans le sens inverse à celui engagé. Il sera aussi exprimé en pourcentage du stop. Par exemple, si on place un stop à 20 points sur un achat et que les cours régressent de 10 points avant de valider la stratégie, le MAE sera de 50 %. En compilant le MAE pour toute les stratégies, il devient facile de vérifier l'efficience des entrées. Le placement des stops pourra ainsi être optimisé.

Une fois tous les résultats compilés, il est possible d'améliorer les entrées. Si le MAE dépasse trop régulièrement 50 %, il doit être possible d'ajuster les critères de timing. Et dans un deuxième temps, les stops seront ajustés pour améliorer le couple rendement/risque, soit en utilisant plus de levier pour un risque équivalent, soit en conservant la même exposition mais en resserrant le stop afin de conserver le même rendement (potentiel) pour une prise de risque inférieure.

L'essentiel

Le travail de tout trader et investisseur est de rechercher des configurations de marché à faible risque et à fort potentiel de gain.

Il faut différencier les entrées sur niveaux et les entrées sur validation.

Une bonne entrée aide à la performance globale du portefeuille.

Une bonne entrée est un atout psychologique.

Un bon timing d'entrée obéit à des critères précis et rigoureux, objectifs.

Les statistiques des stratégies, et le MAE en particulier, est l'indicateur à surveiller pour évaluer, puis améliorer, la qualité de ses entrées dans une optique d'optimisation du couple rendement/risque.

Gérer et optimiser les sorties

Après l'ouverture, la problématique de la gestion de position et de sa clôture se pose. Et comme pour l'entrée, les réponses à apporter proviennent de systèmes élaborés « à froid », hors du contexte émotionnel d'une opération donnée. Il ne faut pas décider de la sortie, de la cible et du stop perte (« stop loss ») une fois que la position est ouverte. Comment estimer le couple rendement/risque potentiel d'une opération si les sorties, en gain ou en perte, ne sont pas déterminées à l'avance ? Et si l'on ne connaît pas le couple rendement/risque potentiel d'une opération, il est compliqué d'ouvrir une position à l'aveugle. Prendre un risque de 20 pour un gain de 1 est rarement une bonne idée. Une stratégie de trading sera construite avec des entrées et des sorties uniques, ou des entrées et sorties étagées. Les sorties pourront se faire, selon le système de trading, sur des niveaux d'extension ou de retracement de vague, sur des niveaux de supports résistances (analysées dans le plan de trading), mais aussi sur des niveaux relatifs au risque pris (en pourcentage) puis sur des stops suiveurs. Les possibilités de combinaisons de sorties sont donc quasiment infinies. Ne pas prévoir, par anticipation, comment il convient d'agir, c'est l'assurance de procéder de manière toujours différente, et donc de laisser nos émotions de l'instant dicter notre conduite.

Des sorties programmées

Automatiser au maximum son process d'intervention sur les marchés financiers permet de réduire significativement le stress et la pression. Or, la tension psychologique et les biais émotionnels, inhérents à ce métier (activité ou loisir pour certains), sont source d'erreurs. L'objectif de tout intervenant sur les marchés doit être de s'armer d'une méthode globale qui fonctionne dans tous les cycles de marché, et pas seulement quelques mois. Deux raisons principales expliquent l'échec sur le long terme des méthodes trading : une inadaptation de la méthode aux conditions de marché mais aussi un épuisement moral, psychologique, de l'intervenant.

En pratique

Il est important de prévoir, dans l'élaboration de sa méthode, des astuces qui vont permettre de gérer au mieux le stress et la tension de l'opérateur. Il ne s'agit pas seulement de comprendre que la psychologique est importante et de travailler sur ses comportements, il faut surtout adapter au mieux sa méthode à sa propre personnalité.

En programmant les sorties, pour tout ou partie de la position, et ce dès l'ouverture de la position en fonction de la stratégie, la charge psychologique inhérente à toute prise de position se trouve considérablement allégée. Le fait de raisonner en termes de séries et non plus en « oneshot »[10] doit éviter de se poser des questions sur le résultat d'une opération donnée. L'important n'est pas le résultat de l'opération ouverte mais le résultat global sur « X » opérations.

Mise en garde

Typiquement, ne pas organiser la décision de sortie avant l'ouverture de position expose le trader à des tourments psychologiques à chaque tick de marché. S'il est long (acheteur), son sourire s'agrandira à chaque hausse mais son cœur se pincera à chaque tick baissier. Timoré ou emprunté, le trader se laissera gagner par l'avidité (greed) si les prix avancent fortement dans son sens et il en oubliera de cliquer pour sortir. Et quand le marché rendra des points, il n'osera plus sortir. Le chiffre maximal atteint sur son P&L[11] restera gravé sur sa rétine comme un amour de jeunesse perdu. Finalement, il sortira, généralement au plus bas, le cœur débordant de colère et de frustration, juste avant de voir le marché relancer sa marche en avant. Non seulement il aura souffert, son opération se sera soldée par un petit gain ou une petite perte, mais en plus il aura accumulé beaucoup de frustration et d'agacement. Le mode « roller-coaster » est l'ennemi de la performance, en plus des véritables souffrances psychologiques qu'il engendre. Voilà exactement ce qu'il faut éviter et pourquoi ne pas pré-programmer ses sorties à l'avance est une erreur grave, très largement sous-estimée par la plupart des intervenants. Car comme un séisme, les conséquences de la première secousse ne seront peut-être pas spectaculaires, mais une ou deux opérations plus tard, la frustration aidant, le trader pourra commettre une erreur beaucoup plus grave, abandonnant définitivement sa discipline pour ne plus écouter que ses émotions.

---

10. Raisonner sur une seule opération sans tenir compte de la série.

Les stops de protection

Toute ouverture de position déclenche donc le placement d'un ordre stop, à distance variable, mais qui limite la perte à un montant établi à l'avance. C'est le moyen le plus simple de protéger son capital en fixant un pourcentage du capital de gestion engagé sur une opération, et donc pouvant être perdu en cas d'invalidation du scénario.

Les débutants, en particulier, devraient associer ouverture de position et mise en place automatique des stops de protection. Il y a encore quelques années, il était nécessaire de cliquer plusieurs fois. Aujourd'hui, la plupart des plateformes (futures, CFD, Forex ou actions) permettent d'encadrer ses ordres par un ordre stop perte (stop loss) et un ordre limite gain (profit target). C'est un net progrès et c'est le meilleur moyen d'apprendre la discipline du stop, en automatisant l'action, ce qui évite d'avoir à s'interroger, puis à reculer, pour finir par ne pas le placer. Ne pas les utiliser est donc devenu totalement anormal.

Mais toute ouverture déclenche aussi un stop gain, un ordre de prise de bénéfices partielle ou totale. Ainsi, les traders doivent prendre l'habitude d'utiliser les ordres OCO (One Cancel the Other) ou d'autres types d'ordres liés afin d'automatiser leur gestion de position.

En pratique

L'ouverture d'une position correspond à un risque de perte maîtrisé et certain, et à une espérance de gain aléatoire et incertaine. La seule certitude du trader et de l'investisseur se situe donc du côté de la perte. Il est donc inutile de s'inquiéter pour le seul paramètre que l'on maîtrise réellement.

Le stop ne rime pas avec perte mais avec protection

La perte, comme la prise de risque, est consubstantielle au trading et à l'investissement. Mais une perte maîtrisée et calculée, une perte qui ne met pas en péril le capital, est le corollaire d'une gestion du risque rigoureuse. Le déclenchement d'un stop ne doit pas être ressenti comme une sanction. Ni un échec. Une perte est un constat. Une occurrence de stratégie qui a échoué. Une ligne rouge dans Excel ou la station de trading.

Les traders orgueilleux vivent la perte comme une attaque personnelle, un manque de chance ou une agression du marché. Il faut se dégager de cette attitude et forger son mental aux spécificités du trading. Perdre le pourcentage autorisé sur une opération, c'est la certitude de pouvoir continuer

---

11. Profit and loss : compteur de la plateforme de trading.

à trader, encore et encore. Le stop est une assurance. L'assurance de voir son capital protégé.

L'illusion de certains

Sans stops, tôt ou tard, le trader se retrouvera confronté à de très lourdes pertes qui l'anéantiront, psychologiquement et financièrement. Malgré tout, certains persistent à travailler sans stop. Ne pas placer de stops serait la certitude de ne jamais être stoppé, tant que la marge est suffisante sur le compte du courtier. En effet, typiquement sur des marchés en congestion, taper au milieu de la cible, en bas ou en haut, et moyenner les positions perdantes, donnera l'illusion de la réussite et de la maîtrise. Le stop devient alors un frein. Typiquement aussi, sur les tendances haussières, la stratégie classique « buy the dips »[12] fonctionnera parfaitement tant que la tendance durera. Mais le jour où la tendance se retourne, sans stop, la situation deviendra compliquée. Voire insurmontable avec l'affolement et la perte de contrôle. Celui qui a appris qu'il pouvait gagner sans placer des stops aura du mal à modifier son comportement. Or, il suffira d'une fois, une seule, d'un gros mouvement de marché, de quelques moyennes et d'un peu de levier, pour désintégrer son capital.

Un acte naturel

Le déclenchement du stop de protection doit devenir un acte aussi naturel que la sortie d'une position gagnante. Le trader et l'investisseur agissent sur les éléments de convergence pour analyser un marché, décider d'une ouverture de position. Ensuite, ils ont placé un stop perte (stop loss) et un limite gain (profit target limit) et n'agissent plus sur cette partie-là, sauf si la stratégie le prévoit. Le marché décide. L'opérateur doit lâcher prise et refuser de tomber dans l'énervement du joueur compulsif qui regarde chaque tick comme les rouleaux d'une machine à sous, retenant sa respiration, espérant les voir enfin s'aligner sur « jackpot ».

─────────────── **Deux exemples historiques** ───────────────

Les conséquences d'une gestion du risque défaillante

La faillite de la vénérable « Barings » démontre qu'un trader qui joue et n'utilise pas de stops avec les contrats futures sur indices peut perdre suffisamment pour couler la plus vieille banque d'Angleterre. Nick Leeson spéculait depuis Singapour sur l'indice NIKKEI 225. Au moment du tremblement de terre de Kobe, en 1995, il est acheteur, et au lieu de couper ses

... / ...

---

12. Buy the dips : achat de creux en tendance haussière.

> positions à un niveau gérable grâce aux stops, il moyenne et accumule les
> positions à l'achat. Une légende est née, un livre puis un film relateront
> ces événements. La Barings a été rachetée par ING pour une livre sterling.
> En 1998, le fonds LTCM est un hedge fund réputé. Créé en 1994, son nom
> – Long-Term Capital Management – est porteur d'un humour tout britan-
> nique. LTCM gérait 4 milliards de dollars et avait une exposition de 100 mil-
> liards. Avec un levier de 25, la gestion du risque doit être millimétrée. Les
> dirigeants de LTCM se basaient sur des modèles mathématiques. Leur
> arrogance les a aveuglés. La faillite de LTCM a fait courir un risque sys-
> témique à la finance mondiale. Seule l'intervention de la banque centrale
> américaine permettra de sauver l'économie planétaire d'une catastrophe.

La gestion du risque et la gestion du capital sont deux clés essentielles à la réussite sur le long terme, moins vendeur que des graphiques et des indicateurs. Il est difficile de faire rêver le débutant en alignant des conseils de rigueur, en insistant sur la discipline, et en rejetant la notion de jeu. Pourtant, la performance oblige à apprendre à manier les chiffres, les statistiques des opérations, et à établir des règles de gestion strictes, puis à les appliquer avec une rigueur professionnelle.

Chacun devra décider du pourcentage qu'il engage sur chaque opération. Ce pourcentage, compris entre 0,5 et 2 % selon le capital, pourra être plus élevé sur des très petits comptes, et il pourra être inférieur sur des comptes de gestion professionnels. Il n'existe pas de règles uniques et il faut se méfier des « One Size Fit All » qui sont souvent le fait des théoriciens des marchés, certainement pas des praticiens du quotidien. Le chapitre consacré aux unités de base permet à chacun de développer sa propre méthode de gestion du capital, selon son style d'intervention, sa personnalité et son capital.

Dans tous les cas, il faut avoir des règles précises qui limitent les risques par opérations et les risques par portefeuilles. Un trader intraday décidera de limiter, par exemple, son risque par opération à 1 % de son capital. Si son compte de trading est de 100 000 euros, il ne prendra jamais plus de 1 000 euros de risque par opération. Et selon la stratégie utilisée, son placement dans les zones de valeur, il pourra faire varier ce risque de 0,5 à 5. De même, il ne s'autorisera pas plus de 2 % de pertes par jour, soit au maximum deux opérations en allocation pleine sur son unité de base. Par semaine, il décidera de ne jamais perdre plus de une fois et demi son risque quotidien, et jamais plus de deux fois son risque hebdomadaire par mois. Avec ses règles, il ne pourra jamais perdre plus de 6 % par mois. Le risque de se retrouver sans capital s'éloignera donc tout autant. Et il pourra survivre suffisamment longtemps pour s'aguerrir sur les marchés.

Mon expérience

La tolérance à la perte, la douleur occasionnée après le déclenchement d'un stop, sont individuels. Chacun les ressent différemment. Et contrairement à ce que croient certains, plus les comptes sont alimentés et plus l'aversion au risque est élevée. Je n'ai jamais rencontré un client dans tous les fonds où j'ai travaillé qui arrivait avec 2 millions d'euros à placer et qui nous demandait de lui faire gagner 50 ou 100 % par an. Jamais. Leur seule préoccupation était sur la gestion du risque, les processus d'investissement et la notation bancaire de la banque dépositaire. Les clients aisés pensent avant tout au risque et vous le font savoir. Ils veulent de la performance, bien évidemment, mais avant toute chose, ils recherchent la sécurité. En revanche, sur les forums internet, lors de salons, j'ai rencontré nombre de traders en herbe qui voulaient faire des centaines de pourcents avec quelques milliers d'euros. Qui a tout compris selon vous ? Celui qui a déjà réussi où celui qui en rêve ?

Si l'on considère que plus l'effet de levier est élevé et plus le risque est important, on arrive à la conclusion que sans un capital de trading conséquent, il sera compliqué de réussir à gagner sur les marchés. Faire rêver ne sert à rien, sinon à engendrer des frustrations. Pour vouloir vivre du trading, il faut soit un capital déjà conséquent, soit une expérience certaine des marchés qui permet d'utiliser l'effet de levier. Mais sans expérience, avec un petit capital, inférieur à 50 000 euros, et avec de l'effet de levier, le difficile devient presque impossible.

Le stop initial (stop loss)

Le stop initial (stop loss) se place dès l'ouverture de position. Il est essentiel et son placement résulte de multiples facteurs. Les stops suiveurs (trailing stops) permettent d'accompagner un mouvement directionnel en réduisant d'abord le risque engagé, puis en sécurisant une partie des gains.

Le placement du stop dépend de plusieurs paramètres :

- l'exposition autorisée, en pourcentage du capital ou en numéraire sur l'ensemble du portefeuille ;
- l'exposition autorisée sur une opération donnée ;
- le niveau d'invalidation de la stratégie ;
- la volatilité du sous-jacent ;
- le système de trading (suivi de tendance ou retour à la moyenne).

Classiquement, le stop loss est placé sous un niveau support pour un achat ou sur une résistance pour une vente. Le stop devra donc être placé à quelques points ou quelques ticks au-dessus (vente) ou au-dessous (achat) du dernier haut ou du dernier bas.

Comme c'est le stop le plus connu, hier les traders de parquet et aujourd'hui les algorithmes se font un plaisir d'aller le chasser pour trouver de la liquidité, piéger les investisseurs et les traders. Pour remédier à ce problème, il existe une solution, et une seule, qui consiste à ne pas hésiter dans le placement de ses stops.

Le trader qui aura vu le marché venir exécuter son stop puis se retourner et valider son idée voudra le modifier la fois suivante. C'est humain. Mais c'est un comportement à bannir. En agissant ainsi, en réaction, sans rigueur ni discipline, il ne modifie pas seulement son stop, il modifie sa gestion de position et son allocation, son levier. Pour être certain de ne pas subir ces mésaventures, il faut se montrer rigoureux dans son comportement. Si une stratégie a été étudiée sérieusement, backtestée, il ne faut pas vouloir la réévaluer à chaque occurrence, gagnante ou perdante. Si au terme d'une série significative (entre 100 et 150 opérations au minimum), le trader réalise que ses backtests n'étaient pas fiables et que le placement de ses stops est la principale source de cet échec, il peut les modifier. Mais il ne faut jamais agir sous le coup de l'émotion, après une opération perdante, fruit du hasard et de l'unicité de chaque opération.

Le stop comme outil de performance

Statistiquement, plus le stop sera placé à proximité de l'entrée et plus la probabilité de voir le bruit du marché l'exécuter sera forte. Un stop (trop) serré dégradera donc mécaniquement le ratio gain/perte (win/loss ratio) des stratégies. Mais plus un stop sera proche de l'entrée et plus il sera possible d'augmenter le levier sans accroître le risque autorisé par l'opération. Un stop proche améliore donc mécaniquement le ratio risque/récompense (R/R).

La performance dépendra donc en partie du bon réglage du stop, ce qui pourra être fait grâce à la collecte des données d'opérations et l'utilisation de l'indicateur MAE.

Le stop comme outil d'adaptation au contexte

Selon les zones de valeur et les stratégies utilisées, un opérateur doit faire varier son exposition et laisser plus ou moins de latitude au bruit du marché, en adaptant son niveau d'invalidation à la tendance et à la stratégie. La gestion du risque par opération n'est pas une donnée définitive que l'on fixe dans le marbre. Selon les cycles de marché, les stratégies fonctionnent plus ou moins bien. Il faut donc savoir rapidement reconnaître, notamment grâce à l'aide des zones de valeur, les conditions pour varier les allocations d'actifs.

En pratique

La complexité n'est qu'apparente. Étudier à froid, hors marché, ce qui doit être fait, en listant précisément grâce au radar de tendance les mouvements sur plusieurs unités de temps, relève du travail de recherche. Réagir sans avoir backtesté et placer son stop en fonction de son humeur, selon ce que l'on croit être bon à l'instant T, est beaucoup plus compliqué et surtout beaucoup moins rémunérateur. L'absence de rigueur dans la méthodologie donne toujours le même résultat : des performances en dents de scie et des humeurs cyclothymiques.

Les stops sont ainsi ajustés en fonction des éléments de volatilité et de tendance du marché. Selon les périodes, les stratégies de tendance vont plus ou moins bien performer. Les travailler toujours de la même manière, avec des stops serrés ou plus larges dépend de leurs réactions sur les différentes phases. L'expérience permet de bien appréhender cette gestion différenciée des stratégies. Il est aussi possible de l'automatiser en partie.

Graphique 2.1. FCE – Données 1 minute

Typiquement, dans une cassure de rectangle, une sortie de zone de congestion, trois niveaux de stop loss sont possibles. Le premier, le stop 1, le plus serré, sera placé sur le sommet du chandelier de cassure. C'est celui qui nous procurera le ratio risk/reward maximal. Mais il ne sera possible que sur des marchés réactifs. Il faudra donc prêter une attention particulière à la tendance des unités de temps supérieures. Le stop 2 est placé entre 50 % et 62 % de retracement, à l'intérieur de la configuration. Il augmentera le pourcentage de réussite tout en permettant d'avoir des ratios risque/

récompense intéressants. Il laisse plus de place au bruit de marché, à des retracements ou pullbacks intermédiaires, avant le lancement de la tendance. Enfin, le stop 3 est le plus conservateur, il assurera des taux de réussite importants en laissant beaucoup de place au bruit du marché, mais au détriment du ratio risque/récompense. C'est un stop qui ne sera utilisé que pour des prises de position sur la durée.

En pratique

Le choix du stop dépendra aussi de l'impulsion initiale du timing. Dans le cadre d'une cassure, on pourra considérer que plus la taille du chandelier de cassure est remarquable par rapport aux chandeliers précédents et plus le volume est significatif, plus il sera possible d'opter pour un stop serré. Ainsi, il sera possible de systématiser nos choix en décidant que si le range du chandelier de cassure est supérieur à 2 ATR et que le volume dépasse deux fois le volume moyen (la moyenne mobile du volume à 10 périodes par exemple), le stop sera placé sur le chandelier de cassure. Dans le cas contraire, le choix se portera sur les stops 2 ou 3 en fonction de la volatilité et de la tendance des degrés supérieurs.

Le stop comme outil de gestion du comportement

Le trader doit aussi adapter sa gestion des stops à sa psychologie et à son comportement. C'est un moyen d'apprendre à forger son mental aux spécificités des marchés. Certains savent se montrer patients et n'ont aucun souci à porter des positions durant de longues périodes, nullement stressés par le bruit du marché, d'autres veulent savoir rapidement s'ils ont raison ou tort. Deux psychologies particulières, deux profils d'opérateurs différents, deux manières d'aborder les marchés. Vouloir caler les stops de la même manière serait donc une erreur car elle les forcerait à agir contre nature. Vouloir imposer des règles de stops obligatoires sans tenir compte des spécificités de chacun est une erreur que beaucoup de formateurs commettent. Alors bien entendu, il faut savoir progresser dans son comportement, mais lorsqu'il est possible de faire cadrer sa méthode avec sa psychologie, il ne faut pas hésiter. Seuls les comportements réellement rédhibitoires sont à supprimer. Lorsque l'on peut utiliser la technique pour améliorer son mental ou pour les faire correspondre, on accélère le processus d'apprentissage. Le placement des stops peut donc répondre, en partie, à des problèmes de comportement. Dans nos stages de formation, nous insistons toujours sur la nécessité d'accorder les interventions sur les marchés avec sa personnalité. S'il est possible et souvent nécessaire de faire de gros efforts sur sa psychologie, sur son mental, pour devenir un bon trader ou un investisseur gagnant, il faut parfois au contraire savoir adapter son trading à sa personnalité tant que celui-ci ne nuit pas aux résultats globaux.

Enfin, un stop initial placé ne sera jamais modifié au gré des soubresauts du marché et des humeurs de l'opérateur. Le stop pourra être déplacé, modifié, uniquement dans le cadre prévu par la stratégie. Par exemple, sur des opérations intraday, il pourra être décidé qu'au-delà de 10 ou 12 chandeliers, si le mouvement ne s'est pas enclenché comme souhaité, la position doit être soldée ou le stop remonté d'un nombre de points (ou pourcentage par rapport à l'entrée) prédéterminé. C'est le seul cas où le stop initial pourra être modifié.

En plus du stop initial, l'opérateur pourra décider d'un stop suiveur qui se déclenchera dès l'ouverture de position, ou selon le comportement des cours, dans un temps donné, ou après un premier allégement.

Le stop suiveur ou « trailing stop »

Le stop suiveur est un stop mobile qui accompagne le mouvement directionnel du marché, en réduisant progressivement le risque jusqu'à atteindre le « break-even point » (BEP, puis en sécurisant progressivement les profits de la position.

Il existe de nombreuses manières de placer ses stops suiveurs. Nous allons décrire les principales, celles utilisées le plus couramment dans la gestion de position des stratégies.

Le stop tendance ou vague

C'est le stop le plus classique. Placé sous un support pour un achat ou sur une résistance pour une vente. Au fur et à mesure que la tendance se développe, il suffit de l'ajuster en remontant le stop sous le dernier bas pour les achats, ou au-dessus du dernier haut pour les ventes. Il permet ainsi de suivre un mouvement en tendance. L'impératif sera de s'assurer de la tendance sur les unités de temps supérieures. Sur les phases de congestion, il sera largement sous-performant.

Le stop sur une moyenne mobile

Lorsque l'on ouvre une position, on le fait généralement pour suivre une tendance, même avec des stratégies contrariennes. Le meilleur moyen de coller à une tendance est de déterminer son stop en fonction d'une moyenne mobile. La problématique est connue et simple à appréhender. Plus la moyenne sera courte et plus le stop collera aux prix. Au moindre retracement, le stop sera activé. Plus la moyenne sera longue et plus l'opérateur laissera de la place au bruit de marché, aux retracements, et donc au développement potentiel d'une tendance. La conséquence est de voir des gains substantiels se réduire, voire se transformer en pertes. Parfois même, le trader voyant le marché retracer une partie de son avancée, coupera de lui-même, sans attendre le verdict de la moyenne mobile.

Pour éviter ce problème, le mieux est de choisir au moins deux moyennes mobiles, une courte et une plus longue. La courte servira de prises de bénéfices rapides, elle sécurisera la position. La longue laissera de la marge à la tendance et le trader aura moins la tentation de sortir manuellement puisqu'il ne risque plus rien, sinon des gains supplémentaires.

Enfin, le choix de la moyenne ou des moyennes mobiles pourra être décidé en fonction du déclenchement du mouvement. La forme de l'impulsion initiale décidera de la marge laissée au bruit du marché. Pour mesurer cette force, il suffira de calculer simplement la vitesse représentée en point par chandelier sur l'unité de temps de timing. Cette manière de normaliser la force du déclenchement est facilement programmable et utilisable en trading algorithmique ou discrétionnaire.

Le stop à X bars (ou chandeliers)

Le stop initial sera placé entre une et trois hauts (vente) ou un à trois bas (achat) du chandelier qui déclenche la prise de position.

Ce stop ne pourra être utilisé que sur des marchés en tendance, ou en sortie de zone de congestion après une forte impulsion.

Il pourra aussi être utilisé en scalping ou en trading systématique pour opérer sur de multiples sous-jacents à la recherche de tendances fortes. Il permet de sécuriser rapidement les positions, de limiter le risque au minimum et lorsqu'une tendance puissante se développer, le stop colle à la tendance.

Il sera remonté à chaque nouveau haut (ou à chaque fois que trois plus hauts sont inscrits) sur les achats, ou descendu sur l'ancien haut à chaque nouveau bas pour les ventes.

Il donne des taux de réussite moyens, mais le ratio risque/récompense (risk/reward) sera en revanche très élevé.

Le stop palier

Le stop palier est très intéressant pour les stratégies de retournement de tendance. Lorsque l'on tente classiquement de prendre appui sur une tendance naissante, le risque est de vouloir encaisser trop rapidement ses bénéfices ou de trop serrer ses stops. Avec le stop palier, nous procédons graduellement, en laissant d'abord de la place au bruit de marché pour éviter de se faire stopper puis en resserrant les stops pour coller au mouvement d'une tendance en développement. Il s'agit donc de jouer sur l'inertie naturelle de la tendance qui peine à démarrer puis qui se nourrit des investisseurs laissés sur le côté pour accélérer.

Le palier de référence est le stop initial, ce qui est logique puisqu'il se place en fonction des tailles de vagues. S'il est placé à 10 points, chaque

Graphique 2.2. FCE – Données 10 minutes

progression d'amplitude équivalente des cours déclenche un ajustement du stop. Le premier palier est de 25 %. Le stop est donc déplacé de 2,5 points si le palier de référence est de 10 points. Le deuxième palier est de 50 %. Le stop est donc ensuite déplacé de 5 points. La troisième progression fera déplacer le stop de 10 points, soit le palier de référence. Ensuite, le déplacement est de 150 % du palier de référence pour coller à la tendance.

Dans l'exemple du FCE, le stop initial est de 20 points. La prise de position est initiée suite à un déclenchement de stratégie B.Fail (expliquée en détail dans la troisième partie). Le premier déplacement est de 5 points. Ensuite de 10 points puis de 20 points et enfin, le stop est resserré deux fois de 30 points. Ce qui permet d'accompagner le mouvement directionnel en laissant la tendance s'installer, sans se faire stopper par le bruit de marché. Le stop est resserré au fur et à mesure que le momentum accélère.

En agissant mécaniquement de cette manière, le marché réserve, plus souvent que l'on ne le croit, de bonnes surprises, et il permet de capturer de beaux mouvements en tendance, en sécurisant ses positions progressivement.

Le stop dynamique TrDma

Le stop dynamique TrDma (voir chapitre 9) permet de travailler en intraday, principalement sur la tendance primaire, en acceptant de laisser de la marge aux prix. Typiquement, sur des marchés en tendance, il offre des opportunités de se montrer relativement agressif en prenant position sur des niveaux plus que sur des signaux de marché. L'apparition de signaux techniques par la suite permettra de compléter la position, toujours dans le sens de la tendance primaire. C'est le stop qui sera notamment utilisé pour les entrées sur niveaux plutôt que les entrées sur signaux techniques. C'est une manière très performante d'aborder les marchés en congestion sur les unités de temps supérieures, où l'absence de signaux clairs agace souvent bon nombre de traders et d'investisseurs.

Il pourra ensuite accompagner le mouvement simplement en décalant le stop du nombre de points parcouru par les cours dans le sens de l'opération. Normalement, il sera ensuite complété par une prise de positions sur signaux techniques et le placement d'un nouveau stop, plus précis.

Le stop temporel

L'un des gros défauts des débutants est leur incapacité à opérer face à un marché qui ne réagit pas correctement après une ouverture de position. Si le timing est bon, précis et adéquat, le marché devrait se diriger dans le sens anticipé. Dans le cas contraire, si le temps s'allonge en dehors du cadre prévu par la stratégie, il faut considérer que cette absence de réaction du marché est un mauvais signe. Ce n'est pas parce que l'on pose un stop perte à X points qu'il faut attendre patiemment, parfois avec une obstination coupable, pour se faire exécuter.

Le stop temporel oblige le trader à déterminer comme d'habitude une cible de prix mais, en plus, il impose la définition d'un créneau temporel acceptable. Agir de cette manière est exigeant et oblige à de la rigueur afin de ne pas confondre une réaction inappropriée du marché avec un comportement inapproprié du trader : à savoir l'impatience ou la peur de rester en position.

Le stop temporel s'appliquera principalement aux entrées sur validation technique. Dans le cas de l'entrée sur niveaux, le marché peut entrer en léthargie durant de nombreuses périodes avant de valider notre anticipation. Prenons un exemple classique en intraday. Dans une tendance haussière journalière, le marché produit généralement ses corrections baissières le matin. Si l'on repère un support vers 11:00, on pourra décider d'ouvrir une position et de placer un stop TrDma. Il faudra parfois attendre l'ouverture de Wall Street à 15:30 et des fois même une statistique à 16:00 pour assister enfin à une reprise haussière de la tendance. Durant ce temps, le marché se sera inscrit dans un long, large et souvent ennuyeux trading range (surtout pour les traders impatients). Fixer un stop temporel dans ce cadre est donc une erreur. Il faut pouvoir et savoir se montrer patient avec les entrées sur niveaux. En revanche, avec les entrées sur validation technique, l'objectif, ou au moins le déclenchement du mouvement, devra se produire dans un laps de temps qui peut être défini selon les études des opérations passées ou les backtests. Généralement, l'objectif devra être atteint en moins de 10 ou 12 périodes. Une ouverture de position prise sur l'unité de temps 5 minutes ne devrait donc pas durer plus d'une heure. Une opération ouverte sur l'unité de temps horaire ne devrait pas durer plus de 12 heures. Si l'opération est gagnante et que l'on a décidé de laisser la position gérée par un stop suiveur, la durée pourra être bien évidemment largement supérieure. Il s'agit là uniquement des limites sur les opérations qui ne se déclenchent pas comme souhaité.

Les stops suiveurs multiples

Selon les périodes de marché, certains stops suiveurs fonctionneront mieux que d'autres. La volatilité est généralement l'élément discriminant. Il est donc possible de la filtrer afin de déterminer quel type de stop suiveur il faut utiliser. Mais pour ceux qui n'ont pas les moyens ou pas le temps de rentrer dans le détail de cette étude, il existe un moyen simple de lisser leur courbe de résultat sans avoir à subir des périodes difficiles trop fréquentes. Il s'agit simplement d'utiliser plusieurs stops suiveurs en même temps en divisant ses positions en trois ou quatre parties.

Il n'existe pas de placement de stop idéal. Mais la répétition des opérations dans un cadre rigoureux doit enlever tout agacement lorsque l'on est stoppé. L'erreur à éviter est de modifier son stop à chaque fois que l'on est stoppé à 1 point, 2 points… en le reculant. C'est le meilleur moyen de décider un jour de ne plus en poser, ce qui reste le seul moyen au final de ne jamais être stoppé, en attendant de vider son compte de trading.

Le plus souvent, lorsqu'un stop est pris et que le marché se retourne aussitôt, ce n'est pas parce que le marché a lu dans le « book » l'emplacement du stop, mais uniquement une occurrence à accepter. Si la stratégie est stoppée plusieurs fois juste avant que les cours ne reprennent le sens désiré, à ce moment-là, il faut s'interroger sur le placement du stop. D'où l'importance de bien connaître les produits que l'on travaille au quotidien et les stratégies. Nous avons détaillé suffisamment de placements de stops, notamment de stops suiveurs, pour vous permettre de ne pas faire partie de ceux qui se sentent visés par le marché. Chaque stratégie présentée dans la troisième partie met l'accent sur des placements spécifiques, fruit non pas du hasard, mais d'une longue expérience des marchés.

L'essentiel

Sur les marchés, il existe peu de certitudes. Mais à chaque fois qu'une position est ouverte, nous risquons, consciemment, un pourcentage prévu de notre capital. C'est une certitude incontestable. L'avenir est incertain. Le résultat est incertain. Une fois la position ouverte, l'incertitude générée ne peut donc qu'être source de récompense, et non de punition. Puisque notre seule certitude est le montant du risque engagé, l'échec de la stratégie ne peut en aucun cas être une mauvaise nouvelle tant qu'elle reste encadrée dans le schéma prévu. Penser autrement revient à vouloir toujours avoir raison et donc toujours gagner. Perdre est un acte de gestion, ce ne doit jamais être une blessure.

Placer un stop est un acte de gestion qui déclare la primauté de la protection de son capital avant la recherche d'une performance à tout prix.

L'ouverture d'une position représente l'acceptation d'une perte potentielle, un risque maîtrisé. Le placement du stop permet la protection du capital dans son ensemble et la limitation du risque sur une opération donnée. Il correspond aussi à l'invalidation de la stratégie ouverte.

Psychologiquement, le placement du stop doit rassurer et ne jamais inquiéter. La perte potentielle est encadrée et calculée.

Un trader qui voudrait vivre de son trading devrait se former sérieusement avant de se lancer et ne le faire qu'avec un capital dont il est sûr qu'il lui suffira.

La performance n'est pas la réussite d'une opération gagnante qui vient d'être conclue. C'est la réussite d'une série d'opérations. Sur les marchés, il faut raisonner en termes de séries, jamais sur un résultat unique, positif ou négatif.

Le placement du stop répond à des critères objectifs de volatilité, de tendance et de choix de stratégie. Plus le stop sera serré et plus il sera possible d'accroître le levier. À l'inverse, le taux de réussite de la stratégie sera dégradé. Le stop répond donc à une notion de compromis entre le rendement optimal et le taux de réussite.

Le suivi de position pourra être assuré par les stop suiveurs : stop vague, stop sur une moyenne mobile, stop à X bars, stop palier, stop dynamique TrDma ou stop temporel.

Un opérateur ne s'implique pas émotionnellement dans une position ouverte. Il applique les règles de stratégies backtestées. Puis le marché fluctue de manière aléatoire et lui offre un gain ou une perte. Le principal est de détenir un avantage comparatif dans le temps.

Gestion des risques et protection du capital

La préservation du capital est la pierre angulaire de ma philosophie de trading.
Victor Sperandeo, Trader Vic, Methods of a Wall Street Master

Cette partie est essentielle pour assurer des performances régulières sur les marchés financiers. Un trader ou un investisseur n'a pas d'influence sur le marché après l'ouverture d'une position. L'égo de nombreux traders voudrait entendre le contraire. En revanche, tous les traders et tous les investisseurs peuvent et doivent maîtriser (hors slippage et problèmes techniques éventuels) la gestion du risque et la protection de leur capital.

Préserver son capital, pour un trader ou un investisseur, c'est se placer dans le rôle d'un entrepreneur qui considère, à juste titre, son outil de travail, physique ou intellectuel, comme consubstantiel à sa réussite. Sans capital, le trader perd son outil de travail, il n'est plus un entrepreneur, il est hors-jeu. L'utilisation de l'effet de levier sur les futures, les CFD et le Forex, est l'une des raisons, sûrement la principale, qui explique l'échec de la grande majorité des débutants et la difficulté de beaucoup à performer durablement dans cette activité ou ce métier. Sur le long terme, la différence entre deux intervenants au comportement similaire se fera essentiellement sur leur capacité à éliminer ce qu'il est convenu d'appeler les grosses pertes.

L'effet de levier et les différents niveaux d'exposition au marché

Une trop grande exposition au marché, des prises de risques insensées, enclenchent toute une série d'effets démultiplicateurs et dévastateurs.

- Le levier accroît considérablement le risque en capital. Une perte de 50 % implique un gain de 100 % pour retrouver le niveau d'équilibre. Autrement dit, et pour faire simple, plus un trader est mauvais et plus il devra être efficace pour retrouver son capital. Ce qui est évidemment, sinon impossible, du moins très compliqué. Gérer son capital avec rigueur doit donc être l'objet une attention de tous les instants.
- Le levier génère des pertes douloureuses, souvent mal vécues, et pourra déclencher des réactions émotionnelles peu propices à la réussite lors des opérations suivantes (désir de revanche, impatience, exposition encore plus importante...).
- Les gains réalisés grâce à de forts leviers génèreront aussi des émotions fortes, nourrissant aussi des comportements qui devraient être bannis de l'arène des marchés comme l'arrogance ou la cupidité.
- Le levier pousse aussi l'opérateur à s'installer dans le trading en mode « gameplay » : grosses pertes, gros gains, émotions fortes. Il déclenche un processus d'addiction défavorable à la raison, à la rigueur et à la discipline. On joue comme on aime, pour paraphraser une célèbre publicité. Or, l'investissement et le trading sont tout sauf des activités ludiques.

Dans tous les cas, un effet de levier trop important, une exposition en capital démesurée, est source d'échec. Il réduit considérablement la probabilité de réussite des débutants sur les marchés. Et même les traders expérimentés ne sont pas l'abri de mauvaises surprises.

— Mise en garde —

Selon une étude de l'AMF datée du 13 octobre 2014 et intitulé « Étude des résultats des investisseurs particuliers sur le trading de CFD et de Forex en France », plus de 89 % des particuliers sont perdants. L'étude porte sur une période de quatre ans. De plus, l'étude démontre que les particuliers qui se montrent les plus actifs et ceux qui utilisent l'exposition la plus importante (levier) sont ceux qui perdent le plus.

Un trader débutant, ou un investisseur amateur, ne devrait jamais dépasser des expositions supérieures à son capital, un levier inférieur à 1, et dans tous les cas, il ne devrait investir ou trader que sur des sommes qu'il peut perdre. Un débutant pourra aussi démarrer sur des petits comptes CFD de quelques milliers d'euros, le temps d'avoir su se prouver sur un nombre conséquent d'occurrences techniques et d'opérations que ses stratégies génèrent des gains, que son comportement est adéquat, et que la rigueur et la discipline ne sont pas des variables d'ajustement fonction de son humeur matinale. Ensuite, si et seulement s'il a validé ses options techniques, sa gestion du risque et son mental, il pourra progressivement élever son exposition au marché, son levier, en s'assurant que cette augmentation ne génère pas de nouveaux comportements susceptibles de remettre en question l'équilibre qu'il a su créer. Dans tous les cas, tout changement dans la gestion du risque et du capital doit répondre à des critères précis, fruit d'un travail et de réflexions préalables.

Un trader qui travaillera sans levier, et même un trader maladroit, se mettra rarement en difficulté. À moins de ne rien vouloir apprendre, ni rien comprendre du marché, il devrait pouvoir arpenter les allées des marchés suffisamment longtemps pour acquérir l'indispensable expérience, gage de sécurité et de sérénité. Celui qui refuse de comprendre que le temps est un allié et voudrait franchir les obstacles sans en avoir les compétences, échouera puis râlera après les autres, après le marché, peut-être après lui-même, et il finira par arrêter le trading en disant que ce n'est que de l'arnaque.

───────── **Mise en garde** ─────────

Le charme des mathématiques...

Après une perte de 20 %, il faut 25% de gain. Et après une perte de 50 %, il faut 100 % de rendement. Les marchés ont un sens de l'humour qui oblige à une rigueur sans faille.

La préservation du capital est le premier objectif de tout opérateur sur les marchés.

Je suis plus inquiet aujourd'hui que je ne l'ai jamais été depuis mes débuts en trading, parce que je connais aujourd'hui le caractère éphémère du succès. Je sais que pour être gagnant, je dois être effrayé. Mes plus grosses pertes sont toujours survenues après une longue période de gains alors que je commençais à croire que j'avais compris.

Paul Tudor Jones, Interviews with top traders

Pour en être arrivé là, il faut avoir compris que le capital était essentiel. Sans capital, plus de travail. C'est aussi simple que ça. On n'opère jamais à partir d'une page blanche mais dans la continuité des opérations précédentes. Il faut donc replacer son plan dans le contexte de sa courbe de résultat. Le passé a laissé une marque sur les comptes mais aussi sur la psychologie de l'intervenant. C'est donc un aspect à prendre en compte. Une courbe de résultat ascendante depuis plusieurs mois ne se traite pas comme une courbe descendante. Dans le premier cas, il est possible de se montrer plus agressif en profitant des gains accumulés, sans jamais tomber dans l'euphorie ni l'autosatisfaction. Dans le second cas, il convient d'adapter la gestion du risque et les prises de position à une période de crise.

Faire de l'allocation d'actifs un outil de gestion et de performance

Le plus souvent, les livres traitent de l'analyse de marché, comment et quand ouvrir une position, ils abordent plus rarement la question de la sortie, et encore plus rarement la gestion de l'allocation d'actifs. Pourtant, sans une méthode globale qui intègre précisément les niveaux d'actifs à allouer selon les profils de risques individuels d'abord, puis selon les profils de risque de marché, essayer de performer durablement est compliqué. Une performance de quelques mois n'augure en rien d'un avenir radieux. Déterminer précisément le niveau de risque qu'il convient d'allouer à une stratégie donnée dans une configuration technique spécifique est pourtant une aide considérable. La taille de position sera allouée en fonction de la configuration de marché, de la zone de valeur, de la stratégie choisie ainsi que de la tendance et de la volatilité du marché.

Le risque de l'intraday

La vision que peuvent avoir les débutants des marchés est totalement biaisée par le flot vague et souvent trompeur que l'on trouve sur Internet. Tout le monde, ou plutôt n'importe qui, tente de se présenter en formateur. Twitter, Facebook et autres regorgent de spécialistes de marchés prêts à vendre leur science, acquise en quelques semaines ou quelques mois. Mais les têtes changent souvent au gré des coups de griffes du marché. Cependant, d'autres leurs succèdent et les discours ne se renouvellent pas. Il s'agit la plupart du temps de faire rêver, de parler d'argent rapide, d'insister sur le scalping, sur les effets de levier, sur les partenariats avec des courtiers. Bref, tout ce qu'il faut faire si l'on veut être assuré de ne jamais réussir.

Le trading est exigeant. Dire le contraire est un mensonge. Beaucoup de volontaires mais peu d'engagés fermes au final. Il demande de la lucidité, du calme et une certaine capacité à gérer les émotions avec froideur. Si vous voyez quelqu'un qui veut vous conseiller et qui s'énerve après le marché, après les autres, crie qu'il est fort, un bon conseil : tournez-vous et fuyez.

Le scalping accroît encore les risques et n'est pas recommandé pour tous les profils. Il obéit à des règles spécifiques, exige une grande concentration et une capacité à reproduire, mois après mois, années après années, une activité intense et synonyme de stress. Beaucoup de traders qui réussissent en scalping s'écroulent complètement au bout de quelques mois ou quelques années, incapables de continuer à performer.

Mise en garde

Si le trading court terme (scalping et intraday) est utile, formateur et rémunérateur dans certaines circonstances, il ne peut suffire à valider un système de trading sur une longue durée. En premier lieu, le trading intraday est exigeant en termes d'énergie et de capacité de concentration. Depuis 20 ans que nous arpentons les marchés, le nombre de bonimenteurs n'a cessé de croître. Être capable de reproduire années après années le même effort de concentration et de réactivité n'est pas donné à tout le monde. Il faut donc développer un système qui allie trading intraday, investissement et, surtout, qui s'adapte au profil de l'investisseur ou du trader afin qu'il soit aussi efficace et performent aujourd'hui que dans 10 ou 20 ans.

Et ce n'est pas quelques semaines de réussite qui assurent le succès à long terme. 20 années de marchés financiers nous ont prouvé que nombre de ceux qui ont cru réussir ont fini par se lasser. Les exemples ne manquent pas. De plus, selon les styles de trading, l'intraday pourra être très rémunérateur durant certaines périodes, très peu pour d'autres et pourra devenir rapidement détestable durant certaines phases de marché spécifiques si l'on n'y prend pas garde. L'expérience permet de déterminer au mieux quand l'intraday est rémunérateur et quand il ne l'est pas. Mais pour acquérir cette expérience, il faut réussir à durer sur les marchés. Encadrer toutes ses opérations dans un environnement stable, rigoureux, est donc indispensable.

Le particulier avantagé par rapport au professionnel

Un des rares avantages d'être un trader ou un investisseur particulier est la taille relative de son compte : le particulier est un félin qui peut guetter les occasions et s'en saisir rapidement, le gérant professionnel mène une lourde embarcation et il ne peut que rarement réagir en quelques secondes. Un professionnel doit gérer des tailles de position sur le marché qui peuvent l'empêcher d'entrer et sortir à tout instant. Un particulier, que ce soit sur les CFD, les contrats futures, les actions ou le Forex, pourra entrer et sortir rapidement, réagissant sans problème à des nouvelles, bonnes ou mauvaises. La manière d'appréhender le marché s'en ressent bien évidemment.

Développer une vision de long terme grâce aux CFD

Pour compléter la manière d'aborder les marchés pour ceux qui veulent faire de l'intraday (pour les autres, le problème ne se pose pas), il leur faudra apprendre à gérer des positions de type swing, à plusieurs jours ou semaines.

Le premier frein des traders intraday à se projeter est le sentiment de risquer trop en raison de niveaux d'invalidation trop éloignés. C'est évidemment un faux problème. Grâce aux CFD, il est facile de conserver le même risque tout en plaçant des stops larges. Les mini-contrats sont à cet égard un atout non négligeable dont il faut savoir user, surtout lorsque l'on débute le trading.

Ainsi, si vous deviez vendre un contrat future CAC avec un stop à 20 points, pour un risque de 200 euros, vous pourrez, avec le même risque, vendre deux mini-contrats CAC avec un stop à 100 si besoin, ou quatre avec un stop à 50 points. Vous n'aurez pas à vous stresser plus que d'habitude. En plus, comme les CFD sont généralement ouvert 24h/24, votre stop (même avec un slippage plus large durant les heures de fermeture de marché) ne risquera pas de prendre un gap trop large. Et ainsi, vous apprendrez à travailler sur les véritables tendances de marché, votre nez se lèvera de vos écrans et vous ne vous perdrez pas dans un trading impulsif, émotionnel, un trading type « war games » comme le pratiquent hélas la plupart des débutants.

Régularité ou « coups de Bourse »

Les traders débutants arrivent sur les marchés avec des idées, une imagerie populaire qui assimile les marchés à « des coups de Bourse ». Ces gains vertigineux sont censés vous rendre riches et célèbres.

C'est certainement la vision la plus inconfortable pour un day trader. Un day trader est besogneux. Il se concentre sur l'accumulation de gains réguliers. Il ne vise jamais le « home run » comme le disent nos amis américains. Il est très important que le trader débutant assimile rapidement cette notion. De temps en temps, un trader tapera et il réalisera un « home run », mais il ne doit pas les rechercher. Un trader doit prendre conscience qu'il ignore totalement ce que vont faire les prix une fois qu'il a ouvert sa position. Il doit prendre soin de ses stratégies, de ses entrées, de sa gestion. Il limite ses pertes aux montants prévus… et le marché fera le reste. Accumulez des gains, jours après jours, et le marché se chargera de temps en temps de vous offrir des opportunités plus importantes, des gains plus élevés.

Lorsque l'augmentation du risque par opération n'augmente pas le gain

La pression extérieure, la pression du résultat, l'envie de devenir riche poussent tous les opérateurs à prendre plus de risques pour augmenter les gains. En théorie, donc, le trader qui gagne régulièrement et qui augmente son risque sans rien changer à son trading, verra son gain final augmenter.

Relisez attentivement la phrase ci-dessus.

Avez-vous trouvé ce qui cloche ?

« Sans rien changer à son trading » : voilà ce qui ne va pas.

Chaque trader réagit de manière différente et développe un degré d'aversion au risque différent. Selon son expérience et sa maturité, la notion de risque n'est pas également partagée. Mais augmenter le risque ne signifie pas mécaniquement augmenter son gain. Beaucoup de traders le croient. Ils sont sûrs d'eux, calmes et sereins. En dépit de leurs résultats, ils ont le sentiment de s'ennuyer dans une certaine routine. Les performances réalisées leur semblent insuffisantes. Ils éprouvent le besoin de retrouver du plaisir au travail en augmentant leurs résultats. Il suffit de peu pour déstabiliser un trader et son trading. Une pression supplémentaire pourra avoir plusieurs effets : des entrées trop tardives pour s'assurer que la configuration est totalement validée, des sorties précipitées pour ne pas reperdre alors que le compteur affiche un beau gain (donc une diminution du ratio risk/reward), des stops remontés trop tôt pour sécuriser rapidement la position, ce qui conduira à des sorties de position intempestives et inhabituelles. Au final, le risque est de se retrouver à gagner moins qu'avec le niveau de risque précédent, le levier qui leur permettait de trader sans pression, de surfer sereinement sur les mouvements de marché. Et si les résultats se détériorent alors que le but était l'inverse, le trader pourra commencer à vouloir imposer sa propre vision au marché. Des périodes délicates pourraient alors se profiler à l'horizon. Le trader travaillait avec un filet large et douillet, il a décidé de réduire la taille de ce filet. À moins d'être inconscient, il sait que les chutes risquent de faire plus mal. Selon l'augmentation du risque, plusieurs chutes pourraient même devenir fatales. Il va donc développer des mécanismes de défense qui vont interagir, de manière négative, avec son trading.

Si vous avez un broker sérieux, demandez-lui ce qu'il pense des traders qui utilisent les marges offertes. En fait, il n'en pense pas grand-chose parce qu'il ne les connaît pas. Il n'en a pas le temps.

Couvrir ses positions grâce aux contrats future et aux CFD

Pour les investisseurs et traders qui commencent déjà à maîtriser leurs opérations de marché, il est possible, et souhaitable, de combiner les produits : contrats futures, CFD, options et actions. Les différentes tendances sur les horizons de temps permettent, selon les configurations, d'investir dans un sens (de préférence toujours le sens primaire), tout en essayant de se couvrir pour profiter des fluctuations dans le sens contraire. Lorsqu'une tendance commence à dégager des signaux de surachat manifeste, sans pour autant délivrer encore de signaux de retournement, c'est aussi un bon moyen de ne pas se faire piéger sur un retournement brutal et inattendu. Pour les options, une partie spécifique leur sera attribuée sur notre site[13].

Prenons un exemple simple. Des signaux clairs et convergents signalent une tendance haussière puissante et pérenne sur l'horizon de temps quotidien. Il est donc normal de prendre position dans ce sens à un horizon de plusieurs semaines, voire plusieurs mois dans certains cas. Une fois les positions ouvertes, des renforts pourront être pris sur des horizons de temps plus courts, de quelques heures à quelques jours. Mais il peut aussi y avoir des configurations précises qui laissent la place à des stratégies baissières pour quelques minutes ou quelques heures. Le trader ou l'investisseur actif devraient logiquement décider de couvrir tout ou partie de leur position. Ils peuvent pour cela soit décider de couper leurs positions acheteuses, soit simplement se couvrir via les CFD s'ils sont investis en contrats futures. Il existe aussi d'autres possibilités de couverture comme les ETF ou les trackers. Là aussi, nous développerons ce point sur notre site.

La meilleure manière de réussir à séparer son activité entre le travail alimentaire, celui qui doit générer de la trésorerie, et le travail de long terme, est d'ouvrir plusieurs comptes. Chacun étant dédié à un style de trading. C'est un moyen simple de ne jamais sombrer dans l'absence de rigueur, de ne pas laisser sombrer un trader court terme perdant en opération long terme, oublié dans un coin de son portefeuille. C'est aussi un moyen de ne pas prendre ses bénéfices au bout de quelques heures si l'on est rentré sur des indications et des horizons de temps quotidiens ou hebdomadaires. Dernier avantage, celui qui pratiquera le trading ou l'investissement à long terme (tout en sachant que notre long terme de quelques semaines ou mois ferait sourire un gérant actions), c'est de nous permettre de manière claire de connaître la tendance de l'horizon majeur et donc d'adapter le trading intraday ou à quelques jours à la tendance supérieure, sans avoir à se forcer.

Travailler sur des horizons de temps supérieurs à l'intraday permet aussi de profiter des mouvements longs qui se produisent avec une baisse de la volatilité. C'est typiquement le cas des marchés haussiers lents qui déclenchent

---

13. www.e-winvest.com

vertige et agacement aux traders intraday en raison du manque de volatilité. Souvent les gaps haussiers sont suivis de journées mornes, sans range, l'accélération ne se produisant qu'en fin de journée, avec les États-Unis, voire après la clôture des marchés cash. Ces périodes sont génératrices de frustration et un trader frustré est un trader qui laisse ses émotions lui dicter ses actes. Il n'est plus en contrôle et il va oublier certaines de ses règles de discipline. Être déjà en position permet de regarder sereinement le marché dérouler son mouvement sans chercher absolument à trouver une configuration là où il n'y en a pas.

> **L'essentiel**
>
> La préservation du capital permet d'éviter des équations impossibles comme devoir gagner 100 % après en avoir perdu 50 %.
>
> Gérer son capital avec rigueur doit être l'objet une attention de tous les instants.
>
> Avant de penser au gain éventuel, avant de se projeter et de rêver, il faut appréhender le risque certain, engagé sur chaque opération.
>
> L'allocation d'actif, le levier, va de pair avec le choix de stratégies spécifiques sur des données concrètes de marché : tendance, volatilité et zones de valeur.
>
> Intraday et scalping sont des sources de revenus pour les courtiers (tant pis si je ne me fais pas que des amis). Ils ne peuvent correspondre à une pratique durable sur les marchés, sauf cas très particuliers.
>
> L'utilisation de plusieurs produits permet de travailler plusieurs tendances de marchés sur différents horizons de temps.

Le cycle du trader et les biais psychologiques

Chaque fois que vous êtes envahi par le désespoir, arrêtez le trading ! Chaque fois que vous ressentez de la pression ou que vous vous retrouvez en train de chercher des configurations qui ne sont pas dans votre plan de trading, arrêtez le trading.

Bo Yoder, Mastering Futures Trading

Le cycle du trader

Si un trader ou un investisseur doit maîtriser les différentes techniques d'analyse pour réussir à gagner sur les marchés, ils doit aussi apprendre à maîtriser un élément perturbateur, souvent mal identifié par les débutants : lui-même. En effet, la psychologie humaine n'est pas formatée pour tenir les positions gagnantes et couper rapidement les pertes. De nombreuses études ont démontré que l'être humain a une tendance naturelle à agir différemment.

Face aux marchés, chaque tick non travaillé sonnera comme un gain non réalisé. Des tendances qui se développent sous les yeux des opérateurs alors qu'ils n'ont pas réussi à cliquer seront source de souffrance morale et de frustration. L'ennui, l'impatience et l'envie d'agir coûte que coûte sont des ennemis à identifier. Certains traders que j'ai pu côtoyer durant ces 20 années sur les marchés ont littéralement craqué au bout de quelques années. Ils ne pouvaient tout simplement plus supporter la pression constante des marchés. Le système global GTAS a été développé entre autres pour contourner les biais psychologiques en limitant les alternatives et en réduisant le stress et la tension.

Classiquement, les opérateurs alternent, parfois rapidement, entre deux émotions extrêmes : la peur de perdre et l'avidité au gain. Ces deux émotions les font agir de manière inadéquate, systématiquement à contretemps, comme le montre le schéma du cycle du trader.

Graphique 2.3. Le cycle du trader

Les montagnes russes des émotions

Sur les marchés, les traders et les investisseurs sont partagés, tiraillés, par des flots d'émotions contradictoires : l'espoir, la peur et la cupidité. Les émotions sont des réactions fluctuantes, ce ne sont pas des états stables, ce sont des réponses à une situation donnée.

Pour éliminer ce problème des émotions des opérateurs, certains ont trouvé une solution : éliminer le trader, l'exécutant. Certains voudraient uniquement réagir à des signaux de marché, à des indicateurs, de manière entièrement automatique. Il est sage de se préparer en backtestant les stratégies de trading, sur des historiques suffisamment larges et des données non vues. Mais les meilleures performances sont réalisées grâce à une alliance judicieuse entre l'homme et la machine, qui permet une souplesse et une adaptation rapide aux conditions changeantes de marché. Les événements les moins prévisibles, sur les échantillons statistiques, ont un taux d'apparition très supérieur dans la réalité. L'œil du trader, son expérience des marchés, est alors d'une richesse inestimable. C'est le trader qui décide de réagir, ou pas, aux configurations techniques et aux validations.

Mise en garde

Le trading systématique automatise le processus d'investissement de la chaîne de décision au passage d'ordres et à la gestion de la position. Il suffit de voir le nombre de sociétés qui vendent des robots de trading outre-Atlantique pour comprendre que ceux qui gagnent vraiment sont ceux qui vendent les services. Généralement, les systèmes automatisés fonctionnent un temps, sur des marchés spécifiques, puis leurs performances s'effondrent lorsque les conditions de marché changent. Les vendeurs se recyclent et montent d'autres structures. Dans ce domaine comme dans bien d'autres, l'imagination n'a pas de limites et le nombre de rêveurs prêts à payer pour de l'illusion non plus.

Les émotions positives poussent parfois à intervenir de manière désinvolte sur les marchés, à ne pas respecter le timing d'entrée, à ne plus respecter les règles. Les émotions négatives freinent les interventions. L'opérateur déprimé réfléchira à deux fois avant de cliquer pour ouvrir une position, ce qui risque de faire rater le bon timing d'entrée, voire, parfois, à le paralyser complètement.

Pourtant, chaque émotion ressentie par le trader est une information qu'il doit apprendre à traiter comme tous les autres paramètres. La peur face à un mouvement de panique doit être analysée, interprétée puis utilisée. Face à une baisse violente, la panique s'empare de tout le monde. Face à des vagues haussières dévastatrices, l'euphorie gagne les intervenants. Dans les deux cas, une alerte doit résonner.

Août 2015 : le krach annoncé ou l'impressionnante efficacité de GTAS

Le 24 août 2015, au plus fort de la crise de l'été, alors que tout le monde vendait, nous avions signalé sur le compte twitter @bpdtrading, que nous repassions à l'achat à 4 300 points. Quelques jours plus tôt, nous avions annoncé l'imminence d'un krach rapide, de forme en V, comme en 1998. La plupart des gérants étaient acheteurs sereins début août et vendeur en mode panique le 24, le jour du point bas. Il fallait bien évidemment faire l'inverse. C'est grâce à l'analyse au travers de notre système GTAS que nous avions pu anticiper le krach rapide et son rebond probable, mais c'est aussi grâce à la gestion de nos émotions que nous avons su repasser à l'achat au bon moment.

Les émotions négatives, comme la peur de perdre et de s'impliquer dans une opération, proviennent d'une peur irrationnelle dans l'avenir. Elles n'ont aucune consistance dans le présent. Comment expliquer cette peur ? Manque de préparation, manque de confiance en soi, manque de confiance dans les stratégies... Tout cela doit être travaillé. Puis l'intervenant doit apprendre à focaliser son mental sur le présent. Il doit se concentrer sur l'application de son plan, la gestion des stops, le suivi des positions...

Les bonnes attitudes psychologiques

Penser en termes de série

Devenir un trader performant exige d'accepter la notion d'incertitude comme une des composantes essentielles de cette activité. Beaucoup de paramètres peuvent être maîtrisés mais il faut prendre conscience que le tick suivant l'ouverture d'une position pourra être totalement différent de ce que l'on attend. Pour cela, l'opérateur doit accepter de penser en termes de séries d'opérations et de procéder par un détachement émotionnel total pour une opération unique. Un résultat d'opération ne devrait jamais générer ni joie (gain), ni peine (perte). Seule compte la satisfaction d'avoir appliqué rigoureusement les paramètres d'une stratégie de trading backtestée. La formation et l'apprentissage passent par la répétition d'opérations, par le développement de routines d'intervention sur les marchés :

- ne pas ouvrir trop de positions à la fois ; chaque position ouverte augmente exponentiellement le niveau de stress ;
- chaque opérateur doit accepter que la somme d'individualités qui composent le marché le rend imprévisible et donc plus fort que nous sur une opération donnée.

Quand vous parviendrez à accepter totalement que chaque avantage est incertain et que chaque instant est unique, votre frustration sera terminée. De plus, vous ne serez plus susceptible de faire toutes les erreurs typiques qui diminuent votre potentiel de régularité et qui sapent votre confiance en vous. [...] Si le trading n'a qu'un secret, le voici : quelle que soit la capacité de chacun, 1) opérer sans peur ou sans excès de confiance, 2) percevoir ce qu'offre le marché, 3) rester concentré sur le flot d'opportunités de l'instant présent, et 4) entrer spontanément dans la « zone » ; c'est la foi absolue et probablement inébranlable en un résultat incertain tout en ayant un avantage en votre faveur.

Mark Douglas, *Traders : entrez dans la zone*

Observer froidement

L'analyse et le plan de trading sont des outils d'aide qui ne doivent pas se muer en un carcan. L'opérateur doit toujours observer les marchés d'un œil neutre, sans se laisser diriger par son analyse à froid. Les réactions du marché livrent de nouvelles informations qu'il s'agit de savoir traiter froidement, sans à priori. L'œil est parfois capable de filtrer uniquement les signaux qui valident nos analyses, rejetant les autres indices qui pourraient nous alerter sur un changement de tendance.

Perdre n'est pas une remise en cause personnelle

Souvent, ceux qui perdent, notamment ceux qui se lancent dans le trading après une brillante carrière dans les affaires, souffrent de laisser leur égo de côté. La perte est un échec, et les remises en cause difficiles. Or, une perte n'est une faute, une erreur, que si le plan de gestion n'a pas été suivi à la lettre. Dans le cas contraire, perdre fait partie de l'activité de trader. On ne gagne jamais à tous les coups, et tous ceux qui prétendent le contraire sont des escrocs qui finissent parfois derrière les barreaux.

Refuser de laisser son égo de côté, c'est créer les conditions pour commettre de nombreuses erreurs : développer des comportements cyclothymiques, renvoyer ses erreurs sur les autres et donc ne pas se remettre en question, faire preuve d'impatience, voire d'arrogance, augmenter considérablement son levier par appât du gain, refuser de prendre ses pertes, ne pas poser de stops ou des moyennes des positions perdantes.

Construire de solides certitudes grâce à un travail de recherche en amont

Un système de trading complet comprenant des stratégies, des entrées précises, des règles de gestion du risque et des positions et qui a été backtesté sur des périodes suffisamment longues est le meilleur moyen d'aborder les marchés en confiance. Et pour supporter jours après jours, la pression des marchés, il est utile de se doter d'une « foi » solide.

Se focaliser sur le qualitatif

De l'application stricte de méthodes d'investissement découlera l'objectif principal : gagner de l'argent. Mais gagner de l'argent ne doit jamais être le moteur qui pousse à se lever le matin. La notion de jeu, la notion même de plaisir, sinon celui du plaisir intellectuel, doit aussi être banni. Les marchés sont la plupart du temps ennuyeux, parfois même agaçants. Il faut savoir l'accepter, sous peine d'aller au-devant de lourdes désillusions.

Portrait de trader : Paul, débutant frustré

Avec de mauvaises nouvelles économiques, les indices actions baissent. Paul se conforte dans cette idée avec les « morning meeting » des courtiers. Les marchés ouvrent en baisse, confirmant son opinion. Il est inquiet.

... / ...

Il n'ose pas bouger. Trop tard pour vendre. Impossible d'acheter de telles nouvelles. Vers 09:30, le marché décale à la hausse, d'abord doucement, puis il accélère jusqu'à midi. Notre trader regarde, toujours paralysé par les nouvelles. Il ne comprend pas, fronce les sourcils, se ronge les ongles, surfe sur les forums et twitte un peu. La frustration le gagne devant ce qu'il lit. Ceux qui ont acheté ce matin plient déjà, trop heureux de leur journée. Lui ne peut rien faire. Il est convaincu que la catastrophe guette les marchés. L'après-midi, enfin, une dernière vague de hausse apparaît suite à une statistique moins mauvaise que prévu à 16:00. Il se lâche enfin. Il achète. Il sourit. Enfin. Lui aussi va participer aux juteux bénéfices du jour. Le marché retrace immédiatement. Il vient de rentrer sur la dernière vague de hausse.

Le sens de la responsabilité

Le perdant, accroc à son nouveau jeu, va développer des arguments justifiant son échec, en commençant par en rejeter la responsabilité sur le courtier, sur les autres traders. Tous coupables… sauf lui. Pour éviter de sombrer dans ce travers, un trader devra développer une bonne connaissance technique des outils de trading. Puis il comprendra que les outils ne sont que la première partie du travail qui attend le trader souhaitant aller au bout de cette aventure. Il développera son sens de la responsabilité, fera preuve d'une rigueur sans failles et d'une discipline intransigeante.

Apprendre de ses erreurs

On peut perdre de l'argent après avoir correctement appliqué une stratégie. Mais parfois aussi, on perd de l'argent parce que l'on n'a pas réussi à se montrer rigoureux et appliqué dans la mise en place d'une stratégie. Inutile dans ce dernier cas de s'en vouloir. Il faut juste constater son erreur, la noter sur le journal des opérations et décider de ne plus commettre ce type d'erreur. C'est en notant scrupuleusement chacune de nos erreurs que l'on peut avancer sur le chemin de la réussite. Les remords ne servent à rien. En revanche, répéter les mêmes erreurs, jours après jours, ne jamais les noter ni en tirer de leçons est le chemin qu'il faut absolument éviter. Une erreur n'est pas un échec, c'est une leçon. La corriger, c'est l'assurance de ne plus la répéter et le moyen le plus sûr de préserver son capital.

Une motivation sans faille

Les premières opérations sont souvent douloureuses pour les débutants. Mais beaucoup de ceux qui échouent arrêtent avant d'avoir réellement essayé, sans s'être donné les moyens de leur réussite. La motivation implique le désir d'apprendre constamment, de développer une véritable méthode globale, comprenant des méthodes d'analyse de marché mais aussi une gestion du risque élaborée et des réflexions sérieuses sur les abonnes attitudes mentales à développer. C'est un travail qui ne peut pas se réaliser en quelques jours ni quelques semaines. Pour certains, il faudra compter en années. Il faudra lire des livres, apprendre auprès des meilleurs traders, suivre des formations et vouloir progresser pas à pas, sans brûler les étapes ni jamais éprouver l'envie d'arrêter. Par-dessus tout, il faudra développer cette foi irrépressible dans la réussite qui permet de se lever plus tôt que les autres et de se coucher plus tard.

Apprendre la patience

Pour devenir performant, il faut se concentrer sur un nombre réduit de stratégies en acceptant le lot de frustrations qui ira avec des mouvements de marché laissés de côté. Une partie du travail du professionnel consiste à éliminer les opérations qui présentent le moins de probabilité de succès.

En apprenant à se concentrer sur les configurations aux potentialités les plus élevées, le trader apprend aussi à détecter les configurations les moins efficaces. Il éliminera ainsi des foyers de pertes et améliorera significativement sa performance globale : savoir quand intervenir sur les marchés.

> **L'essentiel**
>
> Gérer ses émotions est aussi important que l'analyse de marché. Le cycle du trader se répète tant pour les traders intraday que pour les investisseurs.
>
> Mieux se connaître est un préalable à la réussite sur les marches.
>
> Un trader doit penser en termes de séries. Un trade unique ne doit lui procurer ni joie ni peine.
>
> Le travail en amont permet d'aborder les marchés de manière efficace à condition de se concentrer sur le qualitatif lorsque l'on passe à l'action.
>
> Certains comportements doivent être bannis, d'autres encouragés. La patience, la persévérance et l'humilité sont des qualités à cultiver.

Le journal de trading

Le meilleur moyen d'évaluer ses progrès est d'enregistrer ses opérations dans un journal de trading qui compile les différentes actions effectuées sur les marchés.

Un journal de trading doit contenir les informations suivantes :

* la date et l'heure de l'opération ;
* le produit traité ;

- le sens de l'opération et la tendance majeure ou primaire ;
- le cours d'entrée ;
- le stop initial ;
- le niveau d'allocation (le levier exprimé en unité de base) ;
- la configuration qui a permis l'ouverture de la position ;
- le système de trading ;
- la stratégie de trading ;
- l'objectif initial ;
- le résultat ;
- la durée de l'opération ;
- les MFI et MAE ;
- la notation.

La compilation des résultats permet d'effectuer des tris pour mettre en évidence les stratégies gagnantes, les produits qui performent le mieux, les horaires où l'intervenant est le plus efficace. Elle met aussi en lumière le comportement du trader en s'assurant que les objectifs sont bien tenus, que les entrées sont bien réalisées. Enfin, elle permettra d'affiner les stratégies en optimisant les stops et les sorties sur un large échantillon. Des éléments concrets, objectifs, utiles pour personnaliser une méthode en l'adaptant le plus finement à son profil.

Mon expérience

Parfois, la mémoire peut nous jouer des tours. Certains traders ne voient que le côté positif, d'autres le côté négatif. Leurs sentiments prennent le pas sur une analyse objective, statistique, de leurs actions. En leur imposant le journal de trading, je les mettais face à leurs responsabilités. Les écrits et les chiffres ne mentent pas. Un historique détaillé des transactions ne laisse pas de place aux fantasmes ou aux aigreurs d'estomac. Il relate la vérité telle qu'elle est, sans l'enjoliver mais sans la noircir. Certains trouvent la tâche fastidieuse, et ce n'est pas faux. Mais c'est aussi un moyen de leur rappeler que le trading n'est pas un jeu, qu'il exige de la rigueur, de la méthode et de la discipline. Le succès passe aussi par un travail de l'ombre que l'on aimerait éviter mais qui s'avère pourtant indispensable.

La date et l'heure

Il est important de connaître les résultats en fonction des périodes ou des moments de la journée. Cela permet de créer un ensemble statistique sérieux qui mettra en évidence des périodes plus favorables que d'autres, non seulement à certains types de stratégies, mais aussi par rapport à la sensibilité de l'intervenant. Certains travaillent très bien dès le matin, d'autres ont besoin de voir les marchés fluctuer avant de commencer à être efficace, enfin, des traders épuisés par des journées à rallonge constateront que multiplier les heures le soir ne sert qu'à encaisser des pertes qui pourraient être évitées.

Le produit traité

Certains seront plus à l'aise avec les actions, d'autres avec les futures sur indices ou avec le Forex. Le seul moyen de le mesurer concrètement est de compiler méthodiquement les résultats. Dans ce domaine, comme souvent sur les marchés, il vaut mieux se méfier de ses impressions. Les chiffres, eux, ne mentent jamais, même à leur insu.

Le sens de l'opération

Le seul moyen de vérifier que l'on n'a pas un biais de « shorteur » ou « d'acheteur » compulsif est d'enregistrer les sens des opérations et de les filtrer avec la tendance majeure ou la tendance principale. Faire trop d'opérations à contre-tendance, ou des opérations uniquement à l'achat ou la vente, c'est se priver d'opportunités de marché, et donc, se mettre à la merci de tendances primaires soutenues. Il faut être capable, pour performer dans la durée, de travailler dans les deux sens, en tendance, et aussi parfois en contre-tendance.

Le stop initial et le niveau d'allocation

C'est le moyen de vérifier que les règles de gestion de la stratégie sont parfaitement respectées, que l'on ne tombe pas dans un excès de confiance après une période faste ou dans la face sombre de la pusillanimité après une douloureuse série de pertes.

La configuration, le système de trading et la stratégie

Configuration, système et stratégie doivent être en cohérence. Dans le cas contraire, soit l'analyse de marché était erronée, ce qui peut arriver, soit les émotions ont pris le dessus. Dans tous les cas, cela permet de rectifier dans le temps les erreurs d'analyse et d'interventions sur les marchés. Concernant la configuration, il est bon de la noter avant l'ouverture de position. Normalement, avec l'expérience, les configurations les mieux notées devraient être celles qui performent le mieux. Mais pour en être certain, rien ne vaut une compilation objective des résultats (je note mes analyses de 1 à 5).

L'objectif initial, le résultat et la durée de l'opération

Une ouverture de position démarre presque toujours avec un objectif cible puis, en fonction de la durée de l'opération, des mouvements et du bruit du marché, le trader peut décider de vouloir intervenir pour réviser à chaud son jugement initial. Il s'agit de s'assurer que les modifications ne se produisent pas toujours dans le même sens. À savoir, une réduction du temps de l'opération par le biais de prises de bénéfices trop rapides. Dans ce cas, il faudra apprendre à corriger ce défaut. Parfois, en revanche, des opérations dureront trop longtemps par rapport au temps imparti lors de l'ouverture. Il faut savoir décider de couper une position lorsque les probabilités de réussite, ou que les conditions qui prévalaient à son déclenchement, ne sont plus réunies. Les stops temporels servent à ça.

MFI (Maximum Favorable Incursion) et MAE (Maximum Adverse Excursion)

MFI est le nombre de points ou de ticks que le marché offre dans le sens de notre opération après notre ouverture. MAE est le nombre de points ou de ticks que le marché réalise dans le sens contraire à notre opération après son ouverture. MFI servira à affiner les sorties grâce à l'ensemble des statistiques enregistrées par stratégies et MAE permettra de régler le stop au plus près en fonction des résultats historiques par stratégie. Pour plus de renseignements, vous retrouverez des explications complètes sur notre site.

Appréciation et notation

Chaque opération doit être notée sur l'entrée, sur la gestion et aussi sur la psychologie associée durant l'opération.

Mon expérience

À mes débuts, je perdais souvent le vendredi après-midi. Surtout lorsque j'avais réalisé une excellente semaine. La raison en était simple : j'étais dans un doux sentiment d'euphorie mal contrôlée. Grâce au journal de trading, j'ai rapidement pu identifier le problème. Et je l'ai réglé en fermant le bureau le vendredi après-midi si j'avais réalisé une bonne semaine. À la place, j'allais jouer au golf. Du coup, le lundi, je revenais sur les marchés en pleine forme. Alors qu'après une perte le vendredi, on réattaque le lundi en faisant grise mine.

Tenir un journal de ses opérations pourra paraître fastidieux à certains, mais c'est un outil efficace dans l'amélioration de ses performances.

Les scénarios du pire

Trader ou investisseur, aborder les marchés implique d'inscrire la prudence en lettres d'or et en haut de ses préoccupations. Un « scénario du pire » consiste en une préparation technique et mentale de l'imprévu. Avoir envisagé toutes les catastrophes possibles permet de réagir dans l'instant, sans être pris de court. Et surtout, cela permet de survivre à long terme, sans « exploser » son compte.

Les scénarios du pire, les exemples de catastrophes pour le trader et l'investisseur ne manquent pas. Il ne s'agit nullement de se faire peur pour faire grimper son taux d'adrénaline, mais au contraire, d'être prêt pour pouvoir réagir au mieux face à des événements de nature paroxystique.

- Une panne informatique après une ouverture de position intraday, sans que le stop ait pu être placé : si la situation a déjà été prévue, un téléphone se trouve à proximité avec le numéro du courtier préenregistré. Perdre cinq minutes à chercher le numéro augmente le risque. Pour cela, il est préférable d'avoir le compte ouvert chez un courtier disponible immédiatement. Il est aussi préférable de travailler avec des ordres liés (OCO). En un clic, les stops loss et limit target sont placés. Un deuxième ordinateur, une tablette ou un smartphone pourront aussi dépanner.

- Votre courtier fait faillite : s'il est important de se préoccuper du risque d'une opération, il est fondamental de s'assurer de la solidité financière de son courtier. Dans le doute, une diversification des avoirs sur plusieurs courtiers est une solution. Pour avoir traversé la crise de 2008 en tant que gérant de hedge fund et avoir ensuite vécu de près la faillite du courtier MFGLobal, c'est un problème auquel nous devions réfléchir constamment, d'autant plus lorsque les sommes investies vous sont confiées par des clients.

- Un mouvement de marché inattendu (attentat, intervention des banques centrales, nouvelle catastrophique sur une société) déclenche un mouvement violent. Le stop subit un « slippage » de 10 points. Il était placé à 5 points. La perte est donc du triple prévu. Avez-vous les moyens d'y faire face si vous utilisez des leviers inconséquents ? Une banque centrale décide de changer subitement de politique, les positions sur le marché des devises, avec levier, font rapidement sauter des comptes comme cela a pu arriver début 2015 avec la BNS sur le franc suisse.

- Une panne informatique d'Euronext se produit peu avant la clôture. Vous étiez long avec un stop à 10 points. Les États-Unis baissent avant 22:00 et l'Asie clôture dans le rouge. Le FCE ouvre sur un gap de 40 points. Vous hésitez à sortir et il baisse encore de 20 points. Au total, vous perdez plus de six fois ce que vous aviez prévu. Avez-vous les moyens d'y faire face ?

Mise en garde

Peut-être pensez-vous que les craintes sont exagérées ? De longues années sur les marchés apprennent que les mouvements « extraordinaires » ont une fréquence relativement forte. Mieux vaut le savoir et s'y préparer en conséquence. Le trader qui vient de lire ce paragraphe et qui hésite à placer des stops devrait avoir plusieurs raisons supplémentaires de ne plus hésiter. Placer ses stops est indispensable mais ce ne sera pas suffisant dans des conditions de marché extraordinaires. Des mouvements brusques et d'une rare violence peuvent se produire. Le trader qui aurait un levier lourd sur un mouvement important pourra se voir éjecter définitivement. Voulez-vous en assumer le risque ? Une bonne gestion de stop va de pair avec une excellente gestion de son capital et la prise en compte des scénarios du pire.

Se fixer des objectifs

Si vous vous engagez à courir après le succès, les principes de base, les exigences psychologiques de base sont les mêmes, peu importe ce que vous faites dans la vie. Il faut que vous parveniez à vous réveiller tous les matins avec l'envie irrépressible de réussir. Ensuite, il faut que vous fassiez tout pour y parvenir. Il faut que vous soyez régulièrement concentré sur cet objectif tous les jours.

Michael Covel, Le trading directionnel

Tout débutant qui démarre une activité doit formaliser des objectifs, un cadre de progression et s'assurer que les moyens mis en œuvre sont pertinents et cohérents avec les souhaits.

La problématique de l'action implique trois conditions, décrites par Joëlle Proust, directrice de recherche au CNRS et auteure de *Philosophie cognitive* :

- avoir un but saillant à atteindre ;
- savoir comment agir pour l'atteindre ;
- avoir la motivation suffisante pour agir.

L'importance du qualitatif

La fixation des objectifs répond à un cahier des charges précis. Une vision trop ambitieuse de sa future activité, une expérience insuffisante et des performances qui ne seraient pas en adéquation, risque d'inscrire le débutant dans un cercle vicieux où l'échec entraînera frustration, déprime et nouvel échec. Il faut savoir évaluer correctement son expérience, sa disponibilité, son capital et son désir de réussite pour élaborer des objectifs cohérents.

Les traders débutants pensent généralement à leurs futurs résultats avec des étoiles brillantes dans les yeux. C'est humain. Mais le débutant doit s'ancrer dans la réalité. Les premiers mois, le qualitatif doit primer sur le quantitatif, tout en s'attachant à ne pas creuser son compte. Ne pas perdre est déjà une première victoire, le faire avec la manière, la rigueur et la discipline revient à monter sur le podium.

Le débutant ne devrait pas se focaliser sur la question du pourcentage, du gain et de la performance. Il ne doit penser qu'à trois choses : l'application rigoureuse de sa méthode, la protection de son capital et la gestion de ses pertes. Ce sont des objectifs concrets et paramétrables pour un trader débutant. Le développement de routines d'intervention en réponse à des configurations de marché précises doit être son premier objectif. Il doit opérer avec rigueur, dans le cadre de stratégies backtestées comme celles détaillées dans la troisième partie. Au bout de quelques semaines ou quelques mois, il commence à évaluer sa capacité et sa marge de progression, mais aussi les points qu'il devra travailler plus spécifiquement. Il peut alors commencer à se fixer des objectifs. Mais il devra faire attention à se montrer réaliste. Sinon, il s'imposera une pression supplémentaire et inutile.

Portait de trader : Pierre, trader irrégulier

Pierre est un trader expérimenté, plutôt bon, et présent sur les marchés tous les jours. Mais l'impatience est l'un de ses plus grands défauts. Pour lui, une configuration doit être travaillée. Toujours. Du coup, il réalise de très bons mois suivis de périodes noires, lorsque son agressivité se mue en impatience. Que lui manque-t-il ? De la rigueur, bien sûr. Mais surtout, un plan d'objectifs, comme pour toute gestion d'entreprise.

Lorsqu'il s'est rapproché de nous pour nous exposer sa situation, nous avons réussi à le lui faire comprendre. Travailler sur des objectifs oblige à prendre du recul lorsqu'ils sont atteints. Le marché n'est plus un immense casino, mais l'investissement devient un métier avec un plan de développement. Raisonner en termes d'entreprise, de développement, permet d'ancrer son activité dans le monde réel. Depuis, ses résultats sont plus réguliers. Il a transformé ce qui n'était qu'une activité, presque une addiction, en un véritable métier, et il franchit, une à une, les étapes qu'il s'est fixé.

Le trading, comme la vie, est un compromis permanent entre le possible et le souhaitable. Le rêve est permis. Le trading permet de rêver. Mais le rêve a un coût difficile à mesurer. Le rêve doit donc être raisonnable, sans antinomie. Être raisonnable, c'est fixer des objectifs cohérents avec son expérience et ses capitaux. Voir trop grand poussera à faire des erreurs, voir trop petit empêchera de progresser. Il est bon de se fixer un objectif en début d'année ou de cycle. Mais il faut éviter d'en devenir esclave. Un objectif trop modeste risque d'être démobilisateur. À quoi bon se lever aux aurores ? À quoi bon passer des heures au bureau ? Un objectif trop ambitieux, à l'inverse, risque de mettre le trader sous pression. Certains en seront stimulés, d'autres s'écraseront contre le mur de la réalité. Trop de pression pousse à faire des erreurs : entrée précipitée, sortie tardive, non encaissement des pertes…

Mon expérience

Il y a des histoires incroyables avec le trading… comme avec le loto. Il y a des gens qui misent trois euros et en gagnent plusieurs dizaines de millions. Mais les probabilités sont contre vous. Le rêve est beau, mais il reste du rêve. Le trading exige de s'ancrer dans la réalité du quotidien, dans le travail et la sueur, dans l'effort et la souffrance. À ces conditions, avec la volonté de progresser pas à pas, votre avenir de trader pourra devenir radieux. Vendre le livre *Les 1 001 méthodes du trading gagnant* est peut-être flatteur pour son ego, mais ce n'est sûrement pas honnête. Je vous délivre mon expérience, une méthodologie éprouvée, des stratégies efficaces, des conseils et des règles. Le reste vous appartient.

Il faut donc agir en professionnel et se fixer des objectifs qualitatifs, à moyen et long termes, qui concernent essentiellement les moyens à mettre en œuvre pour réussir, ainsi qu'un programme de suivi de performances.

Objectif tactique et objectif stratégique

L'élaboration de deux objectifs, un objectif tactique et un objectif stratégique, permet d'inscrire son action à la fois dans le quotidien et le court terme, tout en maintenant la vision et le projet à long terme. L'objectif tactique doit, dans ses actions pragmatiques, nourrir l'ambition la plus large, l'objectif stratégique.

L'objectif tactique, à court terme, dépend des connaissances techniques et de l'expérience. Il doit focaliser les actions du trader sur un travail discipliné et rigoureux. L'objectif stratégique développe une vision à long terme, porteuse d'espoir et apte à stimuler nos envies, et à nous pousser à se lever le matin pour aller travailler.

- L'objectif tactique consiste à développer les routines d'investissement, à travailler les critères des stratégies d'investissement et de trading, à se forger un mental adapté au marché, et à développer une gestion du risque et des positions. Le qualitatif (l'application et le travail) prime sur le résultat à court terme. La compréhension et l'analyse des erreurs doivent permettre d'évaluer les progrès, notamment avec la compilation des résultats du journal de trading.

- L'objectif stratégique stimule l'énergie et focalise la volonté du quotidien dans une ambition. Un objectif à long terme doit être ambitieux. Pour soulever des montagnes, il faut commencer à envisager de pouvoir les soulever. Un trader ambitieux a la foi. Il sait tout au fond de lui qu'il va réussir. Il ne se pare pas des habits du doute et lorsqu'il trébuche au quotidien, il ne relâche pas son effort. Rien ne peut le détourner de l'objectif qu'il s'est fixé. Mais il est lucide et froid sur les étapes à accomplir avant de réussir. Il se nourrit de cette vision qui le fera se lever plus tôt et se coucher plus tard que les autres.

Un trader débutant pourra ambitionner de vivre de son trading à un horizon de temps qu'il déterminera. Il sera dépendant de son expérience et de son capital. Un trader qui commence à vivre de son trading pourra viser une grande régularité de ses résultats dans l'espoir d'aller décrocher un poste de gestionnaire. Un trader professionnel pourra être guidé par le désir de s'affirmer comme un des meilleurs traders. Il pourra décider de réaliser sa meilleure année ou faire des performances à trois chiffres durant les cinq prochaines années. L'important est d'éclairer le quotidien par une lumière qui sert de guide et permet de focaliser la volonté sur les actions à mener. Le meilleur moyen de réaliser des actes extraordinaires est de commencer à les rêver. Ainsi armé, le trader se donne les moyens psychologiques de répondre à la charge de travail nécessaire pour atteindre ses objectifs stratégiques.

L'essentiel

La psychologie, le mental et l'organisation de son travail sont des éléments clés à la réussite. Ils sont souvent oubliés par les formateurs car ils sont beaucoup moins glamours et vendeurs que des indicateurs et de jolis graphiques. Pourtant, sans une psychologie adaptée, sans un travail de fond grâce au journal de trading, et sans une projection dans le temps, organisée et planifiée, les chances de réussir sur les marchés seront très faibles. Vendre du rêve relève plus de l'escroquerie que du conseil financier. Là encore, l'AMF ne cesse de mettre en garde contre tous les sites qui promettent des gains faramineux.

La tenue d'un journal de trading est indispensable pour mesurer sa progression.

Élaborer des objectifs tactiques et stratégiques procure au débutant la rigueur et la vision nécessaires pour affronter les marchés.

Partie 2

Décrypter les fluctuations des marchés

Chapitre 3

Comprendre les mouvements de marché

*Les gens peuvent souffrir de dissonances cognitives, définies comme
la capacité à filtrer, manipuler, transformer ou traiter d'une autre manière
l'information, afin de la faire correspondre à leurs propres interprétations.
Les gens avec la même information peuvent avoir différentes
convictions et tirer différentes interprétations.*

Charles Kindleberger, *Histoire mondiale
de la spéculation financière*

Analyser pour comprendre

Un marché est un lieu de confrontation entre des acheteurs et des vendeurs : entre ceux qui pensent que les cours d'aujourd'hui sont inférieurs à ceux qu'ils seront demain et qui pensent que les cours vaudront moins cher demain qu'aujourd'hui. En situation normale, lorsque les émotions ne sont pas exacerbées par des stimuli externes, parfois violents, acheteurs (bulls[1]) et vendeurs (bears[2]) trouvent un prix d'équilibre. Puis surviennent des informations extérieures qui perturbent le consensus sur la valorisation des actifs financiers et oblige à réévaluer le prix de marché. S'ensuit alors un déséquilibre par afflux d'acheteurs (le cours monte) ou par afflux de vendeurs (le cours baisse). Puis, une fois l'information digérée, disséquée, analysée et assimilée par tous, un nouvel équilibre se crée dans l'attente d'informations susceptibles, à leur tour, de faire varier le prix.

---

1. Le terme « bulls » représente les acheteurs qui parient sur une hausse du cours de l'action, ils sont représentés par l'image du taureau, célèbre à New York.
2. Le terme « bears » représente les vendeurs qui parient sur une baisse d'un cours, ils sont représentés par l'image de l'ours.

Pour investir ou pour trader, le premier travail consiste à analyser les fluctuations des cours du marché et à étudier l'environnement macro et micro-économique. Quatre types d'analyses sont habituellement utilisés pour aborder les marchés : l'analyse fondamentale, l'analyse technique, la finance comportementale et l'analyse mathématique et statistique.

L'analyse fondamentale

Son objectif est de déterminer la valeur réelle des entreprises puis de les comparer à leur cours de bourse. Cette vision présente plusieurs inconvénients : elle exige de multiples analyses complémentaires (analyse financière et boursière, analyse sectorielle, analyse macro-économique et géographique) et elle occulte les données propres aux marchés (psychologie des opérateurs et facteurs purement techniques comme la périodicité et les échéances sur les marchés à terme). Son véritable intérêt est donc essentiellement dans une vision de long terme.

L'analyse technique

L'analyse technique considère que toutes les informations disponibles sont inscrites à l'instant T dans les cours, en raison de l'action sur le marché de ceux qui savent (les initiés, les plus proches des sources d'informations). Fort de ce postulat, l'étude graphique et les indicateurs techniques révèlent les connaissances de l'ensemble des opérateurs de marché puisque si un initié a, à l'autre bout du monde, une information privilégiée dont il veut profiter, il devra intervenir sur le marché et son action d'achat (connaissance d'une OPA par exemple) ou de vente (connaissance de mauvais résultats à venir, par exemple) se verra nécessairement sur le marché. Et plus la taille financière de ceux qui interviennent est forte, plus les graphiques seront révélateurs.

L'analyse des prix permet donc de lire les comportements des différents opérateurs, de tous les intervenants sur le marché, et montre sur les graphiques la diffusion de l'information à un panel de plus en plus large. Les niveaux de combat entre acheteurs et vendeurs apparaissent clairement. Mais l'analyse technique se situe dans le domaine de l'examen, de la compréhension des mouvements de marché. Un indicateur isolé ou une configuration seule ne permet pas d'optimiser une entrée. Ce n'est que la convergence d'éléments multiples, couplée à une rigoureuse gestion du risque et des attitudes psychologiques optimales, qui offrent un avantage comparatif.

Derrière les mouvements de prix, devant les écrans, ce sont des êtres humains qui agissent. La peur et la cupidité guident les prix mieux que la valeur intrinsèque d'un actif. Un trader opère sur un marché déterminé, un contrat future, un indice, un CFD, pourtant, il négocie avant toute chose les émotions des autres intervenants, et leurs anticipations. S'il existe à l'instant T un acheteur et un vendeur, c'est que leurs visions de l'évolution future des cours d'un actif sont radicalement différentes.

L'analyse technique ne détient pas la vérité, ni même une vérité. Elle ne peut et ne doit se révéler qu'à force de pratique à celui qui accepte durant de longues heures de consommer du graphe et des indicateurs à haute dose. De plus, un bon analyste technique n'est pas nécessairement un bon trader ou un bon investisseur. Les qualités demandées à l'un pour exceller ne sont pas celles demandées à l'autre. En revanche, ce qui est sûr, c'est qu'un intervenant qui possède d'excellentes connaissances en analyse technique fera un meilleur trader qu'un autre, qui négligerait toute la richesse de cette expertise.

L'analyse comportementale

L'analyse comportementale étudie les travers de comportements (biais émotionnels ou cognitifs, mouvements collectifs irrationnels) pour analyser les anomalies de marché et notamment tous les phénomènes d'exacerbation de tendance, à la hausse ou à la baisse.

Elle se montre particulièrement utile durant les phases de marché où les opérateurs réagissent de manière moutonnière et exagérément irrationnelle. C'est le cas durant les phases de panique à la baisse mais aussi lors des vagues d'euphorie, typiques des bulles de marché. Elle prévient alors tout comportement irrationnel de l'opérateur et oblige à suivre le marché tant qu'il ne montre pas de signes de retournement. Gagner sur les marchés ne signifie pas avoir raison contre tout le monde mais bien savoir comment profiter des mouvements de foule, fussent-ils excessifs et irrationnels.

L'analyse mathématique et statistique

L'analyse mathématique et statistique est aujourd'hui largement utilisée grâce aux progrès de l'informatique qui permet de traiter des quantités phénoménales d'informations en un minimum de temps. Le développement d'algorithmes de trading distille en temps réel des informations qui peuvent être traitées pour déclencher des prises de positions automatiques ou semi-automatiques. C'est un complément utile, devenu pratiquement indispensable, pour intervenir sur des marchés modernes qui sont de plus en plus dominés par les machines, et plus susceptibles qu'auparavant de mouvements rapides et violents dans une direction, sans relais, et dont les symptômes les plus visibles sont les flash-krachs.

Cet ouvrage est essentiellement centré sur l'analyse technique et statistique, mais sans négliger de faire référence à l'analyse fondamentale et à l'analyse comportementale. Le site internet qui accompagne le livre offrira notamment des notes complémentaires. Pour comprendre et intervenir sur les marchés, il faut savoir utiliser tous les outils à disposition et ne pas se montrer sectaire ou intransigeant, loin des querelles de chapelles dogmatiques. Notre seule chapelle, depuis plus de vingt ans, est celle de l'efficacité regroupée dans la méthode GTAS.

Intervenir pour gagner

An analyst or some kind of guru has to stick to his opinion, but as a trader you should have no opinion. the more opinion you have, the harder gets it to get out of a losing position.[3]

Paul Rotter

Pour un investisseur ou un trader, la partie analyse est un préalable indispensable, mais ce n'est que le début de son travail. La différence entre un analyste (fondamental ou technique) et un investisseur, c'est la différence entre un spectateur et un acteur. Un excellent chirurgien *en théorie*, mais effrayé par la vue du sang, *en pratique*, vivra de douloureux moments dans l'exercice de sa profession. De nombreux analystes techniques, souvent brillants, peinent à devenir de bons opérateurs, traders ou investisseurs, et sont plus à l'aise pour expliquer aux autres ce qu'il faudrait faire, *en théorie*, sans avoir à supporter la charge psychologique qui accompagne, *en pratique*, toute prise de position sur les marchés.

L'analyse technique prend en compte le marché et les fluctuations de prix. Pour devenir un opérateur efficace, il faut apprendre à maîtriser deux autres paramètres :

- soi-même, l'humain, avec sa psychologie parfois complexe, en se dotant d'un mental adapté aux mécanismes des marchés financiers ;
- la gestion du risque et des positions, essentielle pour performer dans le temps.

---

3. Les analystes et les gourous doivent coller à leurs opinions, mais en tant que trader, vous ne pouvez pas avoir d'opinion. Plus vous serez persuadé d'avoir raison et plus il vous sera difficile de couper une position perdante.

En pratique

Le travail du trader ou de l'investisseur consiste à observer les fluctuations des prix, à rechercher des configurations techniques spécifiques pour ouvrir des positions, selon des méthodes et des stratégies backtestées, avec rigueur et discipline, tout en gérant minutieusement son risque.

Sur les marchés, les gains de la veille ne garantissent en rien les gains du jour. Les configurations performent plus ou moins bien en fonction de la tendance et de la volatilité. Un trader doit donc toujours s'assurer de l'adéquation de ses stratégies avec les différents cycles de marché. Dès que certaines stratégies commencent à générer moins de gains, dès que des pertes « anormales » se multiplient, que les taux de réussite diminuent (%win) ou que le potentiel de gain (MFI[4]) est moins évident, une alerte doit retentir. Un travail de « veille technologique » doit être déployé afin de développer des stratégies de trading alternatives, adaptées aux différentes conditions de marché. Les modes d'intervention sur le marché doivent toujours se trouver en phase avec les changements des conditions de marché. Le trader doit comprendre rapidement ce qui performe bien, ce qui fonctionne moins bien et ce qui ne fonctionne plus du tout. Il en tire les conséquences rapidement en adaptant son système global. C'est aussi une indication claire et pertinente sur le cycle de marché pour le trader expérimenté.

Typiquement sur les phases de marché en tendance haussière, la volatilité diminue et les stratégies contrariennes seront mises à rude épreuve. Sur les marchés plus volatils, les stratégies de momentum performent bien mais sans attendre de relais, les prises de bénéfices pourront donc être plus rapides et il ne sera pas utile de tenir les positions sur de trop longues périodes. Enfin, sur les marchés en zone de congestion, le trader devra rapidement savoir « switcher » entre les stratégies à l'achat et les stratégies de vente, sans se poser de questions sur le sens du marché.

Mise en garde

Il est facile de lire un graphique quotidien après la fermeture des marchés. Tout trader qui a appris les premières bases de l'analyse technique sera surpris de son efficacité... à posteriori.

Les tendances sont évidentes et parfaitement dessinées. Les retournements de tendance semblent aisés à capturer. Le timing est clair. Les sorties de positions ne posent pas de problèmes. Le trader débutant découvre ainsi

---
4. MFI : Max Favorable Incursion.

que le trading est loin d'être aussi compliqué que ce que prétendent la plupart des traders. De là à croire que les statistiques de traders perdants sont diffusées pour effrayer et éloigner les débutants de marchés si juteux, il y a un pas qui sera trop rapidement franchi par certains.

Pourtant, entre l'étude à froid d'un graphe et de longues heures de solitude et de soliloque monotone face à la luminescence des écrans, il y a la différence entre un trader gagnant et un trader perdant. Ce qui n'apparaît que comme quelques périodes sur un graphique passé peut devenir une durée insupportable lorsqu'une position est ouverte, qu'un stop est placé, et que le compteur fluctue entre le gain et la perte. Les émotions entrent alors en ligne de compte et la perception du temps n'est plus la même, le cœur s'accélère, chaque tick semble promettre un gain lorsqu'il tombe du bon côté, et il apparaît comme une sourde menace lorsqu'il ne se dirige pas dans le sens choisi par le trader.

Mise en garde

L'ennui, l'impatience, l'impulsivité, la cupidité, la peur, l'espoir, l'agressivité, la pusillanimité : les émotions sont les ennemis du trader. Les marchés exacerbent les penchants négatifs de l'humain et créent une addiction à ces émotions.

Tendance, volatilité et niveaux

L'analyse des marchés d'un point de vue technique passe par l'étude de la tendance, de la volatilité, des zones de valeur et des niveaux d'équilibre. Beaucoup s'arrêtent à tort à l'analyse de la tendance (hausse, baisse ou neutre). Mais même dans ce cas, il faut approfondir le sujet et la cadrer avec deux critères : sa vélocité et son momentum. En l'absence de définition précise de la tendance, le risque est l'utilisation d'indicateurs ou d'outils inadaptés à l'environnement étudié. L'analyse de la volatilité permettra de se focaliser sur des stratégies spécifiques, affinera la gestion de position, la gestion du risque et le placement du stop loss. Enfin, s'il est logique de vouloir intervenir sur la tendance pour gagner grâce à la force globale des intervenants, un trader ou un investisseur doit se préoccuper des retournements de cycle et des zones de congestion. Il surveillera les niveaux susceptibles de déclencher des combats âpres entre acheteurs et vendeurs, il s'intéressera de près aux configurations graphiques chartistes et grâce à l'aide des indicateurs, il pourra repérer les premiers signes de changement de direction. Les zones de valeur et les zones d'équilibre donneront un cadre précis d'intervention : choix du système de trading, stratégies préférentielles, mode de gestion et allocation d'actif.

Convergence de signaux et indicateurs techniques

Opérer sur les marchés ne peut pas se faire à partir d'une seule indication, d'un seul signal de prix, ou d'un indicateur, ou d'une statistique. Il s'agit de trouver une convergence d'éléments techniques, statistiques, fondamentaux ou comportementaux qui justifient une prise de position. Lorsque « toutes les étoiles sont alignées », les probabilités de succès augmentent mécaniquement, même si elles ne garantissent jamais le résultat d'une opération unique.

Dans la recherche de la convergence technique, le premier travail est de bien identifier le rôle et l'utilisation de chaque indicateur. Habituellement, on utilisera un indicateur de tendance, un indicateur de volatilité et un indicateur de volume ou de force. Multiplier les signaux en provenance de sources identiques ne sert à rien. Selon l'environnement et les stratégies, les indicateurs pourront varier. Mais plus l'opérateur deviendra expérimenté et plus il réalisera que les fluctuations des cours contiennent à elles seules beaucoup d'informations qu'il faudra apprendre à lire. Tendre vers la simplification doit être un objectif de tout débutant, même si au début, il est nécessaire d'apprendre à utiliser les indicateurs. Un indicateur technique n'est utile que s'il apporte réellement un plus à la lecture simple des prix. Au fil des années, nous avons croisé des traders, beaucoup de traders, et souvent, nous avons pu constater qu'ils utilisaient des indicateurs à partir de deux ou trois principes, mais sans vraiment avoir analysé leur construction mathématique. Un indicateur est un outil qui fonctionne correctement dans des environnements dits normaux et qui montrera ses limites dans des environnements plus compliqués comme lors des bulles puissantes ou des krachs. C'est dans ces circonstances exceptionnelles, où les émotions, les siennes comme celles de tous les intervenants du marché, sont paroxystiques, que l'on reconnaît pourtant les bons traders, ceux qui vont réussir à performer.

L'essentiel

Face à ses écrans, investisseur ou trader n'a qu'un objectif : comment tirer profit des fluctuations des prix, tendances ou zones de congestion. Parfois, les mouvements semblent logiques et cohérents. Ils s'insèrent dans des schémas connus. D'autres fois, les fluctuations semblent erratiques, désordonnées. Il convient alors de patienter pour trouver dans les mouvements des prix, des configurations connues. Un trader gagnant doit être patient, sélectif et réactif. Il ne se force pas à écarquiller les yeux pour trouver une configuration. Il n'a pas à réfléchir pour savoir si ce que dessine le marché est intéressant. Il doit savoir si ce qu'il a sous les yeux entre dans le cadre de sa méthode globale d'investissement et s'il peut appliquer des stratégies de trading.

Chapitre 4

Les chandeliers japonais

Parmi les nombreuses représentations graphiques des cours (lignes, bar charts, candle volume, points&figures, kagi, renko…), la lecture en chandeliers japonais offre la meilleure lecture du comportement des opérateurs. Cette technique de représentation des cours est ancienne puisqu'elle était déjà utilisée au XVIIᵉ siècle au Japon pour anticiper les mouvements sur les premiers marchés à terme sur le riz. Elle a été importée en Occident par Steve Nison dans un premier article paru en décembre 1989, rapidement suivi d'un livre, *Japanese Candlestick Charting Technique*, en 1991.

Les chandeliers japonais dévoilent qui des bulls ou des bears, a remporté la bataille, en dessinant, sur une unité de temps donné, les changements de psychologie des opérateurs. Leur principale limite est de ne pas fournir, contrairement à l'analyse chartiste, des cibles de prix. Et l'avantage indéniable d'être la représentation la plus prisée, donc celle susceptible de générer les effets auto-réalisateurs les plus importants.

Description

Le chandelier dessine le mouvement des prix sur une unité de temps donnée. Le corps représente la différence entre l'ouverture et la clôture. Si la clôture (C) est supérieure à l'ouverture (O), il sera blanc. Si la clôture est inférieure à l'ouverture, il sera noir. Le visuel est donc immédiat pour représenter qui du camp des bulls ou des bears a remporté le combat. Les variations de prix des deux extrémités, au-delà de l'ouverture et de la clôture, sont dessinées par des mèches hautes et basses.

Une tendance haussière dessine donc une succession, plus ou moins harmonieuse selon sa force, de chandeliers blancs. L'apparition de chandeliers noirs ou de mèches hautes alertent sur la pérennité de la tendance. La tendance haussière semble fragilisée. Une figure de retournement ou une convergence d'éléments techniques validera un retournement éventuel.

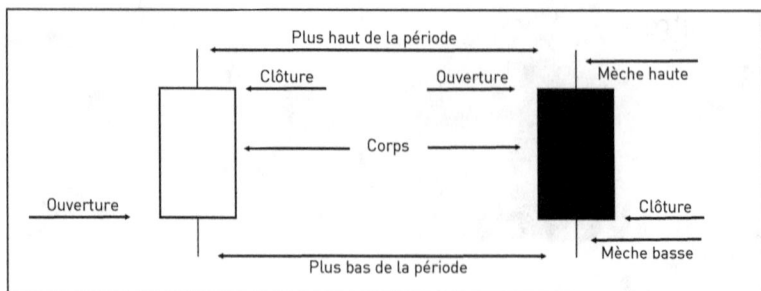

Graphique 4.1.

Le nombre de configurations trop élevé, et parfois peu pertinent, relevant plus du marketing que du trading, oblige à se focaliser sur un nombre limité de figures, tout en les associant à l'analyse technique classique. Ce principe de la convergence des différents outils d'analyse permet d'élaborer des stratégies globales dans lesquelles les chandeliers japonais prendront leur part, notamment en termes d'avertissement et de timing. Chacun des outils techniques allume ou éteint un feu (vert ou rouge) et vient valider ou invalider l'ouverture d'une stratégie à partir de configurations techniques. Une attention particulière est apportée à la taille relative des chandeliers et au rapport corps/mèches. L'apparition de mèches hautes dans une tendance haussière ou l'apparition d'un grand corps dans une zone de congestion représente des alertes. La psychologie de foule qui guidait les marchés est susceptible de se retourner. Combinés aux autres outils d'analyse, les chandeliers japonais délivrent donc de précieuses informations, même si, comme dans toutes les techniques graphiques, la part objective et la part subjective dans la recherche de configurations peuvent se confondre dans l'esprit de l'investisseur, notamment lorsqu'il est soumis à la pression et au stress.

Des chandeliers spécifiques

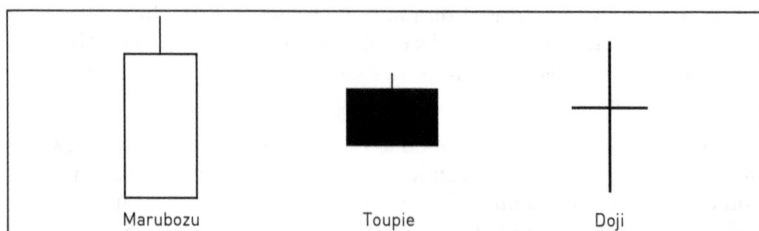

Graphique 4.2.

Les marubozu

Le marubozu est un chandelier à grand corps et sans (ou pratiquement) mèches haute et basse. Blanc, il marque la force des acheteurs, noir, il démontre la puissance des vendeurs à maintenir la pression sans aucun répit sur la période de référence.

Deux cas précis et pratiques doivent être soulignés.

- L'apparition de marubozu en sortie de zone de congestion peut marquer le départ d'un mouvement directionnel puissant. Il dessine graphiquement un fort et puissant déséquilibre entre l'offre (les vendeurs) et la demande (les acheteurs), critère indispensable au lancement de toute nouvelle tendance.

- Après une tendance déjà avancée, mature, l'apparition d'un ou plusieurs marubozu peut marquer une poussée ultime, un « climax » qui précède un retournement de tendance.

Les toupies

La toupie est un chandelier à petit corps et petite mèche, caractéristique de l'indécision des opérateurs. L'absence d'extension dans le range de l'unité de temps considérée marque un consensus mou autour d'un prix d'équilibre, et l'absence temporaire d'intérêts des intervenants. C'est souvent le cas, en intraday, durant les heures des repas par exemple, ou après la clôture des séances officielles sur les indices.

Nous retiendrons deux cas précis :

- L'apparition de toupies dans une zone de congestion étroite, hors heures creuses de marché, marque un resserrement de la volatilité. Les toupies peuvent alors agir à l'image d'un ressort que l'on contracte au maximum, dans une zone de trop grand équilibre. Ils sont alors susceptibles de précéder une forte accélération, avec l'apparition d'une annonce, ou d'une statistique, qui déclenche un nouveau déséquilibre entre acheteurs et vendeurs.

- L'apparition de toupies sur des marchés en tendance est significative d'une pause nécessaire de quelques chandeliers, avant une reprise dans la même direction.

Les doji

Le doji est un chandelier sans (ou presque) corps. L'ouverture et la clôture sont au même niveau ou très proches.

Après une tendance soutenue, le doji marque l'hésitation des opérateurs à poursuivre le mouvement enclenché. Le doji est la figure emblématique des chandeliers japonais. Il est distingué sous de nombreuses appellations (doji à longues jambes, doji en pierre tombale, étoile doji) en fonction de sa taille et de la position de l'ouverture/clôture par rapport aux mèches et on le retrouve dans de nombreuses configurations de retournement (étoile du matin doji, étoile du soir doji).

Mise en garde

Beaucoup de traders qui découvrent les chandeliers japonais les considèrent systématiquement, à tort, comme des figures de retournement. Un doji marque une alerte, mais en aucun cas un signal solitaire de retournement. Le doji est une zone de neutralité entre acheteurs et vendeurs. Chaque camp a essayé de remporter la victoire et aucun n'y est parvenu. Après une tendance, il indique donc la faiblesse relative des leaders. Il convient d'attendre le chandelier suivant pour déterminer si le camp adverse a réussi à prendre le dessus.

Les mèches basses (MB) et les mèches hautes (MH)

Une longue ombre haute nous montre la capacité qu'ont les baissiers à regagner le contrôle du marché durant des rallyes. Une longue ombre basse reflète l'image de la capacité des haussiers à lancer un rallye une fois que de nouveaux bas de séance ont été enregistrés.

Steve Nison, Chandeliers
et autres techniques d'Extrême-Orient

Ces configurations : un petit corps vrai et une grande mèche, haute ou basse, sont des structures de prix à un ou plusieurs chandeliers. Le corps représente au maximum un tiers de la taille du chandelier.

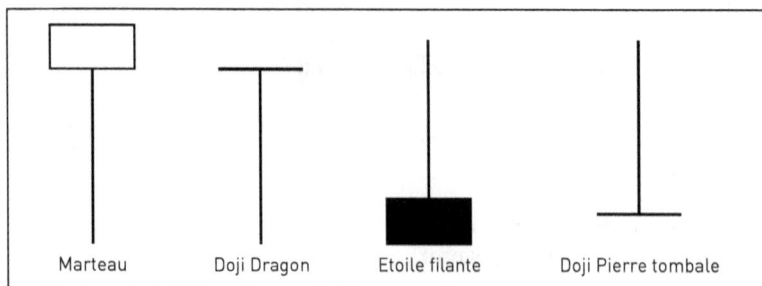

Marteau   Doji Dragon   Etoile filante   Doji Pierre tombale

Graphique 4.3.

Plus la longueur de la mèche est importante, plus la figure sera considérée comme remarquable. Si le volume est lui aussi significatif, la force de la configuration de retournement potentiel sera augmentée. L'apparition de chandeliers à petits corps et mèches hautes (MH) dans une tendance haussière déjà avancée doit résonner comme une alerte sur sa pérennité. L'apparition de mèches basses (MB) dans une tendance baissière déjà avancée résonne aussi comme une alerte. Mais une alerte n'est jamais un signal d'entrée.

Les structures essentielles

Les avalements haussiers et baissiers (« bullish and bearish engulfing »)

Un avalement est une structure à deux chandeliers dont le second chandelier englobe soit le corps précédent, soit le corps et les mèches.

L'avalement est une configuration de retournement significative, à replacer dans le contexte global du radar de tendance (la tendance sur les unités de temps surveillées). C'est un automatisme que chaque investisseur doit développer :

- un avalement après une tendance marquée est une alerte pour le trader ;
- un avalement baissier formé au niveau d'une résistance dans une zone de congestion est au minimum un signal de prises de bénéfices partielles pour l'investisseur en position longue, et un premier critère d'ouverture de position de vente à découvert pour le spéculateur ;
- un avalement haussier à proximité d'un support dans une zone de congestion est un signal de prises de bénéfices pour le trader en position de vente à découvert et un critère potentiel d'achat pour celui qui recherche à ouvrir des positions longues ;
- un avalement haussier dans une tendance baissière marque le retournement potentiel de la psychologie des opérateurs. Si d'autres éléments techniques plaident en faveur d'un changement de tendance, une position longue pourra être ouverte ;
- un avalement baissier dans une tendance haussière marque le retournement potentiel de la psychologie des opérateurs. Si d'autres éléments techniques plaident en faveur d'un changement de tendance, une position courte pourra être ouverte.

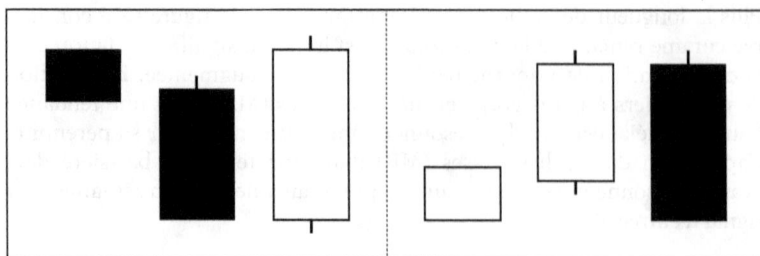

Graphique 4.4.

Plus les intervenants poussent leur avantage et plus l'avalement sera significatif. Un chandelier de déséquilibre qui englobe plusieurs chandeliers marque le plus souvent un retournement significatif des cours. Un chandelier de déséquilibre est caractérisé par une amplitude et un volume remarquables.

En pratique

Dans une tendance haussière soutenue, un chandelier blanc s'inscrit dans le sens de la hausse. Certains intervenants en profitent pour entrer dans la tendance en cours, parfois en retard. L'apparition du second chandelier, en clôturant au-dessous du premier, piège les derniers entrants. Si l'avalement est rapidement confirmé, les derniers entrés doivent couper leurs positions, et leurs ordres de vente viendront s'agglutiner dans le carnet d'ordres en nourrissant le changement de tendance.

Les étoiles du soir et les étoiles du matin (« evening star et morning star »)

Les configurations en étoiles sont des structures de retournement majeur. Elles marquent le changement de psychologie des opérateurs sur plusieurs périodes. Un premier chandelier pousse dans le sens de la tendance en cours. Un deuxième marque l'hésitation des opérateurs à poursuivre dans le sens de la tendance. Le troisième chandelier valide le retournement de la tendance et piège les derniers entrants. Ceux-ci, en coupant leurs positions, viendront nourrir la nouvelle tendance naissante.

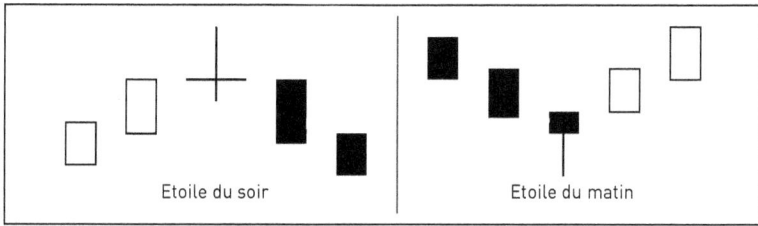

Graphique 4.5.

Étoile du soir

Après une hausse, un chandelier blanc suivi d'un petit corps, marquant un point haut, est suivi d'un chandelier noir.

Un gap entre le deuxième et le troisième chandelier est un argument de plus pour valider la configuration. Le troisième chandelier noir devrait avaler le premier chandelier blanc pour confirmer la force des vendeurs.

Étoile du matin

Après une baisse, un premier chandelier noir suivi d'un petit corps inscrivant un point bas, est suivi d'un chandelier blanc.

Un gap entre le deuxième et le troisième chandelier ajoute à la force de la configuration.

Le troisième chandelier blanc devrait avaler le premier chandelier noir pour confirmer la force des acheteurs et confirmer la structure de retournement.

Graphique 4.6. FCE UT30 – Une étoile du soir après une tendance haussière

Le harami

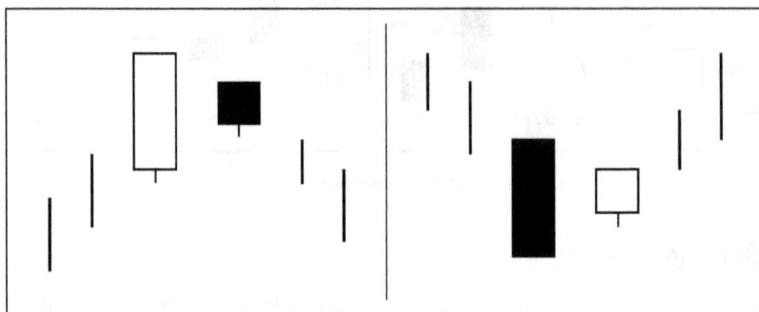

Graphique 4.7.

Le harami est un petit corps totalement dessiné dans un grand corps précédent.

Le harami est plus une figure d'alerte sur la fragilité de la tendance en cours qu'une figure de retournement. Il montre l'indécision des opérateurs après une phase directionnelle.

Le harami n'est pas une figure de retournement. Le trader observe ce qui se passe. Il lui faut attendre le retournement effectif de la tendance pour décider, éventuellement, d'une ouverture de position.

Graphique 4.8. Véolia environnement (VIE) – Données quotidiennes

Après une étoile du soir, un premier harami marque l'incapacité des acheteurs à reprendre le contrôle du marché. Il est suivi d'un second en petit corps noir. Une dernière tentative de casser le sommet échoue. Un harami apparaît. La cassure par le bas et un marubozu après un gap envoie le titre près de 15 % plus bas.

Les trois corbeaux

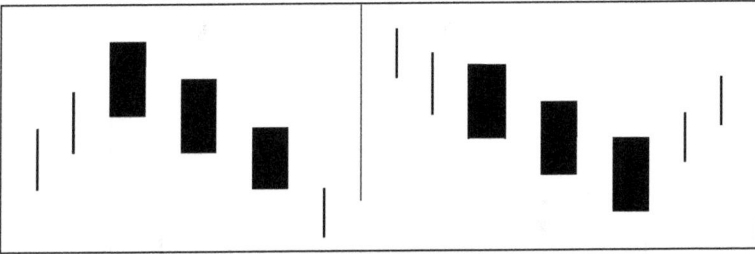

Graphique 4.9.

Les trois corbeaux dessinent trois chandeliers noirs dont les corps doivent être relativement importants (marubozu) et les volumes significativement élevés.

• Après une hausse, ils dénotent le changement de psychologie des opérateurs. Alors que la tendance était haussière, les opérateurs vendent pendant trois unités de temps consécutives et maintiennent la pression sur les vendeurs sur chaque période.

• Après une baisse, ils marquent la dernière vague de baisse, la panique des vendeurs, un climax. Avant un éventuel retournement haussier.

Graphique 4.10. Saint Gobain (SGO) – Données 4 heures

Après une tendance baissière significative, la succession de trois marubozu, dont le dernier chandelier clôture sur ses bas, trace trois corbeaux noirs et marque l'extension excessive du mouvement baissier.

Graphique 4.11. Wendel (MF) – Données 4 heures

Un harami en croix (le second chandelier est un doji) marque l'arrêt du mouvement haussier. Il est suivi de trois marubozu qui forment trois corbeaux noirs et lancent un spectaculaire mouvement de baisse.

Trois soldats blancs

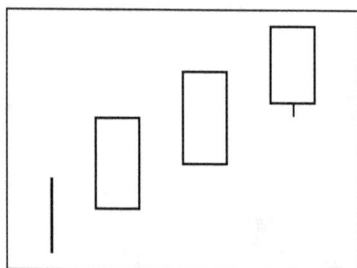

Graphique 4.12.

Les trois soldats blancs sont représentés par trois chandeliers blancs successifs qui inscrivent trois nouveaux hauts en clôturant proche des hauts de la période :

• s'ils apparaissent au sein d'une zone de stabilisation, un trading range dans une tendance haussière, ils relancent la tendance précédente et augurent d'une avancée significative ;

- s'ils apparaissent après une tendance baissière, ils sont susceptibles de lancer un retournement de tendance.

Graphique 4.13. Future CAC – Données 1 minute

Après une baisse depuis l'ouverture, l'apparition de trois soldats blancs qui avalent les sept chandeliers précédents lance une dynamique haussière qui durera plus de 5 heures.

Les trois méthodes descendantes et ascendantes

Les trois méthodes forment une structure de continuation constituée de chandeliers multiples (entre trois et huit, idéalement cinq).

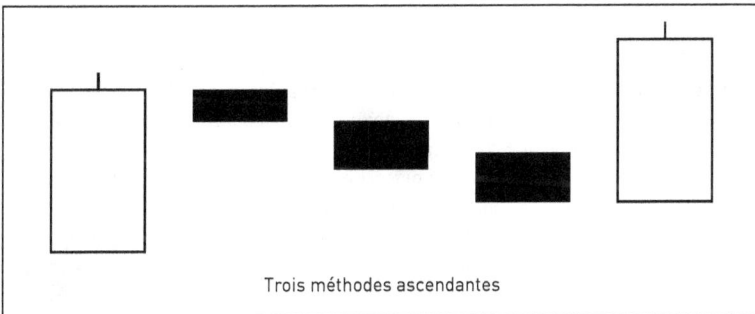

Trois méthodes ascendantes

Graphique 4.14.

Après une hausse, le marché marque une pause entre deux et cinq chandeliers avant de reprendre la tendance précédente, en inscrivant un marubozu de taille significativement proche de celui qui a précédé la baisse de volatilité et le petit range descendant.

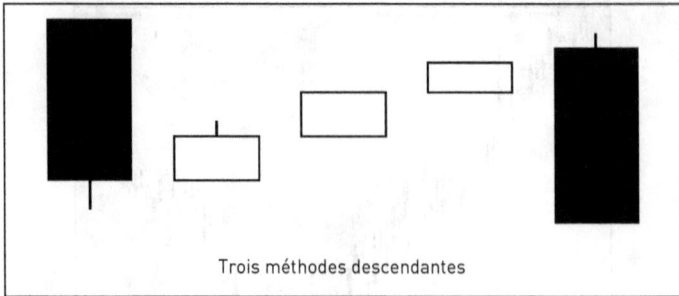

Trois méthodes descendantes

Graphique 4.15.

Après une baisse, le marché marque une pause entre deux et cinq chandeliers avant de reprendre la tendance baissière précédente, en inscrivant un marubozu de taille significativement proche de celui qui a précédé la baisse de volatilité et le petit range ascendant.

L'analyste qui observe le marché ne doit pas se contenter d'un seul élément. Il doit toujours replacer son constat dans le contexte global du marché, de la tendance et de la volatilité. Une configuration de retournement qui apparaît après trois chandeliers blancs n'a pas la même valeur qu'après une tendance de dix ou quinze chandeliers... alors que la tendance de l'unité de temps supérieure est baissière. Les chandeliers japonais offrent une lecture rapide des forces en présence à condition de savoir en mesurer la portée et de toujours regarder ses écrans la tête haute, sans se laisser absorber par le tick.

─── **En pratique** ───

Souvent, les débutants, impressionnés, parfois enthousiasmés, par ce qu'ils viennent de découvrir, décodent chaque chandelier ou chaque groupe de chandeliers comme une configuration à analyser et... à trader. La réalité est plus cruelle. Il faut apprendre le discernement pour franchir les étapes du succès en trading. Chaque fois qu'un trader ou un investisseur écarquille les yeux pour repérer une configuration, chaque fois qu'il force une analyse pour coller à ses présupposés, à ce qu'il a entendu ou lu, il interfère avec la réalité du marché, avec la réalité des prix. Il est essentiel de lâcher prise pour analyser le marché sans a priori, pour être à l'écoute des mouvements de marché, sans jamais vouloir imposer sa volonté. Le marché est toujours plus fort qu'un intervenant seul.

Les chandeliers de déséquilibre

Un chandelier de déséquilibre est un chandelier remarquable par son amplitude et/ou son volume. Lorsque les volumes sont absents ou peu fiables comme sur le CFD ou le Forex, on se concentrera sur l'amplitude. La taille doit être relativement plus importante que les chandeliers précédents. Il est possible de systématiser le repérage en comparant le range balayé au TrDma. Mais l'essentiel est de lire dans le mouvement des prix une participation forte des opérateurs afin de lancer un mouvement ou d'espérer une réaction émotionnelle en cas de retour. Selon l'emplacement du chandelier de déséquilibre (en début ou fin de tendance, au milieu d'un mouvement, en sortie d'une zone de congestion…), les attitudes à adopter en tant qu'intervenant ne seront pas les mêmes.

- En sortie de zone de congestion : un chandelier de déséquilibre signale le plus souvent l'émergence d'une nouvelle tendance ou la poursuite de la tendance en cours. Le marché s'était enfermé dans une zone d'équilibre, une annonce ou un mouvement technique conduit les opérateurs à rechercher un nouvel équilibre. On pourra filtrer le signal en s'assurant de la tendance et des zones de valeur sur les degrés supérieurs.

- Après une tendance impulsive[5] : un chandelier de déséquilibre pourra marquer la fin de la tendance, comme l'appel d'air des derniers hésitants. Il faudra valider une entrée éventuelle à l'aide d'indicateurs techniques. On pourra filtrer le signal grâce aux zones supports ou résistances des degrés supérieurs.

- Dans une tendance soutenue[6] : un chandelier de déséquilibre pourra soit marquer la fin de la tendance, soit sa poursuite après une période de retracement à l'intérieur du corps du chandelier. L'entrée éventuelle s'effectuera sur débordement en cassure de l'un des deux extrêmes.

- Dans une tendance simple[7] : l'extrême d'un chandelier de déséquilibre devrait servir de support (tendance haussière) ou de résistance (tendance baissière) avant une reprise directionnelle dans le sens de la tendance précédent le chandelier.

Les chandeliers de déséquilibre serviront fréquemment de niveau d'invalidation pour toutes les positions ouvertes sur des tendances en cours.

Pour mesurer simplement et utilement les chandeliers de déséquilibre, on utilisera l'indicateur TrDma(1)[8] et sa moyenne mobile à 100 périodes, placé

---

5. Voir chapitre 7.
6. Voir chapitre 7.
7. Voir chapitre 7.
8. Voir chapitre 9.

sous l'écran des prix, ce qui revient à calculer le range de chaque chandelier (haut – bas). C'est une manière pratique, et très facile, de filtrer systématiquement les chandeliers afin de pouvoir les intégrer dans des stratégies de trading plus élaborées, y compris dans des stratégies algorithmiques.

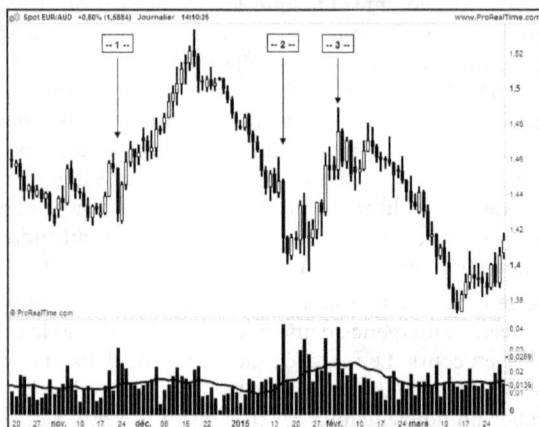

Graphique 4.16. EURAUD – Données quotidiennes

En 1, l'EURAUD se situe dans une zone de congestion, un grand chandelier noir teste le support, sans le casser. C'est un chandelier de déséquilibre, l'indicateur le signale facilement même aux plus étourdis. Mais deux chandeliers plus tard, la cassure se produit par le haut, avec une clôture supérieure au chandelier de déséquilibre. Conséquence technique classique : tous ceux qui ont anticipé la cassure par le bas doivent se racheter de manière précipitée. L'EURAUD entame alors un joli rallye de près de 1 000 pips. En 2, alors que la paire de devises évolue dans une tendance baissière déjà avancée, un chandelier de déséquilibre survient, il peut à la fois être interprété comme un chandelier de cassure de la zone support du mois de novembre ou comme un chandelier de déséquilibre type climax, de fin de tendance. Une tentative de cassure sur le chandelier suivant échoue à un pip près. Une zone de congestion suit, il faut attendre une cassure valide du chandelier de déséquilibre pour ouvrir éventuellement une position. La tendance baissière a été interrompue sans que l'on puisse encore savoir si c'est provisoire ou définitif. La cassure par le haut du chandelier marque la fin de la tendance baissière. Mais en 3, un nouveau chandelier de déséquilibre apparaît. Il marque à son tour la fin précipitée du mouvement haussier correctif sous l'ancien support devenu résistance.

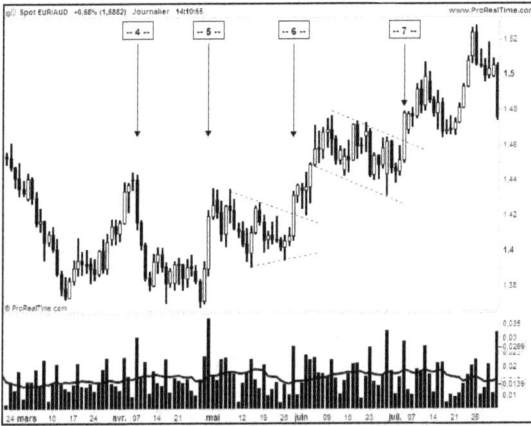

Graphique 4.17. EURAUD – Données quotidiennes

En 4, dans le cadre d'une configuration en étoile du soir, nouveau retournement de tendance.

En 5, après un test de support un long chandelier extrait l'EURAUD d'une zone de congestion. S'ensuit un petit triangle, un flag, qui dure 19 journées sans que jamais le bas du chandelier de déséquilibre ne soit cassé, le chandelier de déséquilibre a servi de support et a été validé. L'EURAUD s'extraie à nouveau par un nouveau chandelier de déséquilibre en 6. Après quelques jours de hausse, les cours s'inscrivent dans un drapeau, un petit canal descendant, qui prendra appui sur le haut du chandelier de déséquilibre pour rebondir avant de s'en extraire en 7.

Graphique 4.18. Future CAC – Données 3 minutes

En intraday, l'avantage du TrDma1 ou du range par rapport à l'ATR saute aux yeux. Les gaps d'ouvertures viennent fausser la lecture visuelle de l'indicateur. Dans cet exemple, après une baisse en tendance impulsive, un chandelier de déséquilibre survient en 1. Et comme toujours, ceux qui n'osaient pas vendre la veille, 100 points plus haut, n'hésitent plus. Ils se sont laissé conditionner par le mouvement directionnel impulsif. Un harami en croix se dessine avec le chandelier suivant. Et la cassure du haut du chandelier de déséquilibre piège les vendeurs. Mais la suite est aussi très intéressante. Après une première tentative de rebond, le FCE retrace et dessine un nouveau chandelier de déséquilibre, au-dessus du précédent en 2, les vendeurs reprennent espoir, et ceux qui hésitaient se joignent au mouvement. Suivre la tendance est la règle, non ? Hélas pour eux, un contre se met en place et la cassure du haut de ce chandelier de déséquilibre piège une nouvelle fois les vendeurs. Une tendance impulsive haussière se dessine alors. Tous les vendeurs se rachètent et doivent courir après le papier, d'autant plus que certains, refusant de poser des stops puisqu'ils travaillent sur la tendance principale, n'hésitent pas à moyenner leurs positions perdantes. La lecture des chandeliers de déséquilibre obligeait à la patience pour entrer, éventuellement, à la vente dans le sens de la tendance, qu'en cas de cassure du creux précédent. La cassure du haut du chandelier nous a offert une belle opportunité de passer à l'achat.

L'essentiel

Les chandeliers japonais représentent un élément de timing concret, utilisable dans de nombreuses stratégies, avec une efficacité certaine, à condition de replacer les configurations dans le cadre de la convergence de signaux, indispensables afin d'ouvrir une position. Seules, les configurations ne procurent aucun avantage statistique suffisant pour intervenir sur le marché. Le plus bel avalement baissier, ou la plus parfaite étoile du soir, seront détruits par une tendance haussière puissante de degré supérieur. Toutes nos études statistiques et tous nos backtests multi-horizons démontrent l'incapacité des chandeliers japonais à générer un avantage comparatif sérieux sur le marché. En revanche, dans le cadre de la convergence d'éléments techniques et de la mise en place de filtres et de stratégies, ils sont d'une efficacité redoutable.

Les signaux d'achat ou de de vente seront d'autant plus efficients que le radar de tendance est synchrone.

Chapitre 5

Une vision globale des marchés : les échelles de temps

Un graphique représente les fluctuations du marché sur l'unité de temps choisie : sur plusieurs jours, heures, minutes ou secondes. La réalité des fluctuations des cours dessinées sur l'écran est donc relative à cet horizon de temps. Or, les réactions d'un investisseur, d'un day trader ou d'un scalper ne seront logiquement pas les mêmes. Pour avoir une idée pertinente du comportement des cours, il faut observer les fluctuations sur plusieurs horizons de temps. Un graphe seul, sur une seule unité de temps, illustre une information parcellaire, biaisée. L'opérateur est coupé de trop d'informations pour réaliser une analyse pertinente de la situation. Une méthode efficace d'investissement et de trading s'appuie sur des graphiques de prix reflétant différentes unités de temps.

L'horizon de temps, le degré, sera appelé « unité de temps » et annoté ainsi : UT1 ou M1 pour 1 minute, UT15 ou M15 pour 15 minutes, UT240 ou 4H pour 240 minutes, UTD ou D pour unité de temps quotidienne, UTW ou W pour l'hebdomadaire, UTM ou M pour le mensuel.

> **Règle n° 1 : plus l'unité de temps est longue, plus les signaux sont significatifs.** La ou les tendances, ou l'absence de tendance, de degré supérieur guide toujours la conduite de l'investisseur.
>
> **Règle n° 2 : un cycle sur un degré seul n'a de signification que sur cette unité de temps.** Il faut toujours le replacer dans le contexte des degrés supérieurs pour pouvoir l'analyser.
>
> **Règle n° 3 : un cycle de marché sur un degré donné reflète l'opinion de la majorité des intervenants sur cette unité de temps.** Les unités de temps longues nous renseignent sur le comportement des investisseurs long terme, des gérants de portefeuilles ; à l'inverse, le comportement intraday nous livre des informations sur la psychologie des spéculateurs court terme et des scalpeurs, sur leur aversion ou leur appétence au risque.

L'intérêt de suivre plusieurs unités de temps n'est pas juste esthétique, ni une manière de frimer devant les copains lorsqu'on leur dévoile un bureau rempli d'écrans, ou du coloriage de ses écrans pour faire de jolies captures prêtes à poster sur les réseaux sociaux. Il s'agit d'installer les bases solides d'une méthode de compréhension de la mécanique des marchés. Derrière les fluctuations d'une unité de temps se cache la psychologie des différents opérateurs. Un scalpeur ne travaillera pas comme un investisseur en action ou un gérant de fonds. Chaque profil d'opérateur travaille sur un horizon de temps qui lui est propre et qui devient visible sur l'unité de temps observé.

Ne pas regarder les autres unités de temps, n'observer que celle sur laquelle on intervient couramment, c'est se priver d'informations souvent cruciales lors du démarrage d'une tendance (faut-il rentrer sur une impulsion ou pas ? jusqu'où doit-on rester ou pas en position ?) et sur des phases de retracement (début de retournement ou simple correction ?). Quel que soit son profil, il n'est pas possible d'observer une seule unité de temps si l'on veut se montrer efficace à long terme et dans toutes les périodes de marché. La juxtaposition des différents cycles crée de la complexité. Une démarche cohérente, structurée, autour de plusieurs unités de temps, permet de donner du sens aux différents mouvements de marché.

En pratique

En observant plusieurs unités de temps, les analyses s'intéressent au comportement des opérateurs sur les autres temporalités, notamment sur les plus influents, ceux qui vont déclencher et entretenir les mouvements directionnels les plus puissants, les plus gros fonds, les banques majeures.

Il est pertinent de travailler sur au moins trois unités de temps, sur un tryptique suffisamment éclairant pour pouvoir prendre des décisions. Au début, certains débutants trouveront plus facile de se concentrer uniquement sur deux graphiques. Mais ils devront apprendre à terme à passer par l'analyse systématique de tous les horizons de temps, du mensuel à la minute.

Le tryptique

Avant d'intervenir sur les marchés, l'analyste étudie le comportement d'un sous-jacent sur trois unités de temps :

- L'unité de temps majeure (UTM) est l'unité de temps de degré supérieure. Elle cadre la tendance lourde. Les supports et résistances qui apparaîtront sur ce graphique seront susceptibles de déclencher des mouvements d'ampleur.
- L'unité de temps principale (UTP) est l'horizon de temps de l'opération d'investissement, celle qui guide les opérations et assure de travailler avec les forces du marché.
- L'unité de temps timing (UTT) est l'unité de temps la plus courte, proche du bruit du marché, c'est celle qui va donner le timing d'entrée de la

position, à partir de règles précises. Elle permet d'optimiser les prises de position pour améliorer la rentabilité de l'opération, le risk/reward en particulier.

En intraday, les analyses porteront sur les unités de temps allant de la minute à quatre heures avec des tryptiques du type 1/5/30, 5/30/120 ou encore 10/60/240, et des multiplicateurs cohérents de 4 à 6. Le trader à quelques jours et le swing trader court terme utilisent des unités de temps type 30/120/6H. L'investisseur et le trader de position utiliseront des unités de temps jour/hebdomadaire/mensuel (D/H/M).

En pratique

Les horizons de temps ci-dessus sont ceux qui sont classiquement utilisés par les traders et les investisseurs. Nos travaux, notamment ceux portant sur des stratégies algorithmiques, ont démontré l'utilité de faire varier les unités de temps classiques pour pouvoir agir sur la réactivité des entrées. Il est ainsi possible de travailler avec des schémas moins conventionnels. Par exemple, le tryptique (M3/M18/M108) avec un ratio cohérent de 6 offre l'avantage de performances décorrélées, et donc un atout pour lisser la courbe de performance d'un système multi-stratégies.

L'analyse des fluctuations des cours sur les différentes unités de temps est représentée par le radar de tendance qui compile les forces sur chaque unité de temps pour en vérifier la cohérence ou les divergences éventuelles. Le radar de tendance ou radar directionnel pourra être représenté graphiquement ou simplement utilisé dans le cadre du trading algorithmique. Sans cette vision globale du marché :

- on accroît le risque de multiplier les fausses entrées sur des démarrages contraires à la tendance composite ;
- on sera moins efficace pour déterminer de manière correcte les niveaux d'invalidation des stratégies ;
- le placement de stops sera moins cohérent ;
- les cibles d'objectifs des opérations ouvertes ne seront pas placés en cohérence avec la force du marché.

La configuration idéale est celle qui présente toutes les unités de temps en phase. Ce n'est évidemment pas la plus fréquente. Le plus souvent, les cycles de marché divergent, les tendances sont opposées selon les unités de temps, l'absence de tendance est marquée sur d'autres unités de temps. Les tendances peuvent être convergentes, tendance haussière sur toutes les unités de temps. Mais elles peuvent aussi être divergentes, tendance haussière sur les unités de temps longues et tendance baissière sur les unités de temps courtes, par exemple.

Graphique 5.1. Eurostoxx50 – Données 4 heures, 30 minutes et 5 minutes

En quatre heures (H4), l'Eurostoxx50 future évolue dans un canal baissier. Après avoir rebondi sous le bas du canal (bear trap), le 30 minutes (M30) dessine une tendance haussière impulsive. En cinq minutes (M5), un trading range, une zone sans tendance, est en cours. Trois unités de temps et trois tendances différentes. L'opérateur qui ne regarderait qu'une seule unité de temps aurait une vision du marché biaisée, donc fausse. La tendance haussière M30 est une reprise haussière au sein d'un canal baissier. La construction du radar directionnel composite permet l'appréhension globale de la tendance. Avant de passer à l'action, la mesure des différentes tendances permet d'ouvrir une position en ayant une parfaite connaissance des forces en présence.

La tendance primaire

Plus une unité de temps est longue, plus elle est significative. Oublier la tendance hebdomadaire, même pour faire du scalping, c'est ramer à contre-courant, c'est être prêt à voir déferler contre ses positions des vagues d'investisseurs long terme, alors qu'il pourrait surfer sur ces vagues et en profiter. Un trader intraday doit aussi prendre en compte les unités de temps longues, les horizons des investisseurs. Si la tendance hebdomadaire est haussière, statistiquement, l'amplitude et la fréquence des mouvements haussiers seront plus importants que les mouvements baissiers. Dans ce cas, pourquoi vouloir travailler un sens de marché contraire, et donc trader contre les probabilités ? La tendance lourde, la tendance primaire des investisseurs, est celle qui dicte la majorité des fluctuations de marché. Les mouvements les mieux structurés, les impulsions les plus puissantes, les relais les plus forts, se déclenchent dans le sens de la tendance primaire. Bien évidemment, un scalper n'investira pas uniquement dans le sens dicté par les horizons de temps des investisseurs. Sur des signaux court terme pertinents et convergents, il pourra réaliser des opérations contraires à la tendance primaire. Mais il le fera en toute connaissance de cause, sciemment : en adaptant les paramètres de la stratégie et les niveaux d'allocation alloués à l'opération. De même, lorsqu'il scalpera dans le sens de la tendance primaire, il sait qu'un mouvement de très grande ampleur débute toujours sur le (M1) une minute, sa gestion de position et sa sortie devront en tenir compte.

En pratique

Un trader qui intervient à l'achat à partir d'un graphique en 5 minutes pour surfer sur une tendance haussière doit connaître la tendance sur les unités de temps supérieures. Les implications seront différentes selon que la tendance hebdomadaire sera haussière ou baissière. Les objectifs, le niveau d'invalidation de la stratégie et le niveau d'allocation (le levier) seront adaptés en fonction de la tendance primaire. Ce trader pourra aussi utiliser le graphique en une minute (M1) pour déterminer, avec le plus de précision possible, le timing de son entrée.

L'importance des tendances primaires

Un retournement de tendance en données mensuelles, hebdomadaires ou quotidiennes est riche d'enseignement, même pour le day trader et le scalper. Une journée classique de retournement se caractérise par une augmentation de la volatilité, un range entre le haut et le bas du jour anormalement élevé, et par de puissants renversements de tendance intraday, qui marquent l'irruption dans le jeu du marché d'opérateurs long terme. Ces journées de retournement faussent les signaux intraday, sur les unités de temps les plus courtes, en les portant sur des zones de lectures extrêmes. Les acteurs de marché qui génèrent ces configurations sont les gérants long terme. D'où l'importance de savoir reconnaître rapidement quels sont les intervenants sur le marché afin de ne pas vivre de douloureuses journées, sans comprendre pour quelles obscures raisons « ce qui marchait si bien hier ne marche plus aujourd'hui ». Un marché de day trader, un marché de spéculateur, ne se traite pas comme un marché où les gérants se montrent actifs. L'analyse et le balayage de plusieurs horizons de temps permettent de détecter rapidement ces fluctuations et donc d'adapter les interventions au cycle en cours. Inutile de payer, d'encaisser plusieurs pertes avant de réagir… lorsqu'on peut se l'éviter.

Lorsqu'un marché est caractérisé par un biais directionnel puissant sur les échelles de temps des gérants (quotidienne, hebdomadaire et mensuelle), chaque trader doit en tenir compte et adapter ses opérations. Les mouvements et tendances intraday ne sont que le bruit des tendances lourdes de marché.

Exemple

Sur un marché en tendance primaire haussière, une baisse de 200 points sur le CAC 40 est un mouvement significatif pour le trader intraday, mais pour un gérant actions qui cherche à entrer sur le marché, c'est une opportunité d'achat sur une « respiration » du marché. Avoir repéré le blocage et avoir profité du mouvement de baisse est donc souhaitable, mais passer baissier en intraday après 200 points de baisse n'est plus une bonne idée.

Tenir compte de la tendance primaire permet de ne pas se faire piéger par de faux signaux intraday. Vouloir s'opposer à une tendance de degré supérieur revient à affronter un adversaire dont on accepterait implicitement qu'il peut nous écraser quand il le souhaitera. Il est donc plus pertinent de travailler avec lui que contre lui.

En pratique

Typiquement, sur les marchés haussiers, de brusques baisses apparaissent en intraday, apparemment sans raison. Combien de fois avons-nous entendu certains de nos traders dire : « Les marchés sont fous ». Après qu'on leur ait expliqué les raisons de ces baisses, ils ne pensaient plus que les marchés étaient fous, juste que les intérêts des intervenants n'allaient logiquement pas tous dans le même sens. Ces baisses brutales offrent à certains day traders l'occasion de se placer en short, notamment les traders débutants, souvent contrariens, frustrés d'un marché haussier calme. Ce sont pourtant de simples respirations de marché, des corrections rapides, vite rachetées par les investisseurs professionnels qui suivent la tendance primaire. Le trader intraday qui se contenterait de son écran court terme ne comprendra pas le mouvement et il risquera même de renforcer ses positions, espérant une accélération de celui-ci. Celui qui a une vision large, un regard sur les unités de temps longues, peut, lui aussi, profiter éventuellement de la baisse pour vendre le marché, mais sans espérer de relais, d'extension du mouvement. Il agit simplement en mode spéculateur court terme, et il tentera de se replacer rapidement à l'achat, dès les prémices du rebond, pour profiter de la force de frappe de gérants qui ne manqueront pas de se positionner sur toute baisse de prix en l'absence de changement fondamental des données économiques.

La nature fractale des marchés

L'analyse fractale des marchés montre que les fluctuations des cours présentent des similarités de structure et de composante quel que soit l'horizon de temps. Les configurations graphiques obéissent à la même logique sous-jacente, la confrontation entre acheteurs et vendeurs étant nourrie par des ressorts psychologiques identiques. Ce constat permet d'aborder les marchés avec une méthode identique que l'on soit investisseur long terme, trader de position ou day trader. Les cycles de marché, les vagues d'impulsion et de correction, les tendances et les zones de congestion se dessinent, de manière similaire, sur toutes les unités de temps. Les stratégies de marché fonctionnent donc aussi bien sur des horizons très larges que des unités de temps intraday. L'ajustement doit se faire au niveau des tailles de positon, de la gestion du risque et non pas au niveau des entrées ou des sorties.

Classifier et évaluer les informations délivrées

Si une tendance M5 n'a pas la même valeur qu'une tendance M60 ou D, un signal de retournement des prix (chandelier, divergence ou configuration chartiste) en M1 ne présentera pas la même importance qu'en M15 ou M60.

Un trader doit donc apprendre à classer les différentes configurations qui se dessinent sous ses yeux, en leur accordant l'importance relative à leur échelle de temps.

Quantifier la durée des opérations

L'unité de temps principale est aussi l'unité de temps qui devra servir de référence à la durée relative de l'opération. Un trader qui travaille en unité de temps principale M5 ne devra pas « porter » son opération sur la même période qu'un trader qui travaille sur M60. La durée des opérations est directement liée à l'unité de temps principale. Selon le système de trading utilisé et les stratégies employées, une opération de trading devrait s'inscrire dans une durée comprise entre 10 et 20 fois son unité de temps principale. Au-delà de 10 ou 12 périodes, si l'opération n'est pas gagnante,

l'option de fermer sa position devra être étudiée. L'une des erreurs principales des traders débutants est de passer, durant l'opération, d'une unité de
temps à l'autre en se plaçant, parfois alternativement au gré des errements
des cours, en *mode espoir* ou en *mode cupidité*. Ce comportement doit être
banni. Les stratégies doivent contenir un paramètre de durée optimale,
souvent fondée sur les tests historiques et l'expérience du trader. Il ne faut
pas compter sur la chance pour renverser une situation délicate. Le trader
débutant ou maladroit est souvent fébrile. Il ne tiendra pas sa position car
il se concentrera sur son unité de timing et oubliera son unité de temps
principale ou s'arc-boutera sur une position perdante malgré le temps qui
passe et les signaux qui s'atténuent. Une fois une position ouverte, un trader devrait toujours se demander si les conditions qui préexistaient à l'ouverture sont toujours présentes, dans le cas contraire, il devra en tirer les
conséquences logiques.[9]

Exercice pratique pour les traders court terme stressés

Le triple écran classique en intraday sera 1, 5 et 30. Le timing est donné
par M1. Une fois la position ouverte, les traders stressés dissimuleront
le graphe M1 pour alléger leurs émotions et fermeront la fenêtre de pro-
fit&loss[9], pour éviter de voir le compteur s'agiter dans tous les sens. Le
graphique M5 restera ouvert car il permet de s'assurer que les éléments
qui ont présidé à l'ouverture de position sont toujours présents. Dans le
cas contraire, il ne faut jamais hésiter à stopper l'opération en cours. Et
l'attention devra se concentrer sur le graphique M5. Soudain, les ticks qui
s'agitaient dans tous les sens, les bruits du marché, paraissent beaucoup
plus lents. Le marché semble moins agressif. La lenteur du mouvement
surprend même, la respiration est plus aisée et la réflexion plus facile.
Tenir une position gagnante devient plus facile. L'envie de couper trop tôt
ses positions devrait disparaître.

À l'inverse, le trader indiscipliné ira regarder du côté de son unité de temps
majeure ou primaire, alors que son opération tourne mal, en espérant voir
le marché se retourner dans son sens. Ces deux attitudes sont aussi néfastes
l'une que l'autre. Chaque unité de temps d'une opération a une utilité.

L'essentiel

**Une méthode globale comprend l'analyse de plusieurs échelles de temps adap-
tées au profil de l'opérateur.**

---

9. Compteur de profit et perte.

Une échelle de temps unique ne montre qu'une partie de la réalité.

La nature fractale des marchés permet d'intervenir avec les mêmes process quelle que soit l'échelle du temps.

Les signaux générés sont relatifs à l'échelle de temps considérée. Plus l'unité de temps est longue, plus les signaux sont importants. Plus l'unité de temps est courte, moins les signaux ont de signification.

Le système GTAS permet une lecture rapide et pédagogique des différents cycles de marché. Le radar de tendance et les zones de valeur inscrivent l'action à venir dans un cadre précis en précisant les actions possibles et les actions non retenues.

Chapitre 6

Les cycles de marchés

Les marchés fluctuent de phases directionnelles, baissières ou haussières, en phases de congestion.

> Un marché en tendance est un marché directionnel, haussier ou baissier. Une tendance haussière se caractérise par des sommets et des creux ascendants. Une tendance baissière se caractérise par des creux et des sommets descendants.

Sur les marchés, un investisseur ou un trader considère que la tendance est son amie[10] mais il s'assure de sa maturité, pour ne pas entrer au dernier moment, lorsqu'elle est sur le point de se retourner.

_____ **En pratique** _____

Une grande partie du travail d'analyste peut se résumer à cette problématique : déterminer le sens, la maturité du marché et les niveaux de retournements, afin d'assurer des entrées optimales et des niveaux d'invalidation précis.

> La tendance est le fruit d'un déséquilibre plus ou moins durable entre l'offre et la demande, consécutif à un flux de nouvelles (macro-économiques pour des indices, micro-économiques pour une action, une décision de banque centrale pour des devises...), à des données purement techniques (échéances de contrats, vendeurs piégés...), qui impose aux opérateurs le calcul d'une nouvelle valorisation pour les actifs. Ce déséquilibre rapide va créer une inertie dans le momentum, plus ou moins puissante et durable, en forçant les retardataires à modifier leur opinion, puis leur position.

Tout serait simple si la tendance et le momentum étaient uniformes, si les cours se dirigeaient sans hésitation du point A au point B. La réalité est

---

10. *Trend is your friend* : la tendance est ton amie, vieil adage boursier.

plus complexe. À des phases d'accélérations rapides succèdent des phases de congestions, de contractions, de retracements ou de retournements. De plus, comme nous l'avons étudié au chapitre précédent, selon l'échelle de temps étudiée, la tendance et le comportement varient, parfois considérablement. Selon les produits (indices, taux, actions...), les marchés ne passent statistiquement pas de plus 30 à 40 % en tendance. Le reste du temps, ils évoluent sans tendance, en trading range, dans des zones de congestion, en contraction ou en expansion non, ou mal, ordonnée.

Apprendre à trader sur le momentum de marché, sur la tendance, doit être le premier objectif des traders débutants. Beaucoup de débutants préfèrent écouter leur ego plutôt que leur raison ou les conseils des professionnels. Ils débarquent sur les marchés pour de mauvaises raisons, parfois même sans en avoir conscience. Avoir raison seul contre tous serait gratifiant, plus aujourd'hui encore qu'hier, avec l'explosion des réseaux sociaux et la nécessité de parader derrière son écran pour exister virtuellement. Mais encore faudrait-il déterminer qui est ce « tous » mystérieux, ce consensus souvent imaginaire. En réalité, se battre contre la tendance revient à vouloir nager à contre-courant, parfois dans de furieuses tempêtes. Le résultat sera beaucoup d'efforts, de l'épuisement, des crises de nerf et au final de lourdes contre-performances. Investir dans le sens de la tendance revient à placer son intervention dans un flux rapide et déterminé. Bien sûr, encore faut-il ne pas voir une tendance en développement lorsqu'il s'agit d'une fin de cycle. S'opposer à une tendance, c'est courir le risque de se trouver confronté à une bulle de marché et donc de se faire balayer plusieurs fois. Tous ceux qui s'opposent au marché ont malheureusement raison, tôt au tard. Plus souvent tard que tôt. Et certains, incapables de gagner de l'argent réellement, au quotidien, se sont fait une spécialité d'annoncer des catastrophes lorsque les marchés montent, apparemment sans raison. Médiatiquement, c'est un succès. Et le jour où les marchés se retournent, ils bombent le torse. Hélas, ils oublient un peu vite, et les médias avec eux, que sur les marchés, la seule vérité est celle des chiffres, de la performance, et pour cela, le timing est essentiel. Les incantations ne servent à rien. Un marché ne se raisonne pas.

─────────── **En pratique** ───────────

Après avoir repéré une tendance, il faut se poser plusieurs questions : Quelle est sa forme et sa vélocité ? La tendance va-t-elle se poursuivre ? Si oui, quels sont les objectifs susceptibles d'être atteints ? Et dans combien de temps ? Quels sont les niveaux où il faudra considérer que la tendance est remise en cause ? Quelles sont les indications techniques, fondamentales ou comportementales qui pourront mettre en alerte sur un retournement de tendance ?

L'œil de l'intervenant, subjectif, ne lui montrera parfois que les éléments qui valident ce qu'il recherche. Certaines phases de marché sautent aux yeux, d'autres, plus équilibrées ou plus complexes, laissent place à la subjectivité, donc à l'à priori. Il est important de réduire les erreurs potentielles en évitant la « pollution » de ses propres analyses par des sources extérieures. Souvent, les débutants recherchent dans les paroles d'un autre, d'un gourou auto-proclamé, les certitudes nécessaires à l'action. Sous la pression, face au stress et aux montagnes russes des émotions, les configurations se forment d'autant plus facilement qu'on les recherche pour valider une opinion trop affirmée. Beaucoup de traders débutants, après avoir hésité à saisir la tendance, finiront par se convaincre, frustrés, de la pérennité de la tendance... sur son dernier élan. Les signaux de convergence pour ouvrir une position doivent être suffisamment objectifs pour ne pas laisser de doute à l'interprétation. La difficulté réside donc dans le choix des configurations et leur filtrage. Le travail du trader et de l'investisseur consiste à discriminer constamment entre les différentes configurations en se basant sur la convergence des différents paramètres d'analyse étudiés dans ce livre. L'intervenant de marché est patient, attentif, il ne clique jamais par ennui, désœuvrement ou coup de tête.

Grâce aux outils d'analyse modernes, il devient possible de programmer des algorithmes de marché fondés sur des études statistiques à large spectre pour déterminer les maturités des tendances, anticiper les vagues de correction ou prévoir les retournements de tendance. C'est l'objet de certains de nos programmes qui cadrent la tendance composite de marché et avertissent des niveaux de retournement et des zones d'équilibre majeurs. Mais avant d'en arriver là, nous allons étudier les pères fondateurs de l'analyse technique et de la notion de tendance, avec les théories de Charles Dow, la mesure quantitative de Ralph Elliott et la théorie des nombres de Leonardo Fibonacci (mathématicien italien du XIIᵉ siècle). Puis nous verrons comment nos travaux nous ont amenés à distinguer trois typologies de tendances : les tendances simples, les tendances soutenues et les tendances impulsives.

Théorie de Dow

Pour Dow, une tendance de marché se caractérise par trois phases : une phase d'accumulation, gérée par des investisseurs initiés, les « mains fortes » qui accumulent des positions malgré les mauvaises nouvelles ; une phase de participation du « public informé » qui réagit à la diffusion progressive des bonnes nouvelles ; et enfin, une phase finale de distribution au « grand public », secrètement surnommé « les pigeons ».

Les règles de base :

- des cours inscrivant des hauts plus hauts et des bas plus hauts caractérisent une tendance haussière ;
- des cours inscrivant des bas plus bas et des hauts plus bas caractérisent une tendance baissière ;
- une première alerte baissière survient lorsque les cours tracent un haut moins haut, puis un bas plus bas ;
- dans une tendance baissière, une première alerte haussière survient lorsque les cours tracent un bas moins bas, puis un haut plus haut.

Une tendance haussière se définit comme une succession de sommets ascendants et de creux ascendants. Les vagues d'impulsion sont plus importantes que les vagues correctives. La première alerte survient lorsqu'une vague ne réussit pas à dépasser le haut précédent. Lorsque qu'un bas précédent est enfoncé, le retournement de tendance est acté.

Graphique 6.1. Eurostoxx50 future – Données 6 heures

Dans le graphique de l'Eurostoxx50, une succession de sommets ascendants caractérise la tendance haussière jusqu'en 1. En 2, le bas précédent est enfoncé mais le rebond est rapide et un nouveau sommet est inscrit. En 3, les prix dépassent le dernier creux et en 4, ils ne parviennent plus à inscrire un nouveau sommet. La vague de 4 à 5 a enfoncé le creux précédent après avoir échoué sous les hauts précédents. La tendance haussière est terminée, une correction est en cours. Un retournement de cycle est possible. La situation technique des éléments de tendance de degré supérieur doit être étudiée pour compléter le diagnostic. En 6, le sommet s'inscrit sous le sommet précédent.

Les vagues d'Elliott et les ratios de Fibonacci

Pour Elliott, les marchés évoluent en cycles, décomposés en une vague d'impulsion (construite en cinq sous-vagues) et une vague de correction (construite en trois sous-vagues).

Une vague d'impulsion est composée de trois sous-vagues d'impulsion (1, 3 et 5) et deux sous-vagues de correction (2 et 4) :

- la vague 1, souvent courte, peut être interprétée comme un simple retracement correctif ;

- la vague 2 retrace en grande partie la vague 1. Les opérateurs n'ont pas encore pris conscience du changement de tendance, ils sont toujours dans la psychologie du momentum du cycle précédent ;

- la vague 3 ne peut pas être la plus courte. Un public plus large, informé, prend conscience du nouvel environnement et s'adapte au nouveau momentum ;

- la vague 4 ne doit pas dépasser le sommet (tendance haussière) ou le creux (tendance baissière) de la vague 1. La correction est généralement faible ;

- la vague 5 est la dernière vague du cycle. Elle attire enfin les derniers entrants, ceux qui hésitaient à rentrer sur le marché. Elle peut s'arrêter à proximité du sommet (tendance haussière) ou du creux (tendance baissière) de la vague 3, ou au contraire donner lieu à une vague émotionnelle très puissante dans le cas des extensions ;

- enfin, on notera que si la vague 2 est impulsive et retrace fortement, la 4 devrait être longue dans le temps pour retracer faiblement, et inversement.

Une vague de correction est composée de deux sous-vagues d'impulsion (A et C) et d'une sous-vague de correction (B) :

- la vague A se comporte comme une vague 1 ;

- la vague B retrace fortement la vague A ;

- la vague C est puissante.

Puisque les marchés alternent entre impulsion et correction, il faut s'intéresser à des niveaux de retracement observés par de nombreux opérateurs. Les ratios de Fibonacci et de Gann déterminent simplement des niveaux de rebond potentiel de la vague corrective pour ouvrir une position dans le sens de la tendance principale. Dès lors que ces niveaux ont été dépassés, ils serviront de signal d'alerte ou de signal de déclenchement d'un retournement de tendance.

Typiquement, on surveillera cinq niveaux principaux : 24 %, 38 %, 50 %, 62 % et 75 %.

- La vague 2 est celle qui retrace généralement le plus (proche ou supérieure à 62 %).
- La vague 4, portée par un public déjà large peine souvent à corriger profondément pour aller chercher des niveaux inférieurs à 38 %.
- La vague B se comporte comme une vague 2.

Ces niveaux sont des critères à ajouter à la convergence des paramètres d'une stratégie. Ils ne sont jamais traités seuls, mais lorsque les cours arrivent sur ces niveaux, il convient de surveiller la formation de configurations graphiques, ou l'émergence de signaux techniques susceptibles de valider une stratégie d'entrée. L'évolution des cours entre ces niveaux procure aussi des informations intéressantes sur la force des vagues et des cycles de marché.

Les ratios de Fibonacci offrent un autre intérêt avec des ratios d'extension de vagues qui permettent de déterminer d'éventuels objectifs graphiques, et donc des cibles potentielles de prise de bénéfices partiels, ou des niveaux de clôture de position.

Pour les extensions, les niveaux suivants seront observés : 100, 127, 138, 162, 200 et 262 %.

Graphique 6.2. Altran Tech. (ALT) – Données hebdomadaires

Sur cette vue hebdomadaire du titre Altran, on décompte cinq vagues. Après une première vague longue et complexe, la II est impulsive et retrace plus de 75 % de la I. La III s'arrête à 138 % de la I. La vague IV corrige la III en formant un petit canal, un drapeau, sans jamais excéder 24 % de correction. Enfin, la V atteint les 200 % de la I.

L'essentiel

Le travail d'analyse peut se résumer à cette problématique : déterminer le sens, la maturité d'une tendance et les niveaux de retournements potentiels, afin d'assurer des entrées optimales et des niveaux d'invalidation précis.

Il faut toujours tenir compte de la tendance principale avant de se décider à passer à l'action. Sur les marchés, la règle est de suivre la tendance tant que des signaux objectifs d'épuisement ou de retournement n'ont pas été validés.

Le marché a toujours raison, même lorsqu'il est totalement irrationnel.

Les vagues d'Elliott et la théorie de Dow sont aussi utiles pour l'investisseur long terme que pour le trader intraday. Avant de vouloir maîtriser les équations à deux inconnues, il est indispensable de connaître ses tables de multiplication. La théorie de Dow, les vagues d'Elliott et les ratios de Fibonacci sont, pour tous les débutants, des préalables indispensables.

Plus l'horizon de temps observé est large, plus grande est la signification des indications de tendance délivrées par le marché.

Les moyennes mobiles

La moyenne mobile est un indicateur mathématique qui lisse les fluctuations des cours afin de faciliter, par une lecture graphique et mathématique, la compréhension de la tendance.

Son atout, le lissage de la tendance, est aussi son défaut, puisqu'il induit un retard mécanique dans la lecture lors des retournements, et donc beaucoup de faux signaux lors des phases de consolidation.

Les moyennes mobiles permettent principalement de déterminer la tendance du marché afin d'intervenir avec, et pas contre, la foule des intervenants. C'est certainement l'indicateur le plus diffusé, y compris parmi la communauté des gérants classiques qui suivent le plus souvent moins les moyennes mobiles à 50, 100 et 200 jours pour cadrer les fluctuations des titres et des indices. Parfois décriées, car mal utilisées ou mal comprises, les moyennes mobiles, combinées avec une analyse fractale du marché, offrent pourtant une lecture du marché d'une rare pertinence.

Paramètres

Il existe plusieurs constructions pour les moyennes mobiles, nous en utiliserons deux :

- la moyenne mobile simple (notée « SMA » – Simple Moving Average) qui représente la valeur moyenne des cours sur une période de temps donné. La SMA20 représente la valeur moyenne des cours sur 20 périodes ;

- la moyenne mobile exponentielle (notée « EMA » – Exponential Moving Average) donnera plus de poids aux dernières données. L'EMA40 représente la moyenne mobile exponentielle à 40 périodes.

Un système de base comprend classiquement trois moyennes mobiles qui seront adaptées aux produits traités et aux horizons de temps étudiés. La moyenne mobile courte sera comprise entre 7 et 13 périodes, la moyenne mobile médiane sera la 20 (simple ou exponentielle) et la moyenne mobile longue variera entre 100 et 200 (simple ou exponentielle).

S'il n'existe pas de martingales, il est important d'adapter la moyenne mobile au produit que l'on a l'habitude de travailler et à ses spécificités. Les débutants doivent se familiariser avec le comportement des moyennes mobiles sur différents cycles de marché (alignement, enchevêtrement, aplatissement et croisement). Le trading algorithmique offre l'avantage de laisser les programmes adapter automatiquement les moyennes mobiles aux tendances et à la volatilité. C'est une aide précieuse qui permet notamment d'accorder rapidement son trading avec les différents cycles de marché.

Interprétation

- Quand une moyenne mobile est en hausse et les cours au-dessus, les interventions se feront préférentiellement dans le sens de l'achat, sur des corrections intermédiaires ou à l'approche de la moyenne mobile qui encadre le mouvement directionnel.
- Quand une moyenne mobile est en baisse et les cours au-dessous, les interventions se feront préférentiellement dans le sens de la vente, sur des corrections intermédiaires ou à l'approche de la moyenne mobile.
- Quand la moyenne mobile s'aplatit ou évolue alternativement en courtes et rapides phases de hausse et de baisse, elle signale un marché en fin de tendance ou en congestion.
- Une moyenne mobile en hausse (inversement en baisse) pourra servir de support (inversement de résistance).
- Lorsque les prix passent sous (inversement sur) une moyenne mobile en hausse (inversement en baisse), un premier avertissement sur la tendance est lancé.
- L'utilisation de plusieurs moyennes mobiles donnera des signaux de vente et d'achat selon leur position et leurs différents croisements.

Utiliser l'inertie et le momentum

Le retard induit par le mode de calcul des moyennes mobiles pourra être utilisé pour travailler les retracements car hormis dans les cas de retournement rapides, type V-top et V-bottom suite à une annonce inattendue, une nouvelle qui bouleverse l'ensemble des opérateurs et leur fait revoir l'ensemble de leur approche technique et fondamentale du marché, une tendance se retourne rarement en quelques chandeliers. Le comportement de plusieurs moyennes mobiles est riche d'enseignements. Dès lors que l'on comprend comment est bâti un indicateur, ses défauts apparents ne sont plus des freins à la compréhension du mouvement des prix. Ainsi, si une moyenne mobile met du temps à se retourner, c'est aussi parce qu'elle est le reflet du momentum, de l'inertie psychologique des opérateurs, à l'exception des revirements.

La notion d'équilibre et de déséquilibre

La durée de la période choisie pour la moyenne mobile n'est pas anodine. Chaque période encadrée représente un momentum d'équilibre ou de déséquilibre des opérateurs investis sur cette durée. Avec cette vision, le comportement de la moyenne mobile n'est plus simplement un tracé sur un graphique, il représente le consensus des opérateurs à X périodes à l'instant T. Et ce consensus fournit un argument de poids pour décider d'intervenir ou pas sur les marchés lorsque l'on intervient sur la force du marché, à partir du comportement des différents opérateurs.

Une moyenne mobile à 20 périodes intéressera fortement le day trader, la moyenne mobile à 200 jours sera regardée par le gérant actions long terme. Chacune de ces moyennes mobiles représente le niveau d'équilibre ou de déséquilibre d'une catégorie d'opérateurs de marché. Le comportement des cours autour de la moyenne mobile dictera tout ou partie de leur action. Savoir analyser ce comportement permet donc de comprendre les interventions sur les marchés d'opérateurs avec des horizons de temps différents.

Graphique 6.3. Nasdaq Composite Index – Données quotidiennes

Le choix d'opérer à partir de trois moyennes mobiles permet donc de cibler à la fois les différents cycles et de comprendre les horizons de temps des intervenants.

La tendance haussière du Nasdaq est caractérisée par des hauts de plus en plus hauts et une moyenne mobile longue haussière. Les cours évoluent au-dessus de cette dernière et la tentative pour retourner la tendance se solde par un rebond rapide en V. Ensuite, la moyenne mobile sert à plusieurs reprises de support pour les acheteurs. Les évolutions des deux autres moyennes mobiles (SMA20 et EMA40) représentent les tendances intermédiaires de correction/impulsion dans un cycle global haussier. Elles servent à affiner d'éventuels points d'entrée ou à signaler une perte de momentum, et donc la nécessité de prendre des bénéfices sur les positions ouvertes. Les moyennes mobiles longues pourront être adaptées à la vélocité et au momentum de la tendance en cherchant à cadrer le mouvement des prix par une moyenne qui sert de support en tendance haussière ou de résistance en tendance baissière. Ces points d'ancrage sont importants à repérer. Dans l'exemple du Nasdaq, on voit que la moyenne mobile à 147 jours sert de point d'ancrage sur l'année 2015. Sa cassure sera donc un élément à surveiller.

Les moyennes mobiles permettent d'analyser les cours selon plusieurs critères :

- indicateur de tendance ;
- indicateur de surachat ou de survente ;
- niveaux de supports ou de résistances ;
- indicateur de vitesse ;
- cible de retracement.

Les moyennes mobiles comme indicateur de tendance

Nous avons déjà vu que la moyenne mobile sert à repérer aisément la tendance en un seul coup d'œil. C'est son usage le plus courant, mais il est loin d'être le seul.

L'utilisation des moyennes mobiles sert à encadrer le mouvement des prix en lissant le bruit de marché afin d'offrir une lecture rapide d'un prix moyen, sorte d'équilibre accepté par tous, même si ce prix n'est pas fixe mais dynamique.

Les croisements de moyennes mobiles entre elles offrent des signaux intéressants pour lire les accélérations et les décélérations de tendance. Le nombre de faux signaux en zone de congestion est trop important pour pouvoir les utiliser seuls, mais dans le cadre de la convergence d'éléments techniques, ils peuvent apporter un éclairage supplémentaire intéressant.

Les moyennes mobiles comme indicateur de surachat et de survente

Les moyennes mobiles servent aussi d'indicateur de surachat ou de survente en mesurant simplement l'écart historique entre les prix et la moyenne mobile, sur une période donnée (sur au moins 300 périodes) et un horizon de temps.

Lorsque cet écart atteint un extrême historique sur la période de référence, un signal de surachat (tendance haussière) ou de survente (tendance baissière) est donné. Les opérateurs qui souhaitent ouvrir une position dans le sens de la tendance en cours devraient se méfier et ajuster leur risque ou s'assurer de signaux particulièrement convergents car les probabilités ne plaident pas pour une poursuite du mouvement.

Une indication de surachat (inversement, survente) n'est jamais un critère suffisant pour ouvrir une position vendeuse à découvert (inversement, acheteuse). C'est une alerte sur la pérennité de la tendance sous-jacente, tout en sachant que les tendances puissantes sont caractérisées par des périodes de surachat (tendance haussière) très longues. Anormalement longues pour ceux qui tentent de les contrer sans rigueur ni méthode. Mais dans le cadre d'une recherche de signaux convergents pour l'ouverture d'une opération contrarienne, un extrême par rapport à une moyenne mobile peut donner de bons points d'entrée. Il existe de nombreuses stratégies algorithmiques fondées sur ce principe, notamment sur le marché des devises. Mais cette utilisation doit être maniée avec précaution. Elle exige une certaine expérience des marchés, notamment pour s'assurer que les cours ne sortent pas d'une zone de faible volatilité pour s'inscrire durablement dans un momentum puissant sur des degrés supérieurs, susceptible

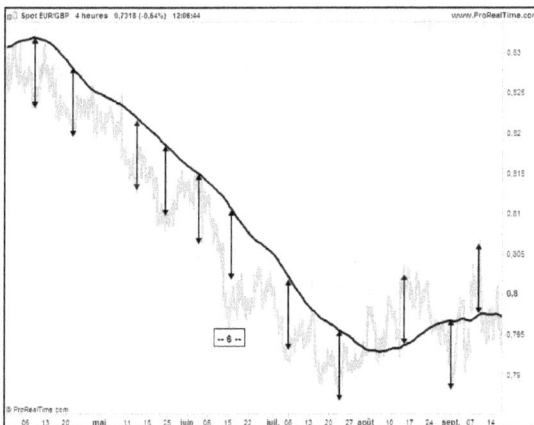

Graphique 6.4. EURGBP – Données 4 heures

de sortir des schémas historiques, et donc, de rendre rapidement caduques les notions de surachat ou de survente.

Sur le graphique de l'EURGBP, l'écart entre la moyenne mobile et les cours reste relativement stable, cadré par la moyenne mobile. Sur les 11 écarts mesurés, à l'exception de celui noté « 6 », l'EURGBP réagit systématiquement en revenant chercher le point d'ancrage, le point d'équilibre que représente la moyenne mobile. Il est important de comprendre qu'il ne s'agit nullement d'un signal de retournement de marché, mais simplement d'une indication claire de survente. Lorsqu'une tendance est établie, son rythme est dicté par les opérateurs. Les cours réagissent autour du point d'équilibre comme s'ils étaient reliés par un élastique. Il n'y a guère que lors de changements brutaux de paradigme (bulles ou krachs) que tous les éléments régissant les cours autour de leur moyenne ne fonctionnent plus. Après la tentative de retournement de tendance, lorsque les cours repassent au-dessus de la moyenne mobile, l'écart de déséquilibre est à nouveau testé à deux reprises de manière pertinente, mais au-dessus de la moyenne cette fois-ci.

Cette utilisation de la moyenne mobile pourra donc servir :

- d'avertissement pour éviter d'entrer au plus mauvais moment dans le sens de la tendance. Elle doit empêcher des prises de position en haut de vague d'impulsion ;
- de signal d'alerte pour des prises de bénéfices, partielles ou totales, sur des positions en cours ;
- de signal d'entrée contrarienne, dans certains cas, dans le cadre de la convergence des paramètres.

Les moyennes mobiles comme niveaux de supports ou de résistances

Le cadrage d'un mouvement directionnel entre son point d'ancrage, représenté par la moyenne mobile et son écart de déséquilibre offre d'autres opportunités d'intervention.

La moyenne mobile sert de support en tendance haussière et de résistance en tendance baissière. Dès qu'un mouvement directionnel a été marqué par des points d'ancrage sur une moyenne mobile, le comportement des cours en approche doit être observé de près. Une validation en tant que résistance (tendance baissière) ou en tant que support (tendance haussière) est un signal. Une cassure éventuelle, validée en clôture, sera un avertissement sur la pérennité de la tendance.

En reprenant le même graphique que précédemment, il est aisé de constater que par six fois, la moyenne mobile a servi de résistance, puis après sa cassure, elle sert de support par deux fois. On voit donc que, après avoir

Graphique 6.5. EURGBP – Données 4 heures

servi de résistance à l'identique d'un niveau fixe de support et de résistance, une moyenne mobile passe en mode « inversion de polarité » puisqu'elle sert de support aux cours.

Cette utilisation de la moyenne mobile servira :

- de stop de protection éventuel pour les positions ouvertes dans le sens de la tendance ;
- de stop suiveur éventuel pour les positions ouvertes dans le sens de la tendance ;
- de niveau d'entrée possible dans le sens de la tendance. Un critère à ajouter à la convergence de signaux d'alertes et de confirmation ;
- plus rarement, de signal d'entrée dans le sens inverse de la tendance en cours. Il sera préférable d'attendre un retour sur la moyenne mobile.

Les moyennes mobiles comme indicateur de vitesse

Le cadrage d'un mouvement directionnel par un faisceau de moyennes mobiles permet d'affiner la typologie de la tendance, qui sera utilement segmentée en quatre groupes :

- les tendances simples ;
- les tendances soutenues ;
- les tendances impulsives ;
- l'absence de tendance.

Cette typologie est développée dans le prochain chapitre. Un trader ou un investisseur ne devrait pas appréhender les marchés avec les simples mots de tendance ou d'absence de tendance. Selon la forme de la tendance, les interventions (niveau d'exposition, timing d'entrée, gestion des positions, gestion des sorties) doivent être ajustées. Pour chaque typologie de tendance, on doit envisager aussi des stratégies spécifiques, adaptées aux fluctuations des cours. Il ne viendrait pas à l'idée d'un marin de suivre son chemin sans tenir compte de la force du vent. Pour un trader ou un investisseur, la problématique est exactement la même.

En pratique

Plus encore que savoir ce qu'il faut faire, comment agir face à une configuration précise, connaître précisément ce qu'il ne faut pas faire est essentiel. Un opérateur ne doit jamais oublier que s'il limite ses erreurs, s'il réduit le nombre de ses pertes, par une connaissance poussée du marché, il élèvera mécaniquement le niveau de sa performance globale. Savoir quand ne pas intervenir sur le marché et savoir comment il ne faut pas intervenir sur le marché dans des circonstances précises est donc au moins aussi important que de savoir quand il faut agir.

Les moyennes mobiles comme cible de retracement

Lorsqu'un mouvement directionnel, cadré par une moyenne mobile en tendance, se retourne et casse cette moyenne mobile, la probabilité d'assister à un pullback est forte. À l'image exacte des inversions de polarité sur les niveaux horizontaux, fixes, de supports et de résistances. Selon les échelles de temps et les produits, la probabilité d'assister à un tel retour est supérieure à 70 %.

Cette utilisation de la moyenne mobile servira :

- de prise de bénéfices partiels pour les opérations ouvertes, par anticipation, dans le sens de la tendance en développement, dans l'attente du pullback qui servira lui à renforcer la position ;
- d'ouverture de position dans le sens de la tendance en développement ;
- de niveau de stop suiveur pour toute position ouverte ;
- d'objectif ciblé pour toute opération ouverte contre la tendance naissante, dans le cadre d'une analyse spécifique sur plusieurs unités de temps.

L'essentiel

Les moyennes mobiles sont les indicateurs techniques les plus largement diffusés parmi la communauté financière.

L'utilisation de moyennes mobiles de différentes longueurs permet de mesurer les différentes forces à l'œuvre sur des horizons de temps multiples.

En plus de marquer la tendance, les moyennes mobiles permettent de définir des niveaux de supports et résistances mobiles, des points d'ancrage, de repérer des zones de surachat ou de survente mobiles et enfin de donner des cibles objectives de retracement.

Chapitre 7

Tendances et congestion

Les différentes formes de tendances

Classiquement, les analystes se contentent de s'interroger sur la tendance, son sens, évidemment, et sa maturité. Tout le monde ou presque a bien compris qu'il est utile et rémunérateur d'investir dans le sens de la tendance. Pour prendre une image concrète, basique, mieux vaut ramer dans le sens du courant plutôt que d'essayer d'affronter, en face à face, des forces obligatoirement supérieures à celles d'un seul individu. Mais encore faut-il apporter une réponse pratique et accessible à tous. Dans la réalité du trading, pour franchir le mur de la théorie et se retrouver dans le pratique, quantifier facilement la forme et la vitesse de la tendance est utile à l'amélioration des performances. Une typologie de tendances orientera l'opérateur vers des stratégies adaptées, ce qui est beaucoup plus intéressant et performant sur la durée qu'un simple et vague constat : tendance haussière ou baissière, voire neutre. Grâce aux algorithmes de marché, il est aujourd'hui possible de quantifier et d'analyser avec une rapidité déconcertante chaque tick de marché en le replaçant instantanément dans le contexte global. C'est ce que le système GTAS exécute avec une rigueur toute informatique. Mais, pour les traders discrétionnaires, il existe aussi un moyen simple et efficace. Les moyennes mobiles permettent de qualifier la tendance de manière visuelle en établissant quatre typologies et comportements spécifiques afin de définir un cadre qui nous sera utile au moment du choix des stratégies :

- les tendances simples ou le déséquilibre organisé ;
- les tendances soutenues ou le consensus directionnel ;
- les tendances impulsives ou le déséquilibre émotionnel ;
- l'absence de tendance ou le consensus mou.

Les tendances simples : le déséquilibre organisé

Une tendance simple en vague haussière (inversement baissière) est une succession de sommets (inversement creux) harmonieux et bien dessinés sans accélération notable de la volatilité. Une tendance simple sera constituée, sur les unités de temps inférieures, des autres types de tendances.

- Dans une tendance haussière simple en vague, les prix fluctuent à plus de 80 % du temps entre la moyenne mobile longue et U (bande supérieure de Bollinger[11]).

- Dans une tendance baissière simple en vague, les prix fluctuent à plus de 80 % du temps entre la moyenne mobile longue et L (bande inférieure de Bollinger).

Graphique 7.1. Axa – Données 4 heures

La moyenne mobile longue sert de point d'ancrage au titre AXA. Elle est orientée à la hausse et indique la tendance de fond. À plusieurs reprises, le titre AXA rebondit dessus, la zone d'équilibre dynamique marquée par la moyenne mobile sert d'entrée aux acheteurs, le déséquilibre organisé au-dessus de cette moyenne se produit sans frénésie, de manière structurée.

Psychologie du marché

Lorsque les marchés s'inscrivent dans une tendance simple, ordonnée en vagues d'impulsion et vagues de correction, c'est un peu comme si les opérateurs étaient sereins sur le sens à donner aux cours.

---

11. Voir chapitre 9.

Dans le cadre d'une tendance haussière, les acheteurs poussent tranquillement les prix vers le haut, sans excès. Des prises de bénéfices interviennent régulièrement pour faire refluer les prix, mais jamais de manière agressive. Puis les acheteurs, les mêmes ou des nouveaux, se présentent et les cours remontent, presque naturellement. Il n'existe ni excès, ni inquiétude particulière. Ce n'est pas un marché émotionnel, stressé et stressant pour les opérateurs. Chacun semble être à sa place, tout le monde considère que les prix doivent être plus élevés demain qu'aujourd'hui. Les vendeurs ne se sont pas fait piégés, ou pas suffisamment pour être stressés, ils n'ont pas à couper leurs pertes en catastrophe et provoquer un afflux d'ordres d'achat sur le marché et des phases de panique à l'achat.

Investir et trader sur les tendances simples

Dans une tendance haussière simple, le trader met en évidence les niveaux de correction sur l'unité de temps principale après une première vague d'impulsion, et recherche, sur ces zones de prix, des signaux de retournement sur l'unité de temps de timing. Tant que les indicateurs ne signalent pas de divergences, tant que les bas précédents sont préservés, tant que des configurations de sommets n'apparaissent pas, l'opérateur doit considérer que la tendance n'est pas remise en question. Il doit donc l'accompagner en se concentrant principalement sur des stratégies haussières. Il sera possible d'établir des stratégies sur l'unité de temps majeure et d'utiliser des stops plus larges, comme les stops TrDma, tant que l'on travaille dans le sens de la tendance. Les expositions au marché seront aussi renforcées sur repli et il ne faudra pas hésiter à travailler multi-stratégies et multi-horizons de temps pour profiter de ce type de marché. Il faut absolument savoir profiter de ces périodes de marché relativement simples à lire pour accumuler des gains et de la performance.

L'apparition de divergences entre les indicateurs de momentum et les cours ne signifie d'ailleurs pas la fin de la tendance, mais un essoufflement éventuel, ou une correction partielle, plus prononcée. Dans cette typologie de tendance, il est parfois possible de jouer contre le mouvement principal, sur les unités de temps plus courtes, pour profiter des vagues de retracement et chercher le retour vers la moyenne, vers l'équilibre, vers le point d'ancrage de la moyenne mobile longue de référence, lorsque l'écart de déséquilibre a été atteint ou dépassé. Les interventions contrariennes doivent obéir à des règles précises, et elles se feront toujours avec des allocations d'actifs spécifiques au trading contrarien.

Tout ce qui est dit pour la tendance haussière est aussi valable en tendance baissière. Avec une nuance, cependant. En tendance baissière, les vagues correctives sont généralement plus impulsives, plus rapides qu'en tendance haussière où les vagues de correction peuvent mettre beaucoup plus de temps à se former et à se lancer. Il est évidemment important d'en tenir compte car même si l'on peut travailler les marchés, à l'achat ou à la vente, la manière de les travailler diffère significativement en fonction du sens choisi. En règle générale, on trouvera plutôt les tendances simples en vagues sur les tendances haussières (à plus de 78 % selon nos statistiques effectuées sur plus de 30 produits). Par construction, la baisse est plus émotionnelle que la hausse. Il est donc beaucoup plus rare d'assister à une baisse structurée dans le calme. Les baisses ordonnées sont généralement des corrections baissières dans le cadre d'une tendance haussière de degré supérieur.

Les tendances soutenues : le consensus directionnel

Le marché est engagé dans un mouvement haussier (inversement baissier) puissant. Le mouvement est fortement directionnel, le déséquilibre entre acheteurs et vendeurs est significatif.

- Dans une tendance haussière soutenue, les prix fluctuent à plus de 80 % du temps entre la moyenne mobile médiane haussière et U (bande supérieure de Bollinger).

- Dans une tendance baissière soutenue, les prix fluctuent à plus de 80 % du temps entre la moyenne mobile médiane baissière et L (bande inférieure de Bollinger).

Graphique 7.2. AXA – Données 4 heures

En reprenant le graphique précédant et en zoomant sur la tendance simple, on met en évidence une tendance soutenue. Par trois fois, la moyenne mobile médiane, en pointillés, marque clairement un support pour les cours. Le point d'ancrage intermédiaire se situe donc sur cette moyenne mobile. On constatera aussi que, après sa cassure et un retour en pullback, les cours retracent, sans excès sur la moyenne mobile longue, le point d'ancrage long terme. Ce graphique illustre parfaitement la notion d'équilibre et de déséquilibre autour des points d'ancrage des moyennes mobiles.

Psychologie de marché

Les tendances soutenues sont des déséquilibres de consensus. Tout le monde semble convaincu que l'équilibre de marché se situe plus haut (en tendance haussière) ou plus bas (en tendance baissière). L'appétence des opérateurs est claire et affirmée, mais toujours sans frénésie. La tendance se structure sans panique, à la baisse, et sans euphorie, à la hausse. C'est un signe de force dont il faut tenir compte dans notre analyse de marché. Ce type de tendance se retourne rarement rapidement car la grande majorité, sans excès, la soutient. Elles peuvent se terminer en tendances impulsives, le consensus devenant trop fort, lorsque les derniers investisseurs se décident enfin à se joindre au mouvement organisé pour le précipiter en mode euphorie (haussière) ou panique (baissière).

Investir dans les tendances soutenues

Sur les tendances haussières, les vagues de correction sont caractérisées par de faibles amplitudes. Elles dépasseront rarement 38 % et ne devraient pas excéder 50 %. Elles ne doivent pas être jouées à contre-tendance. Statistiquement, l'intérêt de contrer ces mouvements n'est pas intéressant. D'autant plus qu'elles peuvent facilement accélérer en se transformant en tendance impulsive. C'est, en revanche, un marché où se montrer agressif à l'achat, sur les plus petites corrections de l'unité de temps de timing, est la bonne attitude à développer. Les signaux d'entrées recherchés seront du type le plus petit commun dénominateur. Il est inutile de vouloir accumuler un faisceau d'éléments de convergence pour ouvrir une position. La réactivité est essentielle et elle doit se montrer supérieure à la prudence. Il s'agit de suivre le flux du marché, agressivement, tant que rien ne démontre que la tendance est à bout de souffle.

Les niveaux d'allocation seront élevés dans le sens de la tendance. Mieux vaut privilégier la réactivité et les stratégies sur les unités de temps courtes. Les stops seront placés assez serrés, en fonction du choix de la stratégie. Le marché doit réagir rapidement. Dans le cas contraire, inutile d'insister. Investir dans ces tendances demande aussi de la précision et du sang-froid. L'attentisme est le moyen le plus sûr de passer à côté d'un joli mouvement, puis de déclencher un phénomène de frustration qui nous fera rentrer plus tard, mais trop tard. Trop attendre peut faire entrer au dernier moment. On utilisera à plus de 80 % des stratégies de type trend following ou suivi de tendance en chassant à la fois les retracements et les cassures. Dans certains cas rares, et uniquement lorsque les premiers signaux d'épuisement apparaissent, il sera possible de travailler avec des stratégies contrariennes, pour jouer le retour à une tendance simple, et donc un retracement plus prononcé. Mais il ne faudra pas excéder 20 % des opérations de type mean reversal ou retour à la moyenne. Et dans ce dernier cas, les niveaux d'allocations seront ajustés au plus bas en fonction des unités de base utilisées et du positionnement des cours par rapport aux zones de valeur et aux zones d'équilibre.

Sur les tendances baissières, la problématique est identique et tout ce qui a été énoncé pour les tendances haussières pourra être repris.

Les tendances impulsives : le déséquilibre émotionnel

Les cours déclenchent un mouvement haussier (inversement baissier) puissant et violent, sans corrections. Le mouvement est fortement directionnel.

- Dans une tendance haussière impulsive, les cours se collent à la bande supérieure de Bollinger (U) et ne refluent jamais sous la moyenne mobile courte.

- Dans une tendance baissière impulsive, les cours se collent à la bande inférieure de Bollinger (L) et ne repassent jamais au-dessus de la moyenne mobile courte.

Il existe aussi une autre manière de repérer les tendances impulsives. C'est notamment utile de les détecter lors de retournements rapides dans des tendances opposées. Il suffira pour les tendances haussières de constater sur l'unité de temps principale au moins quatre hauts plus hauts et quatre bas plus hauts (l'inverse pour les tendances baissières) et le passage en quelques chandeliers de la bande basse des Bollinger à la supérieure, de L à U, (l'inverse pour les tendances baissières de U à L).

Une tendance impulsive sur quelques chandeliers produit un fort décalage sur les cours, mais aussi sur la psychologie des opérateurs. On la retrouvera typiquement dans deux cas particuliers : les sorties de zones de congestion et les vagues spéculatives euphoriques ou paniques. Dans le premier cas, après une longue période d'équilibre et de consensus mou, la sortie, souvent provoquée par une annonce, propulse soudain la très grande majorité des opérateurs du même côté, acheteur ou vendeur. Après la tendance impulsive, la probabilité de voir la tendance initiée aussi fortement se poursuivre est très forte. C'est pour cette raison qu'il n'est pas sérieux de vouloir s'y opposer en prenant des stratégies de contre-tendance. À l'inverse, après une tendance soutenue déjà avancée, l'apparition d'une tendance impulsive suite à une annonce ou un événement sonnera généralement le glas du marché directionnel. Dans ce cas, il est possible de mettre en place des stratégies de contre-tendance, à condition d'avoir précisé savoir, comme toujours, les critères d'entrées.

Les tendances impulsives sont parties prenantes des tendances simples et soutenues et elles piègent souvent les traders de contre-tendance qui attendent un retracement qui ne vient pas.

Graphique 7.3. Euronext (ENX) – Données quotidiennes

En quelques mois, l'action Euronext a plus que doublé. La moyenne mobile courte (ici l'EMA13) contient plus de 95 % des cours. Vouloir contrer cette typologie de tendance n'est pas sérieux. La multiplication des divergences sur les indicateurs n'arrête jamais une tendance impulsive.

Psychologie du marché

Les opérateurs décident brutalement du sens à donner au marché, et tout le monde se place en mode panique. C'est le principe du « il faut vite acheter de peur de rater la hausse », dans le cadre d'une tendance impulsive haussière ; ou « il faut vite vendre car le marché va s'écrouler », dans le cadre d'une tendance impulsive baissière. Durant ces phases, les opérateurs se laissent envahir par leurs émotions face à un élément nouveau, une nouvelle qui a rompu l'équilibre sur le marché et propulse les prix vers un nouvel équilibre à un niveau jusque-là peu ou pas anticipé, d'où le déséquilibre violent et la rapidité du mouvement.

Ces tendances découlent de la conjonction d'éléments techniques forts et d'un mouvement de foule puissant. Techniquement, les intervenants qui spéculent via des produits dérivés type contrats futures ou options avec des effets de levier importants peuvent se retrouver coincés par une mauvaise anticipation de leur part. Ils doivent donc couper précipitamment leurs positions et viennent nourrir le flot de la tendance. Habituellement, ils essaient d'attendre des niveaux clés ou des petites vagues de correction pour alléger ou couper leur position, mais comme ces phases ne se produisent pas, ils doivent couper toujours plus en perte leurs postions. Autrement dit, les principaux opposants au mouvement en cours sont le carburant principal de celui-ci. Ironie des marchés.

Typiquement, une très bonne nouvelle va pousser les acheteurs à se ruer sur le sous-jacent tandis que les vendeurs à découvert voient leurs positions stoppées les unes après les autres. L'euphorie gagne les uns, la panique les autres. C'est un marché fortement émotionnel, capable de tout. Ce sont des moments où tout devient compliqué pour celui qui essaie de s'opposer au mouvement.

À la baisse, c'est une mauvaise nouvelle qui déclenche le mouvement, les acheteurs paniqués cèdent leurs titres, leurs stops se déclenchent, ils coupent tout ce qu'ils peuvent tandis que les vendeurs qui ont rongé leur frein regardent leurs gains s'accumuler. C'est une tendance de stress paroxystique comme les marchés en ont déclenché durant la crise de 2008 puis de 2011. Dans ces moments-là, il s'agit de savoir, et de pouvoir (le calme est donc indispensable) rester maître de ses émotions et de ne surtout pas céder à la peur ou à l'euphorie comme les autres. La gestion des émotions devient essentielle pour ne pas sombrer comme les autres, que l'on soit dans le bon ou le mauvais sens, il faut pouvoir agir avec calme et lucidité, comme toujours sur les marchés. Les émotions sont rarement de bons conseillers financiers.

Investir sur les tendances impulsives

Il est difficile psychologiquement d'entrer sur de telles phases de marché. Techniquement, il faut savoir les anticiper sinon cela va devenir très compliqué. Il faut donc apprendre à repérer les signaux précurseurs – il n'en manque pas –, ou chercher à capturer le mouvement sur les unités de temps inférieures. Le trader qui a pu ouvrir une position doit en profiter en accompagnant le mouvement. Il s'agit de vite reconnaître la tendance impulsive afin de ne pas en sortir trop précipitamment. Le marché ne nous offrant pas toujours de cadeaux, il est bon d'en profiter quand ceux-ci arrivent. Ce type de tendance se déclenche généralement après une baisse de la volatilité caractérisée par un resserrement des bandes de Bollinger. Si la sortie en cassure se déclenche par un marubozu, une alerte doit résonner. Dans la troisième partie, l'une des stratégies détaillées, le SHMO, donne souvent l'occasion de prendre part à une tendance impulsive dès son déclenchement.

Dans tous les cas (ou presque !), cette typologie de tendance ne sera jamais contrée. Les rares cas où l'on peut se permettre de s'y opposer sont les cas analysés de fin de cycle sur l'unité de temps de maturité lorsque la tendance impulsive se présentera sur l'unité de temps principale. Il sera alors utilisé une stratégie contrariennes de type climax (aussi détaillée dans la troisième partie), mais dans tous les cas, ce type d'intervention est à réserver aux intervenants de marché aguerris, expérimentés et totalement maîtres de leurs émotions.

Une tendance impulsive, qui ne dure que quelques périodes, décale souvent suffisamment le marché pour impulser un large et profond mouvement de tendance soutenue. C'est pour cette raison qu'il faut éviter de s'y opposer sauf dans le cas précis énoncé.

Mise en garde : l'erreur à ne pas commettre !

Le marché a toujours raison. Vous le savez, on vous l'a dit, nous vous le répéterons. Et pourtant, combien de fois avons-nous entendu : « Le marché est trop monté, je shorte » ou « Ils sont fous de baisser autant, j'achète ! ». Quand cette typologie de tendance s'enclenche, il ne faut jamais essayer de la contrer. Espérer un retracement est une erreur qui coûte en général très cher et plombe de manière profonde les comptes de trading. Les tendances impulsives sont le cauchemar des traders qui oublient leurs stops.

L'erreur classique sur ce type de vague provient de ceux qui essaient de la contrer en estimant que le marché a trop monté ou trop baissé, ce qui est juste un non-sens et une attitude à bannir définitivement. Comme généralement, ce type d'erreur est le fait de traders qui ne vont pas utiliser les stops (on se contente rarement d'une seule erreur), les dégâts pourront être considérables. La paralysie, ajoutée à l'effet aspirant de la vague, laisse tétanisés la plupart des traders.

L'absence de tendance : les phases d'équilibre

> Un marché en zone de congestion, ou en trading range, est un marché qui fluctue dans un étroit couloir, borné entre deux niveaux ou zones de prix, support et résistance. Aucune tendance marquée, haussière ou baissière, ne se dégage sur l'unité de temps principale. L'entrée en phase de trading range se caractérise notamment par l'aplatissement des moyennes mobiles, d'abord courtes puis longues.

L'absence de tendance caractérise l'état principal des marchés, souvent plus de 65 %. Tendances et périodes de neutralité alternent donc sur les marchés à un rythme différent selon les périodes et, bien évidemment, selon les unités de temps. Il faut donc déterminer les actions à accomplir durant ces phases de marché, mais aussi les comportements et les opérations qu'il faudra éviter.

Psychologie du marché

Une zone de congestion marque un équilibre entre acheteurs et vendeurs. Les convictions des intervenants ne les poussent plus à prendre de risque dans un sens ou dans l'autre. La zone de prix balayée leur convient dans l'attente de nouvelles macro ou micro-économiques, ou d'éléments techniques, susceptibles de leur faire réévaluer la situation.

Graphique 7.4. CAC 40 – Données 15 minutes

Une tendance haussière alterne entre des phases de tendances soutenues, de tendances impulsives et des zones de congestion (les encadrés dans le graphe ci-dessus). Sur le graphique du CAC 40, les périodes directionnelles sont relativement brèves, quelques chandeliers qui propulsent les cours d'une zone de neutralité à une autre.

En pratique

Comprendre les mouvements d'alternance est important dans la gestion de position des stratégies mais aussi dans la préparation mentale nécessaire à la réussite. Le marché fluctue en fonction du déséquilibre entre l'offre et la demande. Et à l'exception du bruit de marché, il passe la majorité de son temps en zone d'équilibre. Les zones de déséquilibres, les tendances ne sont que des phases relativement brèves. En revanche, la recherche des phases directionnelles relève d'une nécessité et d'un constat : leur capacité à générer le maximum de profits en un minimum de temps.

Parmi les périodes d'équilibre marquées, il existe des phases particulières que l'on retrouvera classiquement à la suite d'une tendance à maturité avancée, souvent lorsque l'évidence apparaît à tous que plus rien ne peut arrêter le mouvement en cours : ce sont les zones de distribution, après une phase haussière, et les zones d'accumulation, après une phase directionnelle baissière. Le concept a déjà été abordé avec la théorie de Dow.

Accumulation

> Une phase d'accumulation est une zone de prix en trading range, une zone de congestion de basse volatilité, qui succède à une tendance baissière avancée, arrivée à maturité.

Psychologie du marché

Les nouvelles restent mauvaises. La peur pousse les « mains faibles » à penser que la tendance qui sortira de cette zone sera baissière. Comment pourrait-il en être autrement alors que « tout va mal » ? Leurs yeux ne peuvent voir que le côté gauche du graphique, celui de la baisse précédente, et leurs oreilles n'entendent que les mauvaises nouvelles qui se succèdent dans les médias. Leur psychologie reste désespérément contaminée par ce qui s'est passé, ils ne peuvent envisager leurs actions que dans ce sens-là. Pourtant, malgré la pression vendeuse toujours présente, la tendance baissière est stoppée. Les cours se stabilisent au sein d'une zone de congestion, sans tendance. Les moyennes mobiles s'aplatissent les unes après les autres. Les vendeurs rencontrent donc des acheteurs sur la zone. Un nouvel équilibre est en train de se créer.

La tendance se retourne à la hausse lorsque les vendeurs ont achevé de vendre tout ce qu'ils avaient encore dans leurs portefeuilles. Il n'est même pas nécessaire qu'un flux d'acheteurs se présente. L'absence de vendeurs suffit. Un nouveau déséquilibre apparaît en faveur des acheteurs. Les prix remontent presque mécaniquement. La hausse intrigue dans un premier temps, puis attire. Une nouvelle phase, un nouveau cycle de marché, se met en place. Le marché s'est retourné. La tendance haussière peut se développer en attirant au fur et à mesure les acheteurs.

Distribution

> Une phase de distribution est une phase d'équilibre, une phase de congestion plus ou moins longue, qui suit une phase directionnelle haussière affirmée et arrivée à maturité.

Psychologie du marché

La plupart des opérateurs ne voient que la prochaine vague de hausse. La seule préoccupation des intervenants semble être la prochaine cible haussière. Pourtant, après une dernière accélération, le marché s'installe en zone de congestion. Malgré le flux toujours positif de nouvelles, les cours stagnent. Les opérateurs qui sont entrés les premiers sur la tendance haussière allègent leurs positions. Ils vendent à chaque tentative de nouveau haut, bloquant la progression et contribuant à l'installation d'un nouvel équilibre. Les plus timorés profitent enfin de la phase d'équilibre pour acheter, rassurés par la hausse qu'ils lisent sur le côté gauche de leurs graphiques. Ils n'osaient pas acheter en bas, maintenant ils osent, frustrés par les gains non captés, par le manque à gagner, par les titres des journaux ou les annonces sur les réseaux sociaux. Généralement, cette phase est accompagnée d'une hausse des volumes sans incidence haussière sur les prix.

La tendance se retourne lorsque les premiers acheteurs ont fini de distribuer leur papier. Le marché tombe alors de lui-même. Aucune impulsion n'est nécessaire. Si les acheteurs ne sont plus présents, le marché est subitement trop « cher ». Son prix d'équilibre se situe plus bas.

> **L'essentiel**
>
> En plus de définir si le marché est directionnel ou pas, il faut être capable de distinguer les tendances simples, les tendances soutenues ou les tendances impulsives.
>
> Chaque typologie de tendance implique des actions différentes et ne peut pas être abordée de la même manière.
>
> L'absence de tendance, qui représente plus de la majorité du temps, obéit aussi à des règles et des actions spécifiques.

Trader les zones de congestion sur les futures et les CFD

Les zones de congestion sont des zones d'équilibre entre acheteurs et vendeurs, des zones où il est possible de traiter les deux systèmes de trading : suivi de tendance (« trend following ») et retour à la moyenne (« mean reversal »).

Graphiquement, nous avons vu qu'une zone de congestion est marquée par une dérive latérale des prix. Les moyennes mobiles se sont aplaties et ne sont plus alignées de la plus courte vers la plus longue en tendance haussière ou de la plus longue vers la plus courte en tendance baissière. Les bandes de Bollinger ont convergé et s'inscrivent à plat, sans direction marquée, en phase I.

Dès que l'on a repéré ce type de configuration sur l'unité de temps principale, on doit savoir ranger de côté les outils de suivi de tendance et les stratégies qui vont avec. On pourra encore les utiliser, éventuellement, sur l'unité de temps mineure (timing), à condition d'ajuster correctement les objectifs en fonction des niveaux de supports et résistances marqués par les prix. Dans ce type de configuration, l'intervenant de marché doit d'abord se concentrer sur les zones extrêmes pour y repérer des signaux de retournement. C'est la stratégie classique d'achat de support et de vente de résistances.

Achat support et vente de résistance

Stratégies

La règle générale est la suivante : dès que les zones de résistance et de support sont identifiées, le trader vendra la résistance et achètera le support.

Plusieurs cas sont à préciser :

- En l'absence de configuration de retournement sur l'unité de temps majeure, la tendance est supposée se poursuivre. Dans ce cas, en tendance haussière (inversement baissière), on achètera les supports (inversement, on vendra les résistances). Inutile en effet de jouer un retournement sur résistance alors que l'on attend au bout de plusieurs contacts une cassure par le haut (inversement par le bas).

- En l'absence de signaux clairs, épuisement de la tendance sur l'unité de temps principale mais sans signaux de retournement, et rien sur l'unité de temps majeure, on travaillera dans les deux sens, achat support et vente de résistance, en portant une attention toute particulière aux entrées.

- Si une configuration de retournement apparaît sur l'unité de temps majeure, l'intervenant se focalisera sur la vente des résistances en tendance haussière, et sur l'achat des supports en tendance baissière. Nous rappelons les outils qui permettent de juger de la maturité d'une tendance : les configurations graphiques, les divergences sur les indicateurs techniques, des niveaux de support et résistances sur les degrés de temps supérieurs, les extensions de vagues, un cycle complet sur l'unité de temps majeure.

Dès lors qu'une zone de congestion est identifiée, l'opérateur doit clairement identifier le sens de la tendance qui précède, et surtout déterminer sa maturité. En fonction de son analyse, il décidera d'intervenir principalement dans le sens de la tendance précédente ou, à l'inverse, de jouer le retournement de tendance.

Gestion des positions

L'objectif du trader dans une zone de congestion est de capturer une partie, la plus large possible, de la zone balayée par les prix. Après avoir ouvert une position à l'achat (sur une tendance haussière précédente), à proximité du support, il soldera une position à l'approche de la résistance. Et inversement en tendance baissière.

Plusieurs cas doivent être précisés.

- Sans une alerte précise sur la pérennité de la tendance précédente, l'intervenant doit considérer que la zone de consolidation n'est qu'une étape d'hésitation, une pause, avant que les acheteurs (respectivement les vendeurs) ne reprennent le contrôle du marché. Dans ce cas, la zone de consolidation analysée, l'approche d'une résistance (inversement support) ne fera l'objet que d'une prise de bénéfices partielle des positions achetées (inversement vendues à découvert) sur le support (inversement sur la résistance). Le pourcentage de la position à alléger sera ajusté en fonction de chaque stratégie et du scénario de déroulement de la zone de congestion.

- Sans signaux clairs, l'intervenant soldera la totalité de sa position sur la résistance (inversement le support), ce qu'il aura acheté (inversement vendu) sur le support (inversement résistance). Dans le doute, il ne faut jamais hésiter sur la conduite à tenir.

- En présence d'une configuration de retournement sur l'unité de temps de maturité, l'intervenant doit considérer que la résistance (inversement support) dans le cadre d'une tendance haussière (inversement baissière) peut être un haut de cycle. Il pourra donc travailler dans les deux sens, ou couvrir une partie de ses prises de positions sur d'autres produits (options, futures et CFD) pour jouer le retournement en position trading. À l'approche du support (inversement de la résistance), il optera pour une prise de bénéfices partielle des positions vendues à découvert (inversement achetées). Il ajustera son allégement en fonction de chaque stratégie et du déroulement de la zone de congestion. L'objectif étant de jouer la cassure du range en étant déjà en position.

Dans le cadre d'un allégement de position sur un premier objectif, le trader ou l'investisseur réalise une triple opération bénéficiaire pour lui dans le cadre de sa formation, de son apprentissage, et aussi pour son trading.

- Une fois la position allégée, le risque a été fortement réduit. Un allégement de 1/3 de position divise le risque par 2. Les risques sur le capital ont été considérablement allégés.

- Psychologiquement, le trader apprend à tenir une position puisque le « fardeau » de sa détention s'en trouve soudain agréablement allégé. Il apprend aussi à laisser le marché se charger de sa position, son travail est terminé, analyse, ouverture de position, gestion du risque, le reste ne dépend plus de lui mais de la seule marche au hasard du marché. Il développe les bonnes attitudes mentales tout en soignant ses interventions sur le marché.

- Enfin, s'il est important de soigner son taux de réussite, il faut détenir dans son portefeuille de gain des opérations fortement rentables. Et une sortie de zone de consolidation est susceptible de dégager une opération avec un ratio risk/reward remarquable. Avec l'expérience, le trader et l'investisseur doivent apprendre à détecter ces zones et ne pas hésiter à renforcer des positions déjà gagnantes sur des sorties impulsives de zones de congestion.

Un mental à forger

Durant ces phases de marché, beaucoup de traders éprouvent de la difficulté à gérer l'attente. Leur patience est soumise à rude épreuve. Ils décryptent, presque malgré eux, chaque oscillation des prix comme un démarrage de tendance. Nerveux et agacés, dans un marché en consolidation, en congestion, ils n'adaptent pas leur psychologie à celle du marché ni l'équilibre et la sérénité sur le niveau des prix. Du coup, ils agissent souvent à l'inverse du comportement adéquat. Ils anticipent les cassures sous l'effet du stress et de la tension, à cause de la peur d'entrer trop tard sur le marché. Ils achètent sous les résistances et vendent les supports. Ils recherchent un déséquilibre inexistant dans une zone d'équilibre.

Le trader patient a accordé son état d'esprit avec celui du marché. Sérénité, calme et concentration dans l'attente d'une sortie, d'un déséquilibre nouveau qui fera naître une tendance et permettra aux forces de marché d'extraire les prix de leur zone de congestion. En attendant, il gère ses positions dans la zone d'équilibre selon les règles fixées.

En pratique

Une zone de congestion est une configuration qui offre de nombreuses opportunités d'intervention. Nichée au sein d'un cycle non achevé, il faudra anticiper une reprise de la tendance précédente en ouvrant des positions dans le même sens, et en les sécurisant à l'approche de l'autre extrémité de la congestion. Ces zones offrent à la fois des taux de réussite élevés et des risk/reward importants. Et, ce qui n'est pas négligeable, le débutant apprendra à gérer des positions et à se forger un mental adéquat. Dans un cycle épuisé, les zones d'accumulation ou de distribution offrent de jolis points d'entrées pour capturer un retournement de tendance. Une fois la position sécurisée, le trader pourra laisser filer la nouvelle tendance. Il a déjà encaissé un gain et ne risque plus rien sur la position en cours. Il apprend ainsi à tenir ses positions et à gérer son risque.

Les cassures

Le break-out est une cassure haussière d'une résistance, le break-down est une cassure baissière d'un support.

Le déclenchement d'une cassure sur le côté droit de l'écran, en temps réel, est moins facile à analyser qu'à posteriori. Il est souvent difficile d'apprécier sa validité. Après coup, analyser une cassure, sa conformité... et son résultat déjà apparent, n'est pas bien compliqué. Mais c'est... après-coup comme toujours. La difficulté réside justement dans une analyse de critères suffisamment rapide et pertinente pour autoriser une prise de décision en temps réel, comprenant tous les paramètres (allocation, stops et objectifs). Sans préparation, sans arguments techniques précis qui laissent les émotions de côté, saisir un mouvement de cassure devient très compliqué, souvent aléatoire, et donc peu ou pas rentable au final. Tout le travail de préparation consistera donc à établir des règles d'entrée précises puis, comme toujours, de les appliquer avec rigueur et discipline.

Si le travail de préparation est un long processus de réflexion, de backtesting et de mécanisation, l'action doit uniquement résulter d'un constat froid, purement objectif : les critères de validité d'ouverture d'une position étant établis, il convient d'ouvrir la position. Sans cet effort préalable, trader ou investisseur, l'intervenant de marché, ne réussira jamais à installer une routine (comme un athlète performant) qui le place dans un climat de confiance, de sérénité et de calme, face aux soubresauts parfois erratiques du marché. Le hasard ne peut avoir sa place dans la détermination d'un timing d'entrée.

L'exigence de critères objectifs dans les prises de position implique de laisser des mouvements directionnels se réaliser sans nous. Mais il faut l'accepter car il est important de travailler dans un cadre rigoureux. Un trader applique avec discipline et répétition des stratégies, sans se soucier de mouvements qu'il ne peut pas capturer. Un trader n'est pas un joueur. Un trader ne lance pas une pièce en l'air en espérant la voir retomber du côté qui lui convient le mieux. Un trader lancera la pièce en l'air lorsqu'il estimera que la probabilité de la voir retomber du côté souhaité est en sa faveur.

Mon expérience : à mes débuts...

J'ai aussi connu, à mes débuts, ce travers d'être pertinent en analyse à posteriori et de me retrouver en train de gratouiller de longues secondes le ventre de ma souris avant de me décider à cliquer.

Le marché offre tous les jours des dizaines d'opportunités. Je sais que je ne dois en saisir que deux ou trois. Donc je vais en rater beaucoup plus que je ne vais en saisir. C'est ainsi. Et je suis d'autant plus strict et rigoureux sur les critères d'entrée. J'essaie toujours de le faire comprendre aux traders débutants ou aux traders qui éprouvent des difficultés à être réguliers.

Règles de cassures

Les cassures sont à la base des systèmes de trading les plus simples. Pourtant, il reste très difficile de gagner simplement avec une entrée basique de type cassure si l'on n'applique pas des règles précises. Popularisé dans les années 1980 grâce au succès des « tortues », il faut adapter ses systèmes de trading, à base de cassure, aux cycles du marché et aux typologies de tendance si l'on veut les voir performer de manière régulière. L'emplacement de la cassure par rapport aux zones de valeurs devra aussi être pris en compte dans le filtrage des signaux d'entrées.

Les règles suivantes maximisent les probabilités de gagner. Elles limitent astucieusement le nombre de faux signaux et obligent à un apprentissage de la rigueur. En plus de valider efficacement les signaux d'entrées, apprendre à réduire les faux signaux pour augmenter son taux d'opérations gagnantes est un souci constant :

- la cassure n'est validée qu'en clôture de chandelier sur l'unité de temps de timing ;
- les volumes montrent une hausse significative de la participation qu'on systématisera pour chaque stratégie et chaque unité de temps ;
- le niveau de pénétration doit être significatif ;
- la clôture est proche de l'extrémité du chandelier.

La cassure n'est validée qu'après la clôture du chandelier sur l'unité de temps de timing

La cassure d'un niveau, d'une ligne de tendance, d'une configuration chartiste ou d'une moyenne mobile, ne sera acceptée qu'en fin de chandelier. Anticiper la cassure sans attendre la confirmation de clôture est une erreur dans la plupart des cas. Le test de la zone peut n'être qu'un test épidermique, juste avant un retournement pour piéger les chasseurs de cassures. C'est d'ailleurs souvent le cas lorsque les tendances de degré supérieur ne sont pas alignées. La précipitation est signe d'impatience, de peur de rater le mouvement. C'est un biais psychologique à corriger. Ouvrir une position sans attendre la validation n'est pas une optimisation mais un manque de rigueur. Il faut suivre une méthode d'investissement qui ne laisse jamais les émotions dicter la conduite de ses opérations. La patience doit aller de pair avec la réactivité, dès que le signal a été enclenché. Il faut savoir agir, juste à ce moment-là, pas avant, ni après.

Beaucoup de pertes chez les débutants découlent d'opérations émotion-nelles. C'est un travail que nous pratiquons avec tous les participants à nos formations. Un trader professionnel guette son timing d'entrée. Il l'at-tend. Prêt à cliquer ! Le chapitre sur les zones de valeur ouvre la voie à un trading efficace qui limitera au maximum les réactions émotionnelles en définissant un cadre d'intervention rigoureux.

Une hausse significative de la participation

Une augmentation sensible des volumes et de l'amplitude, caractéristique d'une hausse de la participation, doit confirmer la cassure. La difficulté à lire les volumes se retrouve avec les produits comme les CFD et le Forex, où ils sont absents et poussent les chasseurs de cassure à agir sans règles. Parfois, la hausse des volumes peut signifier un nettoyage de stops et déboucher sur une fausse cassure, un bull trap ou un bear trap.

Un niveau de pénétration de la zone support ou résistance significatif

Le niveau de pénétration après la cassure marque la puissance de ceux qui viennent de remporter la bataille. En effet, plus les opérateurs ont réussi à pousser leur avantage, plus la cassure trouve de la légitimité et de l'in-térêt. Une telle cassure est un élément encourageant pour la poursuite du mouvement. Comme précédemment, il convient cependant de se méfier tant que la clôture n'a pas validé la cassure. En effet, dans les phases de panique, haussière ou baissière, il est courant de voir des mouvements paroxystiques en fausse cassure.

Une clôture proche de l'extrémité du chandelier

La clôture doit être proche des plus hauts pour une cassure haussière et proche des plus bas pour une cassure baissière.

Une clôture en repli marque l'incapacité des opérateurs à confirmer l'ac-tion des prix sur l'unité de temps de timing. La pénétration a pu simple-ment être le fait des stops de protection qui se sont activés. Une clôture située à l'extrémité ou proche de l'extrémité du chandelier marque la force du déséquilibre et est susceptible d'entraîner les opérateurs récalci-trants dans le mouvement naissant. À l'inverse, une clôture en milieu de chandelier incitera certains opérateurs à tenter de contrer le mouvement naissant. La clôture devra donc s'effectuer dans les 20 % de l'extrême du chandelier.

Portait de trader : Jérôme, trader de cassures

Jérôme réussissait très bien durant les phases de tendance et peinait à sortir un résultat positif sur les marchés en trading range. Un jour, nous nous sommes retrouvés ensemble à trader à mon bureau. En fin de journée, il affichait un compteur salement rouge. Je m'étais abstenu de commentaires durant la journée. Je trouve qu'il n'y a rien de plus désagréable que de contrarier un trader qui prend des positions. Inutile de lui dire ce que je ferais. C'est contraire à toute forme d'humilité et très souvent improductif. Mais en fin de journée, nous nous sommes mis à discuter tranquillement. Et pas à pas, je l'ai amené à réétudier ses trades. Quatre fois, il était entré sans attendre que la cassure soit effective, soit un gain de 11 points, pour trois pertes de 15 points. Je lui ai réexpliqué les règles d'entrée sur cassure de notre méthode. Je lui demandais pourquoi il ne sortait pas après l'invalidation de la cassure. Il voulait respecter son plan à la lettre. Il ne modifiait jamais son stop (ça peut se comprendre, mais le stop est là pour protéger et quand le marché invalide le scénario, mieux vaut couper sa position). En suivant les règles de cassure, il n'aurait ouvert que deux trades et aurait quand même été perdant (quand un marché est en zone de congestion, vous ne ferez pas de miracles avec les stratégies de cassure), mais de seulement 4 points contre 34. Il a vite compris que les quelques points qu'il voulait voler au marché lui coûtaient cher. Depuis, il continue son style de trading essentiellement fondé sur les cassures, mais il a nettement amélioré ses périodes noires. Et même ses périodes fastes lorsque les tendances se déclenchent plus facilement. Tout ça en filtrant simplement les faux signaux. Filtrer les faux signaux est essentiel pour le trader qui souhaite progresser.

L'essentiel

Les zones de congestion concentrent l'essentiel des fluctuations du marché. Les tendances évoluent d'une zone de congestion à une autre. Un trader doit travailler avec rigueur et discipline à partir de critères objectifs.

Un trader ne cherche pas à capturer tous les mouvements de marché, il opère uniquement à partir de stratégies étudiées et efficaces. Il a appris à éviter les opérations à faible probabilité de gain, et les zones de congestion en font partie.

Un trader s'intéresse principalement aux cassures haussières sur un marché en tendance haussière.

Un trader s'intéresse principalement aux cassures baissières sur un marché en tendance baissière.

Les cassures ne seront validées que sur des critères objectifs de clôture, de participation, de pénétration de niveau et d'amplitude.

Le MACD

> Le Moving Average Convergence Divergence (MACD) est un indicateur de suivi de tendance créé par Gerald Appel dans les années 1970. C'est un indicateur non borné qui norme l'écart entre deux moyennes mobiles. La deuxième courbe, la ligne de signal, est la moyenne mobile exponentielle du MACD. Il fluctue autour de la ligne d'équilibre, le niveau 0.
>
> MACD = MME12 – MME26
>
> Signal = MME9 (MACD)
>
> Histogramme = MACD – Signal

Interprétation théorique

- Le croisement du MACD vers le haut avec sa ligne de signal déclenche un signal d'achat.

- Le croisement du MACD vers le bas avec sa ligne de signal déclenche un signal de vente.

- L'écart croissant ou décroissant entre le MACD et la ligne de signal montre la force de la tendance. Il peut être représenté sous forme d'histogramme.

En l'absence de mouvement directionnel affirmé, le taux de faux signaux est trop important pour justifier l'utilisation du MACD. Sa construction, sur la base de moyennes mobiles, donne des signaux en retard sur les tendances trop courtes et sur les marchés erratiques.

L'interprétation usuelle d'un indicateur est souvent théorique. Dans la pratique, elle doit toujours être replacée dans un contexte de marché spécifique, au niveau des cycles de marché et des échelles de temps, et venir aider à une convergence de signaux. Pour parvenir à une utilisation pratique, il faut donc aller plus loin qu'une simple interprétation théorique. L'ajout d'un certain nombre de règles de contexte permet d'insérer le MACD concrètement dans un système de trading global.

Utilisation pratique et premiers éléments de filtrage

- Sur un marché directionnel, le croisement du MACD sur l'unité de temps de timing (UTT), à la hausse, avec sa ligne de signal, déclenche un signal d'achat si le MACD, sur l'unité de temps principale (UTP), est positif.

- Sur un marché directionnel, le croisement du MACD sur l'unité de temps de timing (UTT), à la baisse, avec sa ligne de signal, déclenche un signal de vente si le MACD, sur l'unité de temps principale (UTP), est négatif.

- Sur les marchés non directionnels, le MACD sera utilisé uniquement pour repérer les divergences entre les cours et l'indicateur, en complément avec le RSI.

- Le MACD servira de validation pour les divergences en combinaison avec le RSI.

- Les marchés directionnels et non directionnels seront validés par l'indicateur S-Trend (explicité dans la troisième partie) et une analyse des moyennes mobiles.

- Les signaux de croisement haussier ne seront utilisés que s'ils sont situés au-dessus de la ligne d'équilibre. Inversement, les signaux de croisement baissier ne seront utilisés que s'ils sont situés sous la ligne d'équilibre.

La mise en place de premiers filtres pose la première pierre d'un système de trading basique potentiel. D'autres critères pourront, et devront, être ajoutés, mais quelques règles cohérentes et rigoureuses permettent de transformer une interprétation théorique usuelle en utilisation concrète.

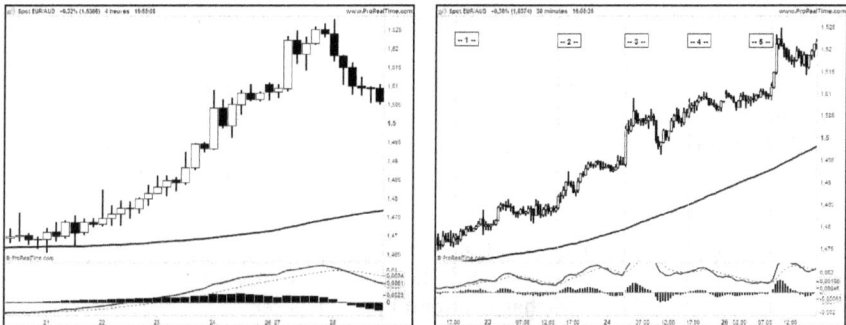

Graphique 7.5. EURAUD – Données 4 heures (à gauche) et 30 minutes (à droite)

Sur un marché en tendance haussière, l'EURAUD a gagné plus de 400 pips sur cette vague (le signal de départ et l'objectif sur 1.52 avaient été donné sur www.bpdtrading.com). Le croisement du MACD de l'unité de temps inférieure, au-dessus de la ligne d'équilibre, permet de prendre de bons signaux d'achat. Le zoom sur l'histogramme du MACD facilite la lecture. Il faut au préalable avoir déterminé la force de la tendance et un objectif éventuel, comme nous avions pu le faire. On peut noter cinq croisements gagnants. Plus qu'un signal d'entrée en position, le MACD permet aussi et surtout de renforcer des positions déjà ouvertes sur de nouvelles accélérations de tendance.

Le RSI

Le Relative Strenght Index (RSI) de J. W. Wilder a été présenté pour la première fois dans son livre *New concepts in technical trading systems*, en 1978. C'est un oscillateur de momentum borné qui mesure l'évolution des prix d'un sous-jacent sur une période donnée. Par défaut, le nombre de périodes 14 est utilisé. Il sera ajusté en fonction de trois critères : l'historique de l'actif étudié, la typologie de la tendance et la volatilité.

Il se calcule ainsi :

RSI = 100 – (100/(1+RS))

Où RS = la moyenne des clôtures haussières sur X périodes / moyenne des clôtures baissières sur X périodes.

Il fluctue entre 0 et 100. Il monte et tend vers 100 lorsque la tendance est haussière. Il tend vers 0 lorsque la tendance est baissière. Le niveau de 50 est un marqueur de zone de neutralité. Pour un choix classique de 14 périodes, deux lignes horizontales seront tracées : une de surachat à 70 et une de survente à 30. Plus la période choisie sera courte et plus les zones de surachat et de survente seront élargies. Par exemple, pour un RSI à 5 périodes les niveaux de surachat et de survente passeront à 90 et à 10.

Le RSI est classiquement utilisé en tant qu'oscillateur pour définir les niveaux de surachat et les niveaux de survente dans les marchés non directionnels. Sur un marché en tendance, la construction du RSI offre aussi une lecture pertinente du mouvement des prix, rarement mise en avant.

Dans une tendance haussière (baissière) marquée, le RSI s'inscrira durablement au-dessus (au-dessous) de la zone d'équilibre des 50 et passera souvent en zone de surachat (survente) sans générer des flux de marché vendeurs (acheteurs). C'est aussi un moyen, à priori contre-intuitif, de décrypter la force d'une tendance à partir d'un oscillateur censé pourtant être uniquement utilisé sur les marchés non directionnels.

Le RSI sera aussi utilisé pour mettre en évidence des divergences de comportement entre les cours et l'oscillateur et avertir ainsi de l'épuisement possible d'une tendance.

Enfin, il sera possible dans certaines conditions d'utiliser les outils de l'analyse graphique (supports et résistances, lignes de tendances, configurations de retournement...) directement sur le RSI pour anticiper ou valider une accélération de la tendance ou un retournement des prix.

Interprétation classique

- Le niveau de surachat à 70 marque une alerte sur le mouvement haussier ;
- Le niveau de survente à 30 marque une alerte sur le mouvement baissier.
- Le niveau des 50 marque le point d'équilibre du marché, la zone de neutralité entre les acheteurs et les vendeurs, sur un marché non directionnel.
- Après un passage en zone de surachat (survente) la cassure de la ligne des 70 (des 30) donne un signal de vente short (d'achat).

Cet indicateur technique est certainement l'un des plus utilisés mais aussi l'un des plus méconnus. Essentiellement étudié sous l'angle surachat/survente, les traders débutants oublient, par facilité ou par absence de travail de fond, tout ce qu'il peut rapporter au trader et à l'investisseur.

Utilisation moderne et éléments de filtrage

Les points détaillés ci-dessous proviennent d'un travail quotidien d'études effectuées depuis maintenant plus de deux décennies, nous pourrions encore ajouter des utilisations mais nous nous limitons volontairement à trois : market timing, gestion de position et indicateur de tendance.

Market timing

En tendance haussière, après une consolidation des prix et un RSI qui arrive de la zone de surachat, il pourra servir de point d'achat. La zone d'intervention sera élargie entre 40 et 50. En tendance baissière, après une consolidation des prix et d'un RSI qui sort de la zone de survente, il pourra servir de point d'entrée short sur une zone de vente élargie entre 50 et 60. Autrement dit, en tendance baissière, tant que le RSI reste inférieur à 60, l'investisseur recherchera des signaux d'entrée pour reprendre pied sur la tendance baissière. Pour s'assurer de la validité des signaux, il faudra vérifier, en tendance haussière, que le RSI de l'unité de temps principale se situe lui aussi au-dessus de 50 (inversement en tendance baissière, on s'assurera que le RSI se situe sous les 50 sur la tendance principale).

Gestion de position

Les niveaux de survente et de surachat ne seront pas traités comme des points d'entrées. Ils seront utilisés, en gestion des positions ouvertes, comme des niveaux de prise de bénéfices ou d'ajustement des stops suiveurs. Les indicateurs sont trop souvent uniquement utilisés pour ouvrir des positions alors qu'ils sont très utiles pour gérer des positions ouvertes ou pour les clôturer.

Indicateur de tendance

Après une phase de consolidation, une lecture d'extrême surachat (survente) signale le lancement d'une tendance haussière (baissière) puissante et durable. Cette lecture de cet indicateur reste méconnue, peu ou pas utilisée à notre connaissance, et elle découle de nos propres recherches. Bien utilisée dans des stratégies de trading de type suivi de tendance, elle ouvre la voie à la détection des mouvements puissants. Le RSI est alors utilisé en tant qu'indicateur précurseur de force d'une tendance, et qui s'avére un outil d'une remarquable précision et d'une grande utilité.

En pratique

Comme tous les indicateurs, le RSI seul ne peut jamais être une raison suffisante pour ouvrir une position sur les marchés. Seule la convergence entre plusieurs indicateurs : niveaux de prix remarquables, configurations en chandeliers japonais, validation avec un autre indicateur, déclenchera la prise de position sur les marchés.

Graphique 7.6. DAX – Données 4 heures

En 1, après une zone de consolidation en triangle et une tendance puissante, le RSI inscrit une lecture extrême de surachat supérieure à 80. Une tendance puissante et durable est lancée. En 2, le passage sous les 50 ne signale pas une faiblesse en tendance haussière, mais bien une occasion d'entrer à l'achat sur un mouvement directionnel puissant. En 3, le niveau des 40 marque un point bas avant une reprise haussière. En 4, après une divergence baissière sur le RSI, la cassure simultanée de la zone des 40 et de la lecture la plus basse sur le RSI valide le retournement.

Ce graphique montre clairement que se contenter de la ligne d'équilibre des 50 génèrera trop de faux signaux pour être efficace à long terme. La ligne 50 n'est valable que sur les marchés sans tendance, elle doit absolument être élargie à une zone 40/50 en tendance haussière et 50/60 en tendance baissière pour présenter un intérêt concret afin d'éviter la multiplication de faux signaux de retournement. En plus des deux rebonds au-dessus de la ligne des 40, le RSI a donné au moins quatre autres signaux de rebond sur la zone des 40/50. Il est clairement un indicateur de timing possible sur des marchés directionnels. Sa cassure, même après une divergence, dans un marché précédemment en tendance, ne valide aucun retournement. Il faut attendre soit la cassure d'un creux précédent soit d'autres types de validation comme nous le verrons dans le chapitre détaillant le trading autour des divergences. Souvent, les traders et investisseurs débutants incriminent les indicateurs qu'ils utilisent – alors qu'ils les utilisent mal, ou d'une manière qui n'est plus utile aujourd'hui.

Graphique 7.7. TF1 – Données quotidiennes

Inscrit dans une zone de congestion ascendante, le titre TF1 trouve un support sur une ligne de tendance légèrement haussière. Le comportement du RSI doit attirer notre attention car il rebondit par trois fois sur la zone des 40. Lorsque, début août, le RSI casse sa ligne support, il précède le mouvement de cassure de la ligne de tendance sur les prix. Et lorsque les prix cassent enfin la ligne de tendance, on notera que le pullback sur cette ligne de tendance n'est pas reflété par un pullback identique sur le RSI. Ensuite, le titre TF1 perd plus de 10 % en quelques jours. Le RSI a permis d'anticiper cette cassure et cette baisse rapide du titre. Et avec quelques autres titres, c'est l'un des éléments de convergence qui nous avait poussé à l'époque à anticiper publiquement une baisse globale des marchés. Nous avions même signalé un événement de type krach de 1998, suivi d'un rapide rebond. À l'époque, peu de monde pariait sur une baisse rapide et violente des marchés, et encore moins sur un rebond quelques jours plus tard. Prélude à une baisse plus marquée.

En pratique

Des indications de surachat (survente) ne constituent jamais un signal de vente (d'achat). Un surachat (survente) servira en revanche à prendre des bénéfices éventuels sur des positions ouvertes et à ne pas ouvrir de nouvelles positions dans le sens de la tendance. En l'absence d'autres signaux d'épuisement de tendance, un surachat (survente) pourra marquer la force de la tendance, il sera alors intéressant de surveiller une phase de retracement, pour ouvrir une position dans le même sens.

Chapitre 8

L'analyse chartiste

Le chartisme ou l'analyse graphique est la partie de l'analyse technique qui étudie empiriquement les fluctuations des cours pour en déterminer l'évolution future.

L'analyse graphique met en lumière des niveaux remarquables horizontaux fixes (supports et résistances) et dynamiques (lignes de tendances et canaux). Elle permet aussi d'identifier des configurations graphiques de retournement de tendance (double creux et double top, épaule-tête-épaule, tasse avec anse, biseau...) ou des figures de continuation de tendance (triangle, fanion et drapeau).

L'étude du mouvement des prix a prouvé que la psychologie des acteurs de marché joue un rôle important dans la réalisation des scénarios. Si tous les intervenants repèrent une configuration et qu'ils la jouent en même temps, l'anticipation commune deviendra une réalité graphique, ce que l'on nomme une prophétie auto-réalisatrice. Cet argument a longtemps été soutenu par les zélateurs de l'analyse technique comme l'une des raisons de son succès grandissant. Mais il joue aujourd'hui aussi dans le camp adverse. Nombres de figures, trop connues, trop grand public, sont aujourd'hui détournées par les professionnels des marchés, par les algorithmes de stratégies complexes, qui en usent et en abusent pour piéger les débutants, notamment ceux qui se contentent du minimum de connaissances pour aborder les marchés.

En pratique

L'analyse chartiste doit rarement être utilisée seule pour valider une prise de décision. Elle doit être associée avec d'autres outils (statistiques, indicateurs techniques et mathématiques) pour former un ensemble convergent de signaux.

Encadrer le mouvement des prix

Les supports (S)

> Un support est un cours ou une zone de prix où la vague baissière s'interrompt. Les vendeurs ont trouvé des acheteurs en nombre suffisant pour arrêter le mouvement de baisse.

Un support significatif (nombre de contacts entre les prix et le niveau) est un support solide et une zone de rebond potentiel. La tendance baissière peut être stoppée et les cours peuvent rebondir. À l'inverse, plus le support est significatif, plus sa cassure sera considérée comme un signal fort.

Les supports trouvent généralement appui sur des niveaux antérieurs de forte participation des opérateurs. Autrement dit, surveiller les zones où les volumes échangés ont été particulièrement remarquables permet d'identifier les futures zones supports.

Les résistances (R)

> Une résistance est un cours ou une zone où la hausse marque un arrêt. Les acheteurs se heurtent à des vendeurs en nombre suffisant pour stopper le momentum haussier.

Une résistance significative (nombre de contacts entre les cours et le niveau) est une résistance solide, apte à renvoyer le marché dans une tendance baissière ou corrective. Plus la résistance est significative, plus sa cassure sera considérée comme un signal fort.

Plus les volumes au niveau de la résistance sont élevés, plus la zone de résistance est remarquable pour les opérateurs.

Renversement de polarité

Une fois le support cassé, une correction haussière, un retracement, pourra apparaître et le niveau de prix deviendra éventuellement résistance.

Une fois la résistance cassée, une correction baissière, un retracement, pourra apparaître et le niveau de prix deviendra éventuellement support.

En 1, le titre marque une première résistance, un point haut significatif. Il réussit à passer au-dessus après une rude bataille entre acheteurs et vendeurs, marquée dans la zone grisée. En 2 et en 3, la mémoire du marché joue son rôle. L'ancienne résistance est un point d'entrée idéal pour les

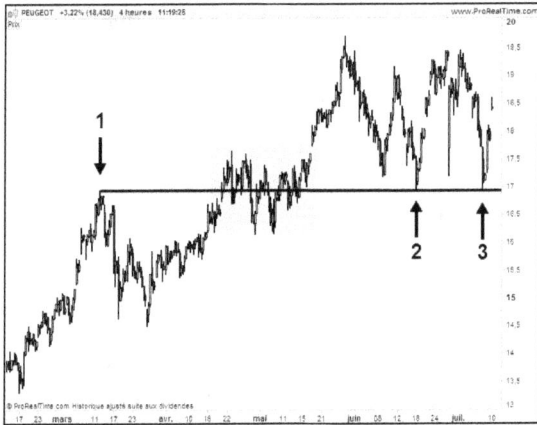

Graphique 8.1. Peugeot (UG) – Données 4 heures

acheteurs, la résistance est devenue support, c'est ce que l'on appelle l'inversion ou le renversement de polarité.

Les règles d'utilisation

Règle # 1 : un support est acheté sur les tendances haussières, une résistance est vendue sur les tendances baissières.

Règle # 2 : en tendance baissière, un support sera considéré comme devant être cassé. En tendance haussière, une résistance sera considérée comme devant être cassée.

Règle # 3 : un support qui soutient les prix à de multiples reprises en tendance baissière avancée peut marquer le début d'une zone d'accumulation, et peut avertir sur un changement de tendance à venir. Une résistance qui retient la hausse des cours à de multiples reprises peut marquer une phase de distribution et peut alerter sur un futur changement de tendance.

Règle # 4 : renversement de polarité. Dans une tendance baissière, la cassure d'un support suivi d'une correction haussière sous ce support marquera une résistance à ce niveau. Le support est devenu résistance. Dans une tendance haussière, la cassure d'une résistance suivie sera d'une correction baissière sur cette ancienne résistance devenue support.

Les lignes de tendance (TL)

La ligne de tendance est l'outil graphique le plus simple pour définir facilement et rapidement la tendance sous-jacente. En reliant au moins deux points bas ou au moins deux points hauts, la directionnalité du marché est immédiatement visible.

> Une ligne de tendance support (TLS) est une droite ascendante qui accompagne une succession de creux ascendants. La ligne est tracée à partir de deux points bas.
>
> Une ligne de tendance résistance (TLR) est une droite descendante qui accompagne une succession de sommets descendants. La ligne est tracée à partir de deux points hauts.

La cassure d'une ligne de tendance n'est pas un signal de retournement de la tendance. Les prix peuvent s'inscrire en zone de congestion, corriger faiblement, puis repartir dans le sens précédent la cassure. Une cassure d'une ligne de tendance indique une inflexion dans la vélocité de la tendance en cours, un changement de rythme. Selon sa maturité, et si d'autres éléments convergents apparaissent, un retournement de tendance devient envisageable.

En pratique

La cassure d'une ligne de tendance haussière sur l'unité de temps mineure dans une tendance baissière sur l'unité de temps principale, pourra être l'occasion d'ouvrir une position à la vente si d'autres éléments de convergence sont présents.

La règle est de toujours préférer les graphiques des marchés régulés que ceux des marchés non régulés. On préférera donc les tracés des graphiques des marchés cash ou futures aux CFD.

Il est préférable de tracer les lignes à partir des cours extrêmes de marché et pas seulement des niveaux de clôture, notamment pour les données quotidiennes. De nos jours, sur des marchés interconnectés, sur des marchés parfois ouvert vingt-quatre heures sur vingt-quatre comme certains CFD et le Forex, les niveaux de clôture perdent de leur importance au profit de l'amplitude balayée sur la journée, entre les deux extrêmes. Concernant le CAC, faut-il prendre sa clôture du CAC 40 cash à 17:30 ou celle de son future à 22:00, et comment fait-on avec le CFD CAC coté 24/24 ? Donc, selon les horaires et les produits utilisés, les lignes de tendance ne seront pas identiques pour tout le monde. Les horaires des contrats futures, des marchés spots et des CFD ne sont pas les mêmes. Il convient donc de vérifier les horaires d'ouverture des sous-jacents sur lesquels opère le trader pour ne pas se faire piéger par des lignes qui n'auraient que peu de signification pour les autres acteurs du marché. L'effet de masse, les effets auto-réalisateurs auront donc tendance à s'estomper selon les outils utilisés.

Graphique 8.2. Groupe Eurotunnel – Données quotidiennes

Les deux premières flèches servent à tracer la ligne de tendance. Sur la troisième, les prix viennent clairement chercher la ligne avant de rebondir rapidement. Lors de la cassure (cercle), il est rarement efficace de vendre sur ce seul élément. En revanche, un pullback proche de la ligne de tendance, support devenue résistance, et proche d'une ancienne résistance, est un excellent point d'entrée avec une invalidation (stop loss) proche et un potentiel de gain important.

> L'utilisation des lignes de tendances est d'abord une mise en perspective graphique, une indication claire du sens du marché, puis un outil d'alerte sur la possibilité d'un changement de tendance.

Les canaux

Un canal haussier est tracé à partir d'une ligne de tendance haussière (inversement baissière) en support. On trace alors la parallèle sur le haut (inversement bas) des prix. Les cours fluctuent entre une ligne de tendance support et une ligne de tendance résistance.

Sur les unités de temps très courtes, un canal présente un intérêt limité. En revanche, lorsque les cours évoluent dans un canal ascendant ou descendant sur des échelles de temps longues, les opportunités deviennent très intéressantes. Les bornes du canal offrent alors d'excellentes zones de retournement des prix. Et les unités de temps inférieures doivent permettre de trouver le timing d'entrée.

Graphique 8.3. Bund future – Données quotidiennes

Après avoir évolué au sein d'un canal ascendant puissant durant plus d'une année, la cassure franche du canal initie une correction majeure.

Graphique 8.4. FCE – Données 15 minutes

Dès le point 1, le canal est tracé, ce qui offre la possibilité d'ouvrir une position longue en 2. Le test du haut du canal qui suit est l'occasion d'encaisser tout ou partie des bénéfices (en fonction de la maturité de tendance sur les autres horizons de temps). Le point 3 est particulièrement intéressant. Les vendeurs à découvert jouent la cassure de la ligne de tendance support. Après 200 points de hausse en cinq jours, ils ne peuvent pas résister. Ce qui est une erreur. D'une part, la cassure n'est pas franche, ensuite, le support construit n'est ni retesté ni cassé. Dans ce cas, le trader professionnel attend toujours la confirmation de la sortie par une cassure validée du nouveau support. Ce qui ne se produit pas. D'ailleurs la hausse qui suit, impulsive jusqu'en 4, montre la panique des vendeurs pour racheter leurs positions. Piégés, ils alimentent la hausse. Un dernier sommet, qui échoue loin de la ligne de résistance du canal, résonne comme une alerte. Le piège aux vendeurs (bear trap) a fonctionné. N'est-il pas temps d'activer le piège aux acheteurs (bull trap) ? Le canal est devenu très (trop !) largement visible par tous. Ceux qui l'ont vendu en 3 commencent à croire que le marché ne baissera plus de sitôt. Ils vont se décider à l'acheter. La cassure du support 5 créée sous la ligne de tendance du canal valide la fin du canal. Un nouvel équilibre est en cours.

Stratégies et cibles de prix

Parmi ses atouts, l'analyse graphique offre un moyen simple, et toujours efficace dans les marchés modernes, de déterminer des objectifs de cours. L'analyse porte toujours sur le passé et le présent. En tant qu'investisseur et trader, seul l'avenir nous intéresse. Pour gagner de l'argent, il faut anticiper sur le mouvement à venir, le côté droit du graphique, celui qui n'est pas encore dessiné. Pouvoir déterminer une cible de prix est donc un atout considérable, et de toutes manières, un préalable indispensable à toute ouverture de position afin de calculer le ratio risk/reward.

La technique dite de « la balançoire » : le report d'amplitude

Cette technique basique, largement partagée et usitée, mais néanmoins efficace, permet de déterminer aisément un objectif à partir d'une cassure de support ou résistance, d'une cassure de ligne de tendance, en reportant l'amplitude (A) du mouvement précédent la cassure.

Cette technique de report d'amplitude est utilisée après une cassure de support ou de résistance d'une zone de congestion, mais aussi pour les phases dynamiques, lorsque les marchés évoluent en tendance au sein de canaux, ou supportés par des lignes de tendances.

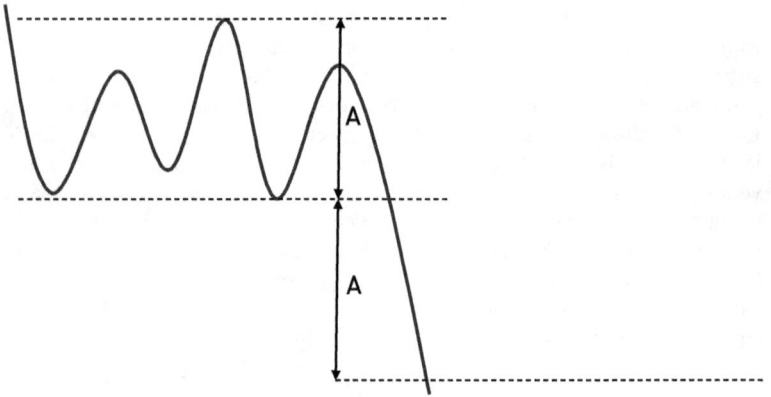

Graphique 8.5. Report d'amplitude d'après la technique de la balançoire

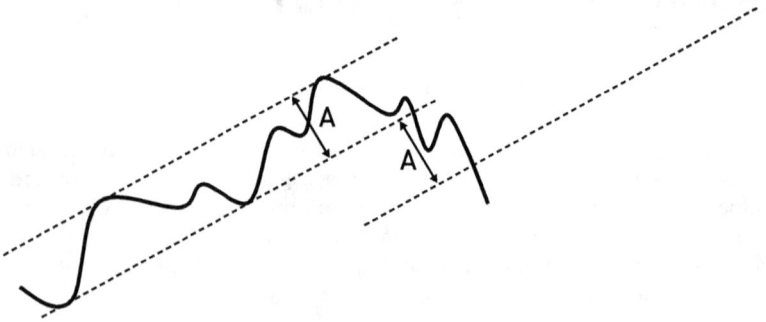

Graphique 8.6. Report d'amplitude selon la technique de la balançoire après une sortie de canal ascendant

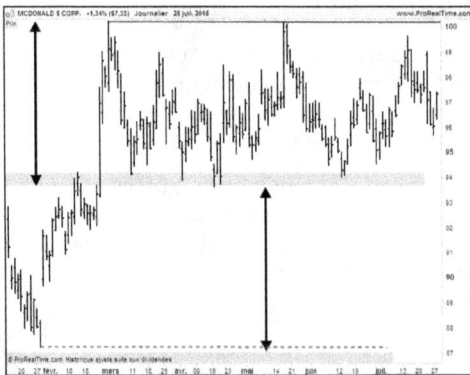

Graphique 8.7. McDonald's Corp. – Données quotidiennes

Le titre McDonald's s'extrait d'une zone de consolidation, coincée entre 87 et 93.50 et se dirige immédiatement sur la zone des 100 correspondant parfaitement au report d'amplitude de la vague précédente. Ensuite, la zone des 100 sert de résistance tandis que l'inversion de polarité joue parfaitement son rôle avec au moins quatre contacts sur l'ancienne résistance devenue support. Le titre s'inscrit ensuite dans un long trading range de plusieurs mois. La simple étude graphique support et résistance, inversion de polarité et report d'amplitude (technique de la balançoire) permet de comprendre le mouvement qui se joue et surtout d'en profiter, en intraday notamment.

En pratique

Cette technique simple est efficace et pédagogique pour les débutants. Elle permet d'acquérir rapidement les automatismes de détermination des cibles de prix avant l'ouverture de position. Elle oblige à une rigueur certaine dans le maintien des positions pour atteindre l'objectif fixé.

Double creux (double bottom) et double sommet (double top)

Le double creux est une figure de retournement haussier que l'on retrouve donc dans une tendance baissière. Le marché dessine deux creux, en forme de W. Le second creux marque un bas moins bas que le premier. Le sommet entre les deux creux est appelé la ligne de cou (LC).

Le double sommet est une figure de retournement baissière que l'on retrouve donc dans une tendance haussière. Le marché dessine deux sommets, en forme de M. Le second sommet marque un haut moins haut que le premier. Le sommet entre les deux sommets est appelé la ligne de cou (LC).

La durée entre les deux creux ou les deux sommets doit être relativement harmonieuse.

Le double sommet

La configuration est validée lorsque la ligne de cou est cassée. Il faudra tenir compte des règles de cassure telles que nous les avons explicitées. Une cassure valide doit toujours correspondre à des critères précis.

L'objectif théorique est calculé selon la technique de la balançoire en reportant l'amplitude entre le point haut du premier sommet et la ligne de cou. Pour établir plus une zone de prix qu'un niveau fixe, trop visible et souvent chassé par les algorithmes de trading, nous avons ajouté, depuis déjà plusieurs année, l'amplitude entre le second sommet et la ligne de cou. Une zone cible sera ainsi tracée, plus en phase avec la réalité des marchés modernes. Des objectifs de cours supplémentaires sont aussi tracés grâce aux niveaux de Fibonacci : 62 %, 138 % et 162 %. Cette méthode, développée pour des stratégies algorithmiques, a prouvé historiquement sa supériorité par rapport à l'usage classique et théorique. Elle permet d'encaisser une partie des bénéfices avant l'objectif connu de tous (100 %), et donc trop visible si le marché hésite sur le premier niveau, sur un nombre de chandeliers déterminés sur l'unité de temps de timing. Et, en cas de poursuite du mouvement de baisse dans le cadre d'un retournement de tendance de degré supérieur, des zones cibles de prix sont objectives pour étaler les prises de bénéfices et accompagner au maximum le mouvement.

Idéalement, la participation marquée par les volumes doit diminuer lors de la tendance baissière qui dessine le second creux. La cassure de la ligne de cou accompagnée d'une reprise significative du volume sera un argument de plus dans la validation de la figure. Une cassure de la ligne de cou par l'intermédiaire d'un gap (trou de cotations) est un critère de validation supplémentaire. Le gap dénote un changement de psychologie sur les marchés. Les gaps sont rares en intraday, sur les unités de temps courtes, mais ils apparaissent fréquemment sur les unités de temps quotidiennes.

Tout ce qui est présenté pour le double sommet est valable pour le double creux.

Intervenir

Les débutants devraient attendre la cassure de la ligne de cou pour ouvrir une position de vente. Le haut du second sommet ou une moyenne mobile intermédiaire pourra servir de stop de protection. Il est aussi possible d'attendre un éventuel retour (pullback) sur la ligne de cou pour prendre position, c'est un moyen de sécuriser le ratio risque/bénéfice mais en acceptant de voir le mouvement se développer rapidement, sans retour. Le test de la ligne de cou dépasse généralement les 65 % selon les actifs et selon les unités de temps. Le stop initial sera placé à 62 % de l'amplitude du second sommet.

Les traders expérimentés pourront entrer dès la confirmation de l'échec de second sommet sous le premier, sans attendre la cassure de la ligne de cou. Cette pratique plus risquée demande une certaine expérience des marchés et des signaux de timing spécifiques, mais elle offre l'opportunité d'entrer en position avec un stop beaucoup plus serré, et donc un potentiel de gain supérieur. Après la cassure de la ligne de cou, le stop pourra être ramené entre 50 et 62 % de l'amplitude du second sommet.

Éliminer les faux signaux

Un double creux est une figure de retournement. La tendance baissière précédant le double creux doit donc être significative. L'utilisation comme repère d'un RSI passé en dessous des 30 sur son unité de temps principale est un élément validant et entrant dans le cadre de la convergence recherchée avant toute prise de position.

Le second élément à regarder est la taille du rebond après la formation du premier creux. Ce rebond doit être significatif pour démontrer une première appétence des acheteurs à entrer sur le marché. On utilisera soit un pourcentage de retracement du mouvement de baisse, soit un test de la moyenne mobile 40. C'est un moyen objectif de ne pas voir des formations partout.

Cette configuration est la plus connue de toutes, même les traders qui n'ont qu'une faible connaissance de l'analyse technique la connaissent et l'utilisent. En conséquence, si après la cassure de la ligne de cou, l'objectif est frôlé mais n'est pas atteint, il convient de couper rapidement son opération ou de la sécuriser en plaçant le stop d'invalidation sur son entrée. La probabilité que le pullback (ou le throw-back dans le cas d'un double top) soit puissant et revienne au moins sur les derniers hauts est très forte.

Dans le cadre d'une tendance haussière sur l'unité de temps majeure, l'apparition d'un double creux sur l'unité de temps de timing sera un excellent point d'entrée. Dans ce cas, le double creux n'est plus une configuration de retournement mais un point d'entrée pour du suivi de tendance (trend following), avec des probabilités de réussite supérieures et des ratios risk/reward améliorés.

Graphique 8.8. FCE (CAC future) – Données en 4 heures

L'objectif du double sommet sur le CAC future est atteint au point près. Des prises de bénéfices partielles ou totales sont effectuées. Le retour, le pullback, sous la ligne de cou et l'inversion de polarité du support devenu résistance offre un nouveau signal d'entrée à faible risque. Le double top a marqué l'arrêt de la tendance haussière après une hausse de plus de 1 100 points (plus de 30 % en une année) et il déclenche une première tendance baissière de 400 points (700 au total).

Les variantes en Adam et Eve

Adam et Eve (ou Eve et Adam) est une variante des configurations en double creux et double sommet. Le creux en Adam (creux impulsif rapide en quelques chandeliers) précède le creux en Eve (creux lent, de forme rounding bottom). Ces figures sont rares mais peuvent être d'une redoutable efficacité, marquant clairement un retournement de marché majeur. Elles apparaissent dans des moments de tension extrême, et le retournement de la tendance rend la configuration explosive en raison des forts intérêts vendeurs qui sont obligés de couper leurs positions à la vente et viennent nourrir le flot d'acheteurs.

Graphique 8.9. Crédit agricole (ACA) – Données quotidiennes

La configuration en Eve et Adam du Crédit agricole a marqué le point bas du marché en 2012, après six ans de baisse. La cassure de la ligne de cou a donné un quadruplement du titre en trois ans.

Graphique 8.10. Dassault Systèmes (DSY) – Données quotidiennes

Le titre Dassault Systèmes est passé de 57 en mars 2000 à 7 en 2002 avant de former un creux en Eve et Adam qui marquera un point bas majeur. Il a dépassé les 70 euros en 2015.

Graphique 8.11. FCE – Données 10 minutes

Sur le FCE, le sommet marqué par l'amplitude A2 retrace l'amplitude A1 de 50 %. On notera qu'après la cassure de la ligne de cou, l'objectif donnée par A2 est rapidement validé avant un long trading range qui précède la validation de l'objectif de report d'amplitude sur A1.

L'épaule-tête-épaule (ETE) et l'épaule-tête-épaule inversée (ETEI)

L'épaule-tête-épaule (ETE) est une figure de retournement après une tendance haussière. L'épaule-tête-épaule inversée (ETEI) est une figure de retournement après une tendance baissière. Ce sont des figures de retournement majeur.

Graphiquement, l'épaule-tête-épaule dessine trois sommets d'inégales amplitudes. Le deuxième sommet (la tête) est plus haut que les deux qui l'entourent (l'épaule gauche et l'épaule droite). La ligne de cou passe par les deux creux des épaules.

Le volume sur la seconde épaule devrait être plus faible, marquant ainsi l'absence d'intérêt réel des acheteurs sur le rallye haussier. En l'absence de volume, on s'intéressera à la figure et à son positionnement dans le cycle de marché.

En pratique

Dans la littérature boursière et technique, beaucoup d'auteurs se sont épanchés sur l'évolution des volumes dans les configurations graphiques de retournement. Statistiquement, l'avantage est négligeable et l'étude des volumes peut même devenir un handicap lorsqu'ils ne sont pas en adéquation avec la théorie. Faut-il ouvrir quand même la position ? Faut-il attendre une confirmation supplémentaire ? La configuration graphique doit se suffire à elle-même. Sur les contrats futures, les pics de volumes sont évidemment dépendants des horaires de cotation et viennent donc fausser l'étude selon l'unité de temps étudiée. Sur les CFD, les volumes, lorsqu'ils sont présentés, sont uniquement ceux du courtier, donc sans aucune pertinence globale. Sur le marché des devises, les volumes sont rarement présents, et lorsqu'ils le sont, ce sont aussi ceux des courtiers. Dans l'analyse technique moderne et les marchés actuels, la pertinence de l'étude des volumes sur les configurations graphiques ne peut plus être un sujet d'étude sérieux.

L'étude des volumes sur un ou deux chandeliers, sur des zones de combat précises, est en revanche toujours d'actualité. L'observation de volumes significatifs lors de la cassure de la ligne de cou reste un élément de convergence intéressant.

Après la cassure de la ligne de cou, un pullback est fréquent (à plus de 73 % sur des configurations intraday sur indices, par exemple). Mais il n'atteint pas toujours la ligne de cou. Dans ce cas, c'est un signe de force à prendre en compte. C'est aussi une bonne occasion de rentrer avec un stop proche.

La cassure de la ligne de cou donnera un objectif graphique avec un report d'amplitude par rapport à la tête.

Graphique 8.12. Gécina (GFC) – Données quotidiennes

Le point bas majeur de mars 2009 sur Gécina a été marqué par une épaule-tête-épaule inversée. Depuis, le titre a été multiplié par trois.

On trouvera ces configurations classiquement des unités de temps les plus larges au plus petites. Leur implication sera d'autant plus puissante que l'unité de temps sera de degré supérieur.

Graphique 8.13. FCE (CAC future) – Données en 15 minutes

Le FCE en 15 minutes présente une ETEI avec une double épaule sur la seconde épaule. On notera que l'objectif est atteint sur une poussée rapide (après un pullback qui relance la tendance avant la ligne de cou), et une mèche haute comme si les opérateurs voulaient absolument valider la configuration avant de consolider, ce qui peut être considéré comme un signe de force puisque le retracement s'effectue à plat. D'ailleurs, après une zone de congestion rapide, les prix repartent à la hausse franchement.

Graphique 8.14. FCE (CAC future) – Données hebdomadaires

Pour ceux qui douteraient encore de l'utilité de travailler l'analyse graphique, d'exercer son œil à repérer les bonnes configurations, quelle que soit l'unité de temps utilisée, le graphique du future CAC en données hebdomadaires devrait finir de les convaincre. Une simple étude graphique alertait, dès janvier 2008 (la semaine précédant le déclenchement de « l'affaire Kerviel »), un retournement de marché avec un potentiel de baisse de plus de 1 000 points. De la même manière, en 2009, alors que les journaux titraient encore sur la crise et le chaos dans le monde bancaire, la configuration en ETEI donnait là un potentiel de rebond de plus de 900 points.

--- **En pratique** ---

La configuration en épaule-tête-épaule a donné le départ d'une des plus graves crises depuis 1929, et la configuration en épaule-tête-épaule inversée a signalé le point bas d'un rallye qui a duré jusqu'en 2015. Pour analyser et suivre les tendances sur les marchés, il vaut donc mieux écouter le murmure des prix que la fureur des nouvelles.

Triple creux et triple sommet

Cette configuration est identique au double bottom et au double top, mais au lieu de deux creux ou deux sommets, les prix dessinent trois creux et trois sommets, comme dans l'exemple du FCE en 2 minutes.

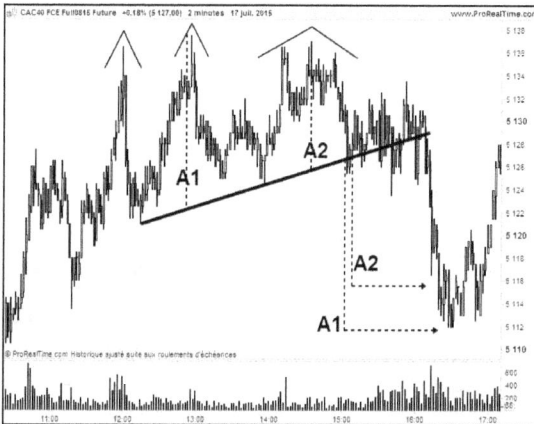

Graphique 8.15. FCE (CAC future) – Données 2 minutes

Le chien de Baskerville

Une configuration de retournement comme un double top ou une épaule-tête-épaule échoue à valider l'objectif baissier avant que les prix ne reprennent leur tendance haussière en cassant rapidement les derniers sommets. C'est un puissant signal de force. En effet, si malgré les effets auto-réalisateurs, les prix échouent à valider une figure, les acheteurs montrent leur puissance et leur capacité à invalider facilement une figure qui a attiré beaucoup de vendeurs et d'analystes techniques. Il faut rarement hésiter à suivre ce mouvement. Lorsque la cassure d'une ligne de cou ne déclenche pas d'accélération mais au contraire piège les vendeurs, on peut se trouver face à un timing d'entrée idéal, avec un stop très court et un potentiel large.

L'origine de l'appellation vient du roman éponyme de Sir Arthur Conan Doyle. Sherlock Holmes résout son enquête grâce au chien qui n'avait pas aboyé, l'enquête est donc résolue par l'absence de réponse adéquate à un signal parfait. De la même manière, si les prix ne réagissent pas correctement à une configuration, c'est que les fondamentaux ne sont pas ceux que l'on croyait.

Graphique 8.16. Airbus (AIR) – Données quotidiennes

Entre mars et juin 2015, le titre Airbus a construit une formation en épaule-tête-épaule équilibrée. Par deux fois, en 1 et en 2, la cassure de la ligne de cou échoue. Certains, notamment en 1, auront tenté de jouer la cassure en cours en intraday, sans attendre la confirmation de clôture en fin de journée. En 2, ils auront eu ce qu'ils voulaient mais, au final, le titre n'accélère pas et il rebondit rapidement. Une absence de validation par les cours d'une configuration doit résonner comme une alerte. Nous retrouverons cet exemple dans la troisième partie.

Mais au-delà de la compréhension de l'échec de certaines configurations graphiques, cette manière d'appréhender les marchés doit permettre à l'intervenant de toujours se tenir en alerte.

En pratique

Typiquement, sur les marchés haussiers, les configurations haussières fonctionneront mieux et plus facilement que sur les marchés baissiers. Le suivi des stratégies employées, au-delà de l'analyse elle-même qui doit guider l'intervenant dans le choix du sens de marché, doit apporter son lot de renseignements sur l'état du marché et surtout sur le rapport de forces entres les acheteurs et les vendeurs.

La zone d'objectif donnée par la configuration en double sommet n'est pas atteinte à quelques cents près. Le titre Carrefour dessine ensuite un faux throw-back sur la ligne de cou et repart en hausse rapidement. En revanche, l'utilité de prendre une partie de ses bénéfices sur 62 % d'amplitude lorsque l'objectif n'est pas atteint prend ici tout son intérêt.

Graphique 8.17. Carrefour (CA) – Données quotidiennes

Tasse avec anse

La tasse avec anse est une figure proche du double creux. Mais le second creux se situera entre 38 et 62 % de retracement, idéalement entre 38 et 50 %. C'est une figure de retournement ou de continuation, que l'on trouve régulièrement, notamment en intraday, sur les unités de temps courtes.

Dans une tendance baissière, contrairement au double creux qui montre une certaine résilience des vendeurs, la tasse avec anse valide la pression acheteuse en marquant un creux nettement plus haut, synonyme d'appétence au risque et à l'achat. Dans une tendance déjà haussière, la tasse avec anse marque la zone de consolidation nécessaire aux acheteurs pour retrouver des forces, les prix consolident latéralement sans faire des bas plus bas.

Ce type de figure présente un potentiel intéressant avec un stop clair et identifié, par défaut à 62 % de l'amplitude A1 et un potentiel de gain fort pour les traders patients.

Les niveaux d'extension de vague donneront les zones cibles pour les prises de bénéfices après la cassure de la ligne de cou.

Les traders débutants attendront la cassure de la ligne de cou pour prendre position. Une hausse de volumes marquant la participation croissante des opérateurs est à surveiller.

Les traders plus expérimentés iront chercher sur l'unité de temps inférieure le timing d'entrée en surveillant le retournement des prix sur les niveaux de retracement compris entre 38 % et 50 %.

Graphique 8.18. FCE – Données 10 minutes

L'anse d'amplitude A2 retrace à peine 38 % de l'amplitude A1. La cassure de la ligne de cou donne rapidement l'objectif de report d'amplitude A2, mais il faudra se montrer patient pour voir l'objectif A2 atteint à son tour, quelques heures plus tard.

Les V-top et les V-bottom : une stratégie de retournement

Les V-top et V-bottom sont des figures de retournement rapides, parfois violentes et difficiles à traiter sans quelques règles. Nous les aborderons de manière spécifique dans la troisième partie consacrée aux stratégies.

Comme toujours après coup, il est facile de les apercevoir et de constater que le retournement du marché s'est produit ainsi. Mais « après coup » ne vaut rien en trading. Seul compte l'instant présent, celui du tick qui arrive, et celui de la prise de décision. Le passé ne nous importe que pour l'analyse.

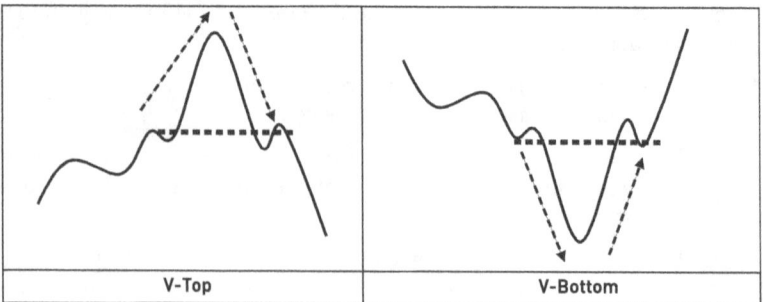

Graphique 8.19.

Les triangles et les figures apparentées

Le triangle est une figure d'hésitation qui marque une phase de consolidation après une tendance et précède une phase de continuation ou de retournement. Il dessine une zone de prix balayée par l'incertitude des opérateurs. Un triangle est tracé graphiquement à partir de quatre points. Deux points pour la ligne de tendance supérieure et deux points pour la ligne de tendance inférieure.

Graphiquement, l'hésitation des opérateurs se traduit par des fluctuations de prix qui rétrécissent. Après une première vague directionnelle, les intervenants hésitent quant à la suite à donner au mouvement et des hauts moins hauts succèdent à des bas moins bas.

Selon sa forme (symétrique, rectangle, ascendante ou descendante), un sens de sortie préférentiel est théoriquement envisageable. Mais dans la réalité du quotidien du trader ou de l'investisseur, l'avantage statistique est insuffisant pour pouvoir franchir la barrière du réel avec efficacité. Il est donc délicat d'anticiper arbitrairement sur la poursuite ou le renversement d'une tendance lorsque les prix dessinent un triangle. Ils peuvent valider la zone en s'en extrayant avec force et vigueur, offrant alors une jolie opportunité de rentrer sur le marché, mais ils peuvent parfois s'en extraire sans impulsion, sans générer de nouveaux déséquilibres, et s'inscrire non pas dans une nouvelle phase d'impulsion mais dans une zone de congestion élargie. Il est donc le plus souvent préférable d'attendre et d'agir sur le comportement effectif des prix, en jugeant le sens et la qualité de la sortie, plutôt que d'anticiper une poursuite ou un retournement de tendance.

Graphique 8.20. FCE Données 5 minutes

Comme le montre ce graphique du FCE en 5 minutes, une sortie impulsive validant nos critères de cassure, avec une augmentation du range du chandelier, crée un déséquilibre rapide qui force les opérateurs qui hésitaient à se positionner directionnellement.

Mais contrairement à ce qui est présenté en théorie classique, nos recherches ont démontré tout l'intérêt pour les traders comme pour les investisseurs à reporter, non pas un niveau de prix, mais une zone de prix. La gestion des positions en est facilitée avec des prises de bénéfices partielles en cascade sur la zone de prix. Dans les marchés modernes, il faut accepter de ne plus utiliser les outils d'analyse comme à l'époque qui précédait l'utilisation intensive des ordinateurs et des programmes de trading. Le report d'amplitude des hauteurs de deux premières vagues à l'intérieur du triangle est dessiné et reporté à partir du point de cassure. La cassure du triangle doit survenir avant que 80 % de la figure soit consommé. Au-delà, la probabilité de voir les cours et les opérateurs poursuivre dans un marché non directionnel augmente de manière suffisamment significative pour que la probabilité que la sortie se transforme en fausse cassure dépasse les 50 à 60 %.

Si le triangle est souvent considéré comme une figure de continuation, il faut attendre la sortie pour en avoir la confirmation. Tant que les prix demeurent à l'intérieur, il est compliqué de se positionner sans courir le risque d'une longue période d'allers-retours, souvent dure et exigeante pour les nerfs des intervenants. Selon que le triangle apparaîtra en début de tendance après un mouvement directionnel puissant, ou après plusieurs vagues directionnelles et une tendance avancée, le trader devra pourtant privilégier un sens de sortie. Sans pour autant anticiper de force, sauf à trouver des convergences de signaux pertinentes dans les unités de temps supérieures pour la tendance, et dans les unités de temps inférieures pour le timing d'entrée. Chaque cas est un cas particulier. Ces figures, efficaces, demandent à être traitées dans le cadre de stratégies précises au risque de vouloir traiter toutes les figures apparentées aux triangles sans aucune discrimination.

La sortie n'est validée que si elle est accompagnée d'une hausse de la volatilité et des volumes. Tous nos travaux de recherche confirment qu'une sortie de type cassure telle qu'explicitée dans la stratégie SHMO (voir la troisième partie), augmente de manière sensible (entre 15 et 20 % selon les sous-jacents et les horizons de temps) les taux de succès (%win) autour de cette figure. Une sortie de triangle sans volume et sans hausse de volatilité peut réussir et lancer une nouvelle tendance, presque par effraction. Mais il est préférable d'ouvrir une position uniquement si les volumes et la volatilité augmentent. C'est un gage de sécurité. Les marchés offrent suffisamment d'opportunités pour pouvoir se permettre de les sélectionner.

Toute prise de position en sortie sera couverte par un stop situé entre 50 % et 62 % de l'amplitude A1. À ce jour, nous n'avons pas trouvé de meilleur placement, même s'il demande à être ajusté au sous-jacent traité. Sur les sorties les plus impulsives, lorsque volume et range sont au rendez-vous, les stops doivent être resserrés sous le chandelier de cassure. C'est le meilleur moyen de maximiser le couple rendement-risque sur la durée.

En pratique

Il existe plusieurs sortes de triangles : le triangle symétrique, le triangle descendant et le triangle ascendant et les variantes (biseaux, fanions). Mais ce qu'il faut retenir de la figure du triangle est son caractère révélateur du comportement des opérateurs : hésitation et tergiversation après un mouvement directionnel. Un prix d'équilibre a été atteint.

Lorsque les intervenants de marché pataugent dans l'indécision et que la volatilité se réduit, la nervosité finit par gagner. Ceux qui sont encore en position hésitent sur la conduite à tenir, et ceux qui regardent le marché finissent par trouver le temps long. Un décalage de prix est susceptible de rallier à lui le gros des troupes des indécis, et donc de générer un puissant mouvement directionnel, soit exactement ce que nous recherchons pour générer du profit sur les marchés. Le reste n'est que littérature destinée à noircir des pages sans autre but précis. Il est toujours possible d'intervenir au sein d'un triangle en ciblant les horizons de temps inférieurs, mais les marchés offrent suffisamment d'opportunités pour ne pas se laisser noyer dans un mouvement erratique et de faible volatilité.

Une tendance est rarement linéaire, à l'exception des tendances impulsives, nous avons vu dans le chapitre précédent qu'après une impulsion directionnelle, les cours s'inscrivaient le plus souvent dans des zones de congestion. Après une impulsion (le déséquilibre), les opérateurs prennent le temps de réfléchir (l'équilibre et le consensus), les prix vont souvent dessiner des petites configurations apparentées aux triangles :

- petits canaux (flag) descendant (en tendance haussière), ascendants (en tendance baissière) ;
- petits triangles (pennants) ;
- biseaux (wedges) ascendants (triangles dont les côtés sont orientés vers le haut) ou descendants (triangles dont les deux côtés sont orientés vers le bas).

Ce sont généralement des figures de continuation puissantes qui entrent dans le cadre de la convergence des éléments techniques recherchés pour ouvrir une position. Dans certains cas, qu'il faut préciser dans les stratégies employées, et dans son plan de trading, il est possible d'anticiper l'entrée pour obtenir un meilleur ratio risque-rendement (risk/reward), obtenu simplement par un stop plus court à risque constant. En cas de doute, lorsque la convergence recherchée n'est pas optimale, attendre la sortie de la figure s'impose. Il est aussi possible de travailler la position par des entrées partielles.

Graphique 8.21. Carrefour (CA) – Données quotidiennes

Sur le titre Carrefour, en 1, après une première impulsion, les prix dessinent un drapeau (flag). La sortie se produit sur un gap violent et une hausse conséquente des volumes. En 2, on trouve à la fois une consolidation en drapeau et un fanion. La sortie est plus lente et la progression mesurée. En 3, un biseau consolide rapidement une hausse plutôt lente, en 4 et en 5, les cours s'inscrivent dans des drapeaux. Dans ce type de figure, la dynamique est souvent relancée par des informations nouvelles qui poussent les intervenants à propulser les cours hors de leur zone de confort, d'un prix d'équilibre. Sur les cinq configurations présentes sur ce graphique, quatre font l'objet d'une progression significative de la participation lors des sorties, certaines sont même explosives, conjuguant gaps et hausse des volumes. Typiquement, il faut prêter une attention soutenue à toute sortie accompagnée d'une hausse des volumes.

_____ **En pratique** _____

Sur le papier, après coup, les figures de continuation semblent simples à traiter : deux traits, quelques chandeliers d'hésitation, une hausse des volumes et une reprise de la tendance. Mais la barrière du réel peut s'avérer délicate à franchir. Le plus souvent, l'essentiel de l'élan directionnel se produit lors de la sortie impulsive. Le stop peut alors se trouver éloigné et les cours peuvent rapidement s'inscrire à nouveau dans une nouvelle zone de consolidation, source de stress et d'inquiétudes pour l'opérateur. Ce qui semble simple devient donc beaucoup plus compliqué car il aura à gérer ses émotions dans la durée, élément perturbateur qui n'apparaît jamais dans les graphiques à posteriori. L'évidence du papier ou du backtesting ne l'est pas souvent en temps réel.

... / ...

Un trader performant devra donc :

- apprendre à entrer au plus tôt pour ne pas avoir à subir les contraintes psychologiques des phases de consolidation, ce qui introduit la notion de timing et de précision ;
- lorsqu'il ne pourra pas faire autrement, et qu'il devra entrer sur impulsion, apprendre à gérer ses émotions, pour ne pas venir interférer négativement avec « ce qui semble si simple sur le papier ».

Graphique 8.22. Gold future (GC) – Données quotidiennes

Dans une tendance soutenue, comme celle à l'œuvre sur le Gold future, l'œil ne va voir que le mouvement, la directionnalité. Pourtant, il est facile, en traçant quelques traits, de constater que les impulsions ne durent que quelques chandeliers. Le reste du temps, les cours évoluent en phase de consolidation. Il est très important d'exercer son regard et d'enseigner à son mental, à sa psychologie, le rythme du marché. Le cœur, les émotions voudraient, dès que l'on ouvre une position, que les cours se précipitent vers l'objectif et ne refluent jamais vers les stops. La réalité est plus cruelle. Mais c'est la réalité, celle sur laquelle chaque opérateur de marché doit intervenir. Il faut donc obligatoirement en passer par la maîtrise de ses émotions pour devenir un opérateur de marché gagnant.

Graphique 8.23. FCE – Données 15 minutes

Que la tendance soit en données quotidiennes ou infra-horaires comme sur le graphique du FCE en 15 minutes, que le sous-jacent soit une action ou un contrat future, le comportement fractal des marchés permet de retrouver les mêmes éléments graphiques : une tendance est constituée de zones d'accélération (courtes et intenses) puis de pauses, des zones de congestion en forme de drapeaux (flags), de canaux (pennants) ou de biseaux (wedges). Un opérateur de marché doit intégrer ce comportement de tendance en mode on/off pour ne pas en subir les douloureux préjudices psychologiques.

Objectifs graphiques

Il est possible de définir des objectifs graphiques en reportant l'amplitude qui précède l'entrée en congestion à partir du point de sortie.

En reprenant le graphique de Carrefour déjà étudié, il est aisé de constater que le report du segment directionnel entre les deux premières consolidations nous renvoie parfaitement, à un dixième de cent près, sur le sommet suivant la consolidation en biseau descendant (falling wedge). Théoriquement, donc, tout est aisé. Mais comme indiqué plus haut, avant d'atteindre son objectif graphique, le trader devra patienter dans une hausse après le point 2 qui est tout sauf impulsive puisqu'elle se résume à des phases en rectangle, puis il devra surtout subir en 3 le biseau descendant qui pourrait faire croire à un arrêt de la tendance haussière et pourrait le faire sortir de sa position juste avant le gap qui propulse les cours sur la zone des 20. Autrement dit, sans une psychologie adaptée, la théorie n'est rien. Typiquement, dans ce type de configuration, l'investisseur aura espéré des jours durant, puis souffert quelques jours de stress intense

Graphique 8.24. Carrefour (CA) – Données quotidiennes

durant le biseau... avant de couper sa position, souvent au plus bas, pour quelques maigres cents de gain, juste avant de voir les prix s'envoler pour sagement répondre à la théorie expliquée dans ce livre. L'investisseur n'en ressortira pas plus riche, seulement très énervé, sûrement très frustré, contre le marché, et s'il manque de sagesse, contre lui-même.

L'essentiel

L'analyse graphique met en lumière des niveaux remarquables, fixes (supports et résistances horizontaux) et dynamiques (lignes de tendances et canaux).

Un de ses atouts est de permettre la fixation d'objectifs grâce au report d'amplitude, la technique de la balançoire, ou grâce à des configurations particulières.

On différenciera les figures de retournement comme les double creux, les épaules-tête-épaules, les tasses et les V-bottom, des figures de continuation comme les triangles et les figures apparentées (les flags, les pennants et les wedges).

L'invalidation d'une configuration chartiste pourra être un signal fort.

Certaines configurations chartistes peuvent être traitées seules. Leur efficacité sera relative à l'échelle de temps mais, aussi et surtout, à l'œil de l'analyste. Il est difficile d'accompagner des débutants sur ce chemin en sachant que leurs chances de réussite seront faibles. Si le succès dépend de la capacité de l'opérateur à analyser une figure, il sera toujours soumis aux aléas de ses humeurs et de sa capacité à parfaitement repérer la configuration. Parfois, l'œil ne voudra voir que ce qu'il désire. Et plus le trader sera stressé, plus son œil lui montrera ce qu'il désire voir.

Le chartisme s'insère dans la méthode GTAS dans le cadre de la convergence recherchée pour valider la prise de décision.

Si l'on y ajoute les zones de valeur (détaillées dans la troisième partie) pour ne rechercher les configurations de retournement que sur des zones déterminées et que l'on trade les configurations de continuation que sur les zones de tendance, on se retrouvera alors avec des résultats remarquables.

Il sera aussi possible d'utiliser les configurations chartistes dans le cadre de stratégies spécifiques. Par exemple, la stratégie SHMO pourra, sur l'unité de temps mineure, valider des figures de retournement comme les épaules-tête-épaules ou les double top/creux.

Chapitre 9

Mesurer et utiliser la volatilité des contrats futures et des CFD

La volatilité est un concept nébuleux pour les débutants. Beaucoup en ont entendu parler, beaucoup la redoutent, d'autres l'espèrent, mais au final, peu savent la définir précisément, encore moins l'utiliser. Nous éviterons dans cet ouvrage de disserter autour des concepts de volatilité implicites et historiques. Ce sujet sera abordé sur notre site dans la partie concernant les options.

> Mathématiquement, la volatilité mesure la fourchette de prix balayée par un actif financier sur une période de temps donnée, autour des notions d'amplitude et de vitesse.

Un sous-jacent peut être volatil sur un horizon de temps court et plus du tout sur un horizon de temps long. Par exemple, le DAX, le contrat future ou le CFD, pourra balayer la zone 10200/10400 rapidement en journée dans un marché non directionnel et ne pas en sortir de plusieurs jours. La volatilité sera donc élevée sur les unités de temps infra-horaires, tandis qu'elle sera faible sur des unités de temps quotidiennes.

Tendance et volatilité sont deux concepts différents, deux outils complémentaires d'observation et de compréhension des marchés. Il ne faut pas les confondre. Ils fonctionnent généralement en sens opposé :

• une tendance haussière long terme se nourrit de confiance et d'apaisement, le déséquilibre est maîtrisé. La hausse des cours est donc habituellement synonyme d'une baisse de la volatilité ;

• à l'inverse, une tendance baissière rime avec inquiétude et incertitude, deux des éléments moteurs de la volatilité. La volatilité est rarement synonyme d'euphorie, même si cela arrive parfois, sur de courtes périodes, sur les zones de contrepied, lorsque les émotions dominent les interventions des opérateurs.

La volatilité sur les marchés présente trois caractéristiques importantes à assimiler et utiles pour l'analyse :

• La persistance : une volatilité qui s'accroît aura tendance à poursuivre dans le même sens. L'inquiétude nourrit l'inquiétude et sert de carburant à la volatilité. À l'inverse, l'apaisement, le retour des certitudes, fait décroître la volatilité dans un cercle vertueux. Ainsi, lorsque la volatilité se retourne et diminue, il faudra parier sur la poursuite du mouvement de baisse.

- La cyclicité : la volatilité évolue en cycles. Après des pics de volatilité, on assistera à un retour à la moyenne, en attendant une nouvelle poussée.
- La normalité : la volatilité a un prix moyen que l'on peut cadrer par une moyenne mobile. Tout écart trop important, un pic de volatilité ou un affaissement de volatilité, ne pourra être que temporaire, un retour à la moyenne s'imposant alors.

En pratique

En raison de ces caractéristiques, certains fonds spéculatifs type hedge fund s'intéressent plus à l'étude de la volatilité qu'à l'étude de la tendance. En effet, les prévisions mathématiques sur la volatilité s'avèrent plus pertinentes que celles sur la tendance. Sur les marchés haussiers, la vente de contrats futures fondés sur l'indice VIX permet de générer de la performance en profitant de l'écrasement de la volatilité grâce au phénomène de persistance. L'achat de contrats futures permettra, lui, de se couvrir contre le risque de reprise de volatilité.

Les actifs financiers ont des comportements propres (explicables aussi du fait d'intervenants spécifiques, de leurs horaires…) et des volatilités différentes. Il faut évidemment en tenir compte et adapter les stratégies aux sous-jacents, voire parfois, dans certains cas (plus fréquents que certains ne le pensent), privilégier des stratégies en fonction des produits traités. Par exemple, les stratégies à base de cassure fonctionnent beaucoup mieux avec une gestion de type suivi de tendance sur le contrat bund (future taux allemand) que sur le FCE (future CAC). Le savoir, c'est déjà éliminer un certain nombre de pertes facilement évitables et donc améliorer son « equity curve » (courbe de résultat).

Pour mesurer la volatilité, deux indicateurs sont utiles : le TrDma et le VIX.

Le TrDma a été présenté pour la première fois dans *Trading et contrats futures*[12]. Son principal avantage par rapport à l'ATR de J. Wilder est de ne pas prendre en compte les gaps. Il est tout particulièrement destiné aux traders intraday mais son utilisation pourra être utile aussi pour les investisseurs actifs. Les autres se tourneront naturellement vers l'ATR.

---

12. Bernard Prats-Desclaux, Eyrolles, 2008.

TrD et TrDma

> Le calcul du TrD est simple. Il suffit de calculer l'amplitude quotidienne en soustrayant le bas du jour au haut du jour pour avoir la mesure du range balayé par les prix durant la journée.

Cet indicateur basique est très utile en intraday. Les traders sont souvent plus portés sur des indicateurs complexes mais le plus souvent inutiles. Ne pas en tenir compte reviendrait à voir des joueurs de rugby courir sur un terrain sans jamais connaître la zone où ils doivent aplatir le ballon. À la différence des joueurs de rugby, le TrDma n'offre pas la certitude d'une zone de fin mais une probabilité suffisamment forte pour devoir en tenir compte.

Le TrDma est un TrD lissé par une moyenne mobile. Deux moyennes mobiles simples seront utilisées : la 8 et la 21.

Le TrD permet de mesurer plus facilement la volatilité entre plusieurs produits et sous-jacents. L'exemple du CAC est frappant. Le TrDma du CAC cash est différent du TrDma du contrat future CAC et aussi du CAC CFD coté en continu.

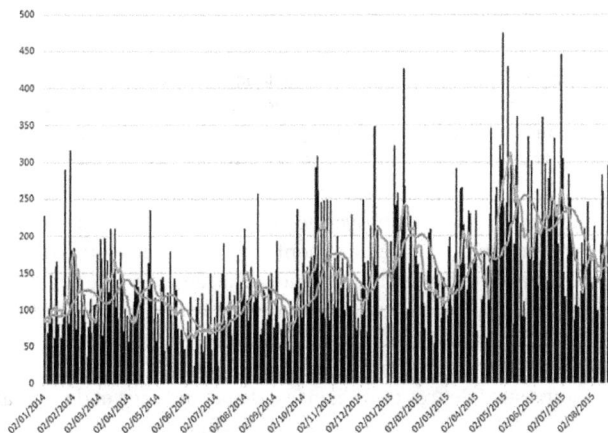

Graphique 9.1. Indice DAX – TrD et TrDMA 8 et 21

La volatilité intraday peut varier de 1 à 5 comme on le voit sur ce graphique du TrD qui couvre 20 mois. On remarque l'inertie évidente dans la variation quotidienne, la volatilité nourrit la volatilité (l'inquiétude) et inversement, l'apaisement se nourrit du retour de la confiance. Un pic de volatilité se produit rarement au milieu d'une zone de faible volatilité.

Les marchés ont des horaires d'ouverture différents selon les produits et aujourd'hui, les sous-jacents ont aussi des horaires spécifiques.

Le CAC 40 est ouvert de 09:00 à 17:30. Le contrat future du CAC 40, le FCE, est ouvert de 08:00 à 22:00, et la plupart des CFD CAC 40 sont ouvert 24h/24. Autrement dit, pour chaque support d'un sous-jacent identique, on peut avoir des TrD différents, donc des TrDma sensiblement différents, mais aussi des niveaux, supports et résistances fixes, mais surtout dynamiques (comme les droites de tendance ou les canaux), potentiels radicalement différents puisque certains niveaux seront atteints alors que des produits (futures ou cash) sont, eux, fermés.

Utilisation pratique

Les contractions de TrDma

Les moyennes mobiles (direction et croisement) permettent de quantifier rapidement le niveau de la volatilité. S'il est un domaine où le lissage est utile et éclairant, c'est bien celui de la volatilité intraday. Comme nous l'avons vu dans les caractéristiques, la volatilité a une inertie forte. Ainsi, lorsqu'on assiste à un croisement de la SMA courte sous la SMA longue, le signal d'une période de faible volatilité doit être pris en compte. Et inversement pour les accroissements de volatilité.

> Une baisse de volatilité signifie qu'il ne faudra pas compter sur des extensions de vagues et qu'il faudra donc ajuster les positions et surtout les sorties. Les stops pourront être serrés au plus près, et donc les leviers devront être augmentés pour conserver un niveau de performance équivalent.

Dans un marché de volatilité moyenne, après une journée fortement directionnelle, si l'on repère immédiatement après les deux ou trois journées suivantes une baisse de volatilité, il faudra s'attendre à une reprise dans le même sens. Classiquement, les marchés fonctionnent sur le mode on/off. Autrement dit, après une accélération, une pause se produit, et la sortie a une forte probabilité de reprendre la même direction (on regardera sur les unités de temps supérieures ce qu'il en est de la tendance et de sa maturité).

Les extensions de range

Un accroissement de volatilité marque un changement dans l'état d'esprit des opérateurs. Plus ce changement est fort, plus le phénomène est significatif. L'apogée d'un tel mouvement étant bien sûr un krach. Qu'est-ce qu'un krach ? C'est la volonté des opérateurs d'opérer en même temps et dans le même sens. Comme la contrepartie a disparu en face, le mouvement se développe de manière unilatérale. À partir de cette définition, nous pourrions dire qu'une hausse brutale de volatilité est synonyme de consensus parmi les opérateurs. Le consensus ne dure qu'un temps. Les émotions reprennent vite le dessus. La volatilité traduit l'incertitude : l'acquis d'hier se muant soudain en doute et perplexité. Les opérateurs de marchés détestent l'incertitude par-dessus tout.

Il nous faut aussi différencier les hausses soudaines de volatilité (un range très large d'une journée), et les hausses de volatilité répétées. Le lissage de la volatilité par une moyenne mobile 20 permet de déterminer si le phénomène est temporaire ou durable.

Une hausse de volatilité d'une journée suite à une nouvelle ne préjuge pas d'un changement profond, mais plutôt d'une réaction épidermique. En revanche, dès lors qu'apparaissent des volatilités supérieures à 150 % de TrDma, il convient de s'interroger sur un éventuel changement d'état d'esprit des opérateurs.

Lorsque le TrDma est approché ou dépassé en matinée, la probabilité d'assister à une journée directionnelle puissante est forte. Dans ce cas, il faudra s'attendre à une reprise de tendance l'après-midi. Le trader pourra donc s'intéresser à tous les signaux qui valident une reprise en surveillant notamment les niveaux de retracement compris entre 24 et 38 %. Au-delà de 38 %, la probabilité de voir la tendance reprendre est statistiquement affaiblie. Selon l'heure à laquelle le point extrême de la matinée se produit, les actions à mener l'après-midi seront différentes.

Gestion de position

Lorsque l'on a ouvert une position en intraday et que le marché s'approche ou dépasse son TrDma, plusieurs choix s'offrent au trader. Sur les journées directionnelles, lorsque la tendance a démarré avant 10:00 du matin et s'est poursuivie sans une correction supérieure à 38 %, il peut être intéressant de jouer l'extension de range, voire dans certains cas, de transformer une opération intraday en opération overnight (dès lors qu'elle est gagnante, ce qui, évidemment, est strictement déconseillé pour les opérations intraday perdantes). Cela dépendra de la maturité de la tendance sur les horizons de temps supérieurs. Sur les journées choppy[13], les journées avec de multiples rebondissements, la probabilité de voir le marché enclencher une nouvelle vague puissante est faible, elle dépendra de la direction des marchés américains. Dans ce cas, il est préférable de prendre ses bénéfices, non pas dès que l'on touche au TrDma, mais dès les premiers signaux de faiblesse.

---

13. Choppy : journée sans tendance marquée.

Ouverture de position

Lorsque le TrDma a été atteint sur un marché volatil et non directionnel sur l'unité de temps majeure, il est bon de regarder les signaux de retournement. Les horizons de temps supérieurs offrent souvent de bons niveaux de support ou de résistances pour contrer la tendance en cours. On utilisera l'unité de temps mineure pour ouvrir la position en surveillant tout particulièrement les éventuelles poussées sur les volumes.

Le VIX

Le VIX (Volatility Index) est un indice calculé par le Chicago Board Options Exchange (CBOE) qui mesure la volatilité à court terme. Il a été créé en 1993. Il est calculé à partir des volatilités des options d'achat (call) et des options de vente (put) de l'indice Standard & Poor's 500 (SP500) sur un large éventail de prix d'exercice (strike) compris entre 23 et 37 jours. Il est communément appelé « l'indice de la peur » par les médias.

Le VIX mesure le sentiment des opérateurs et offre une vision immédiate de leur niveau de confiance. Il est coté en temps réel durant les heures d'ouvertures des marchés américains de 15:30 à 22:00, heure française. Plus il est élevé, plus le coût de la protection devient élevé, signe d'une méfiance accrue envers le risque action.

Il existe des options et des contrats futures pour spéculer directement sur la volatilité. Il est ainsi possible de couvrir son portefeuille actions par des produits dérivés sur le VIX.

La moyenne historique du VIX depuis 1990 est légèrement inférieure à 20, à 19,86. Les données de janvier 1990 à 1993 ont été calculées a posteriori.

Interprétation

- Un VIX sous les 15 marque des marchés calmes ;
- entre 15 et 20, la reprise de volatilité indique juste que les opérateurs se couvrent. Ce qui est plutôt sain puisqu'ils restent acheteurs du marché mais acceptent de payer une prime en cas de baisse ;
- au-delà de 20, l'inquiétude commence à gagner les opérateurs, ils sont fébriles ;
- supérieur à 25, c'est le doute et la nervosité qui priment ;
- au-delà de 30, on entre dans des scénarios de crise plus profonde, de type systémique.

Trader ou investisseur, un opérateur de marché doit avoir un regard régulier sur cet indice trop souvent négligé par les débutants et les amateurs, et parfois même par certains professionnels.

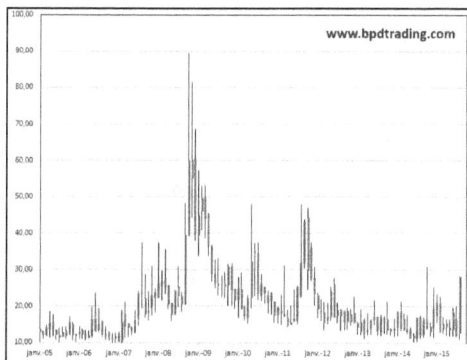

Graphique 9.2. VIX – Données mensuelles depuis 2005

Le VIX a frôlé la barre des 90 en octobre et novembre 2008, au paroxysme de la crise des subprimes après la faillite de Lehman Brothers. En septembre, il a clôturé pour la première fois au-delà des 50. Sur près de 300 clôtures mensuelles, on compte seulement 24 clôtures supérieures à 30, dont 8 consécutives entre septembre 2008 et avril 2009. Le niveau des 30 est donc un excellent indicateur de crise majeure, mais ce n'est pas un indicateur avancé car il suit le mouvement des prix. Le prix des options dépend du mouvement des prix et non l'inverse, même si dans certains cas, un mouvement peut être amplifié en raison de la spéculation. Il permet de quantifier de manière simple, et autrement que par les prix ou par un indicateur mathématique, le degré de méfiance ou de confiance des opérateurs.

Utilisation

En plus d'une lecture brute du niveau du VIX en données quotidiennes, il peut être utile d'ajouter deux moyennes mobiles (généralement la 8 et la 21, parfois la 13 dans des marchés plus toppish[14]). Leur utilisation sera identique à leur lecture sur les prix, à savoir que l'on regardera le sens, la pente, les éventuels croisements et les écarts d'amplitude en contraction ou en élargissement. Un bon réglage donne de bons signaux de tendance à quelques semaines. C'est l'un des indicateurs utilisés avec la méthode GTAS pour anticiper sur les mouvements de marché à un horizon de quelques jours à quelques semaines.

---

14. Toppish : marché haussier en congestion, avec un momentum en diminution.

Les bandes de Bollinger et leurs dérivés

Les bandes de Bollinger, créées en 1983 par John Bollinger, sont représentées par deux courbes qui dessinent une enveloppe autour d'une moyenne mobile simple. Leur construction (deux fois l'écart type) encadre théoriquement 95 % des oscillations des prix comme deux niveaux mobiles de support et de résistance. La bande supérieure est notée U, et la bande inférieure est notée L. Les paramètres classiques sont 20 pour la moyenne mobile simple et 2 pour l'écart type. Les paramètres varieront selon les sous-jacents et pourront être adaptés pour des stratégies particulières ou pour coller à des cycles de tendances spécifiques.

Les bandes de Bollinger permettent de repérer graphiquement les extensions (élargissement des bandes) et les contractions (resserrement des bandes vers la moyenne mobile) de volatilité. L'écart entre les deux bandes de Bollinger offre une mesure visuelle de la volatilité sur l'horizon de temps étudié. Le comportement des deux bandes opposées, divergentes ou parallèles, indique la présence ou l'absence de tendance. Enfin, elles dessinent des niveaux de support et de résistance en l'absence de tendance affirmée. Dans certains cas, l'ajout du bandwith, indicateur dérivé des bandes de Bollinger, peut aider à la formalisation historique de cet écart. Le bandwith mesure l'écart entre les deux bandes et permet de le comparer à un historique récent (entre 100 et 200 périodes).

Interprétation

- Lorsque les prix clôturent au-delà d'une bande, le momentum directionnel est supposée être suffisamment puissant pour poursuivre dans le sens du mouvement initial. Le déséquilibre créé appelle à une poursuite du mouvement et à une accélération éventuelle.
- Le resserrement des bandes marque une baisse de volatilité.
- Lorsque la contraction des bandes, le resserrement, est historiquement faible et qu'il précède une sortie, un mouvement potentiellement puissant est attendu. Un équilibre trop marqué des prix est généralement suivi par un fort déséquilibre en raison du grand nombre d'opérateurs pris au piège. Lorsque l'écart entre les bandes est historiquement faible (classiquement sur une période de référence 100 périodes), il faudra s'attendre à un retour à un marché directionnel, avec une inflexion souvent brutale. C'est une configuration que John Bollinger a appelé « squeeze ». L'indicateur bandwith permet de repérer graphiquement ou de faire repérer par des robots (screeners ou algorithmes) ces niveaux extrêmes de basse volatilité.

- Lorsque les bandes évoluent en parallèle, à la hausse ou à la baisse, la tendance est puissante.

- Après avoir évolué en parallèle, lorsqu'une des deux bandes se met à diverger et à s'aplatir, une fin de mouvement s'amorce et une zone de congestion est attendue.

- Dans les marchés en congestion, les bandes de Bollinger sont plates, sans direction. Un contact avec la bande supérieure servira de résistance et un contact avec la bande inférieure servira de support.

- Une clôture au-delà des bandes, sur des marchés en congestion, pourra initier un marché directionnel.

Le squeeze

Graphique 9.3. FCE – Données 10 minutes

Le squeeze est un resserrement des bandes de Bollinger qui marque une contraction, historiquement basse, de la volatilité. Il apparaît dans le cadre d'une zone de congestion déjà mature. Dans le graphique du FCE, la lecture historiquement basse sur le bandwith précède une cassure claire et franche de la bande de Bollinger inférieure. Les prix s'extraient de la zone de congestion et du squeeze pour créer un décalage rapide. Un déséquilibre apparaît. Les opérateurs doivent réajuster leurs positions. Ceux qui ne sont pas dans le bon sens se précipitent pour couper leurs positions. Un mouvement puissant est lancé. Le squeeze est l'une des configurations techniques les plus intéressantes. Elle présente de multiples avantages. Elle est facilement repérable, souvent par anticipation, à la fois graphiquement et par des algorithmes de trading. Elle procure une configuration presque idéale avec un potentiel de gain élevé significativement, un niveau d'invalidation précis et un faible risque. Ce sont des stratégies à risk/reward élevé. C'est exactement ce que tous les traders et investisseurs débutants devraient rechercher. Savoir se concentrer sur quelques stratégies à fort potentiel de gain permet d'acquérir de l'expérience et évite la dispersion.

Un cycle de marché constitué de quatre phases

Il est aisé de repérer graphiquement quatre phases sur les bandes de Bollinger :

- phase 1 : les prix évoluent au sein de bandes parallèles, relativement horizontales et resserrées ;
- phase 2 : une tendance puissante se déclenche, les bandes divergent l'une de l'autre ;
- phase 3 : la bande opposée à la tendance, celle qui divergeait, se retourne ; les deux bandes évoluent dans le même sens, elles sont parallèles ;
- phase 4 : les prix s'inscrivent en zone de congestion, la bande qui évoluait dans le même sens que la tendance se retourne à son tour : les bandes de Bollinger convergent et se resserrent.

Graphique 9.4. FDAX – Données 30 minutes

L'essentiel

La volatilité est l'un des éléments clés de l'analyse.

Connaître la directionnalité du marché et déterminer sa maturité est important. Mais il est impossible d'élaborer sérieusement un plan d'investissement ou un plan de trading sans tenir compte de la volatilité. La volatilité est l'un des paramètres discriminant dans le choix des stratégies. Le niveau de volatilité déterminera aussi de manière précise, quasi mécanique, différents modes de gestion de position (entrées et sorties fractionnées, stops suiveurs, objectifs de risk/reward...). Enfin, bien entendu, les tailles de position par investissement (opération) et par portefeuille (global) seront ajustées en fonction de la volatilité et de l'accroissement (ou de la diminution) des risques.

Le TrDma permet de cibler l'amplitude moyenne d'une journée. Lorsque cette amplitude est atteinte ou dépassée, il faudra envisager de prendre des bénéfices ou de sortir de position si des éléments techniques les valident. Dans certains cas, des ouvertures de position contre la tendance du marché seront envisageables.

Cependant, la caractéristique des journées fortement directionnelles est de dépasser largement leur amplitude moyenne. Le trader expérimenté devra donc apprendre à reconnaître ses journées et à en profiter en se laissant porter tant que les éléments techniques ne lui indiquent pas le retournement des prix.

Les niveaux du VIX permettent de se faire une idée précise de l'aversion ou de l'appétit au risque des investisseurs.

Les bandes de Bollinger offrent une lecture des phases de marché intéressante car dynamique.

Le squeeze est une situation technique remarquable qui permet d'anticiper une forte directionnalité après une phase de congestion.

Chapitre 10

Les gaps sur les marchés de futures, d'actions et de CFD

Un gap est une zone de prix marquée par une absence de cotations. Il survient lorsque les conditions qui prévalaient lors de la clôture ont été radicalement modifiées avant l'ouverture. Classiquement, le gap haussier est nommé « gap up » et le gap baissier « gap down ».

Psychologie

Un gap apparaît suite à des informations qui n'avaient pas encore été traitées et analysées sur la période précédente :

- si les futures européens, comme le FCE (future CAC) ferment à 22:00 en même temps que les marchés américains, les marchés d'actions ferment à 17:30. L'ouverture le lendemain à 09:00 prendra donc en compte l'orientation américaine de cette période non traitée entre 17:30 et 22:00, en plus de l'évolution nocturne des contrats futures américains ;

- durant la nuit, l'Asie évolue selon ses propres moteurs. Elle a aussi dessiné une tendance qui peut influer sur l'ouverture des places européennes ;

- des résultats d'entreprises tombent après la clôture américaine ou avant l'ouverture des places européennes et vont modifier, favorablement ou défavorablement, les perspectives de bénéfices de certains secteurs ;

- des annonces surprises de fusion entre entreprises ou une OPA, surprennent agréablement les opérateurs, en revalorisant généralement le pricing du secteur ;

- un profit warning, une alerte sur les bénéfices d'une entreprise leader dans son secteur, douche l'enthousiasme des opérateurs en leur faisant revoir leurs estimations de bénéfices et donc les perspectives de croissance des cours de Bourse ;

- des annonces ou des statistiques tardives, mais cruciales pour les marchés mondiaux, comme le FOMC ou le beige book de la Fed.

Ces facteurs installent un nouveau climat, un déséquilibre d'ouverture, et poussent les opérateurs à ouvrir au-dessus (gap up) ou au-dessous (gap down) de la clôture précédente.

Il y a quelques années, tout était simple – ou presque. Les investisseurs avaient les gaps sur les marchés cash avec leurs horaires « normaux » et les marchés à terme avec leurs horaires étendus. Puis vinrent les CFD avec leurs horaires répliquant le cash, parfois le future, et cotant même pour certains 24/24. Du coup, pour un même actif financier aujourd'hui, selon le sous-jacent, la présence de gap et leur niveau respectif n'aura de sens que pour un nombre spécifique, parfois réduit, d'intervenants. Et pour simplifier le tout, certains considèrent le gap dans un sens strict (pour un gap haussier, le bas de la période doit être supérieur au sommet de la période précédente, l'inverse pour les gaps baissiers) et d'autres considèrent les gaps de clôture et d'ouverture entre deux périodes. Ces derniers étant les traders plus « modernes » car plus tournés vers l'intraday que vers les données quotidiennes.

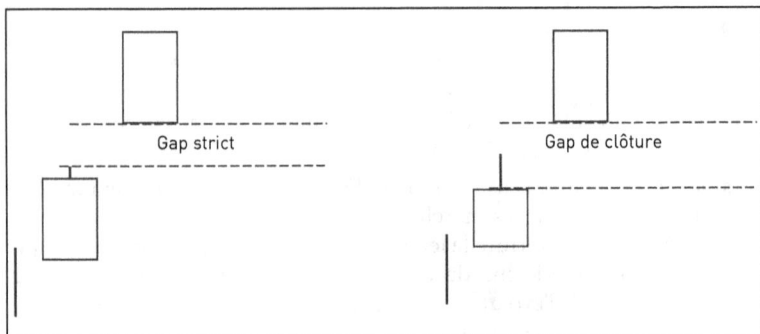

Graphique 10.1.

Les gaps de clôture ne seront utilisés que par les traders intraday car ils permettent de définir des cibles objectives ou des niveaux de support/résistance intéressants.

> Les gaps sont intéressants pour le trader et l'investisseur car ils marquent un changement dans la psychologie des opérateurs de marché, allant parfois jusqu'à un excès caractéristique des fins de tendance (les fameux « pigeons »). Lancement et accélération de tendance ou retournement de marché : deux des configurations recherchées par tout investisseur.

Il convient donc d'éclaircir et de préciser chacun de ces points afin de pouvoir développer de véritables stratégies autour des gaps.

- la première règle à prendre en compte est que les gaps sur le cash sont les gaps les plus importants ;
- les gaps « stricts » sont d'une importance supérieure aux gaps de « clôture ». Le déséquilibre est plus important puisque le nombre d'intervenants piégés est supérieur ;
- dans un cycle de trois gaps, considéré comme un cycle abouti, ne seront pris en compte que les gaps « stricts » ;
- les gaps de « clôture » seront surtout utilisés en intraday comme objectif de retracement ;
- les gaps sur les CFD ne seront pas pris en compte puisqu'ils sont dépendants de leur émetteur, et ne sont donc pas représentatifs ;
- sur les actions, les gaps marquent souvent des impulsions majeures ;
- sur le Forex, les gaps hebdomadaires (rares) seront regardés avec une attention particulière, souvent prélude à des impulsions long terme.

Graphique 10.2. CAC 40 (à gauche), CAC future (à droite) en données 120 minutes

Le premier gap sur le CAC 40 est marqué par un trait horizontal en pointillé, c'est un gap de clôture. Il est souvent sous-estimé par les anciens traders qui ne jurent que par les gaps « stricts », mais avec une importance de plus en plus forte des opérateurs pour l'intraday ou le trading à très court terme. Ceux qui se sont fait piéger la veille en achetant le marché, sont les premiers à vouloir sortir le lendemain et à ressentir la pression au fur et à mesure qu'ils voient s'éloigner leur prix d'entrée. Avec les leviers utilisés aujourd'hui, la pression devient vite intolérable. Ils sont donc les premiers moteurs du retournement. C'est très clair sur ce mouvement. On aperçoit ensuite trois gaps « stricts », le dernier est clairement un gap d'épuisement. Nous avions fait rentrer nos clients à l'achat en fin de journée et annoncé en direct sur twitter notre changement de positon, puisqu'après avoir anticipé et annoncé le krach du mois d'août 2015, les signaux de rebond étaient suffisamment pertinents. Ensuite, la reprise haussière donne lieu à un premier gap de « clôture » sur l'indice et son future, puis entre le 26 et le 27 août, à un gap « strict » uniquement sur le cash. On remarquera aussi que le gap d'épuisement baissier servira de résistance à la reprise haussière puisqu'il a été dépassé seulement de 3 points (après un rallye de près de 400 points) et avant un retracement de 50 %. L'importance des gaps de clôture sur le future en tant que support et résistance est avéré. Il faudra attendre le surlendemain après une impulsion suite à un gap (gap up) pour que le gap d'épuisement sur le CAC 40 soit refermé.

On dénombre classiquement quatre types de gaps : les gaps communs, les gaps de rupture, les gaps de continuation et les gaps d'épuisement.

Les gaps communs

Ce sont généralement des gaps de clôture qui vont se produire dans des zones à faible enjeu. Le marché pourra indifféremment être inscrit dans une zone de congestion, une tendance non affirmée, mais aussi des tendances paroxystiques où les gaps se multiplient sur des séquences de marché particulièrement émotionnelles. Ce type de gap est généralement rapidement comblé mais, comme nous le verrons plus loin, il peut servir de prémices à un mouvement violent. Il n'est donc pas à négliger, malgré son nom, surtout s'il n'est pas rapidement comblé.

À certaines périodes, les marchés sont de véritables gruyères, des trous de cotation surgissent de partout. Inutile dans ces conditions de vouloir comprendre ce que signifient ces gaps. Ce sont des gaps communs. Les marchés réagissent de manière brutale à l'ouverture, puis sombrent dans l'apathie durant la séance. Les gaps surlignent l'incapacité manifeste des opérateurs de marché à opter clairement pour un sens. Euphorie le lundi, panique le mercredi, et gueule de bois le vendredi. Au final, rien, beaucoup de bruit, des vagues erratiques, un marché non directionnel, nerveux, dont il faut savoir se prémunir.

Le gap de rupture (« breakaway gap »)

Le gap de rupture apparaît le plus souvent dans une zone de congestion. Typiquement, il déclenchera un mouvement directionnel après une configuration graphique (double top, épaules-tête-épaules, canal...). Ce gap marque un changement puissant dans l'état d'esprit de certains opérateurs et il va prendre à contrepied les autres, figés dans le ronronnement monotone d'un passé empêtré dans une zone de congestion. Si la rupture est suffisamment forte, un mouvement d'ampleur peut être lancé. Il faudra surveiller la taille du gap, la hausse des volumes et le niveau de retracement du gap, étant entendu qu'il ne doit pas être comblé. Même les jours suivants, après une première extension du mouvement directionnel, un retour en forme de retracement sur la zone du gap devrait servir de support pour relancer la tendance.

Ce type de gap permet au trader d'entrer dans le sens de la tendance. Il faut absolument éviter de s'opposer au mouvement déclenché par l'ouverture. Généralement, les vendeurs à découvert (pour un gap up) vont passer la journée à essayer de se racheter au mieux, d'autres tentent aussi de vendre et, se faisant piéger, coupent à leur tour leurs positions. C'est typiquement un marché haussier, purement technique, alimenté par une analyse erronée et déficiente des vendeurs. Ce sera l'inverse pour le gap down.

Graphique 10.3. Eurostoxx50 future – Données 5 minutes

Après une journée en congestion, dans un range étroit, un gap de rupture se produit sur l'Eurostoxx50. Les trois tentatives pour réintégrer la zone précédente échouent (sur la zone grisée, sur le support devenu résistance en inversion de polarité). Le gap du jour suivant accélère la tendance en obligeant les acheteurs à lâcher leurs positions restantes, voire à modifier leur perception du marché en passant à leur tour vendeur à découvert.

Le gap de continuation (« runaway gap »)

Le gap de continuation se produit consécutivement après le premier gap et il marque la poursuite/accélération de la tendance en cours. On le retrouvera, en théorie, au milieu du mouvement directionnel, mais comme nous le verrons dans l'exemple graphique suivant, la théorie peut conduire à commettre des erreurs.

Le trader peut en profiter pour suivre la tendance, après s'être assuré qu'elle n'est pas arrivée à maturité. Ce gap n'a pas vocation à être refermé immédiatement, dans la journée. En revanche, après l'apparition du troisième gap, le gap d'épuisement, il servira de cible graphique et devrait être refermé. Le gap sert aussi à définir des cibles d'objectifs en points et en niveaux, ce qui est un atout incontestable lorsque l'on ouvre une position. En effet, les débutants craquent souvent après une ouverture de position si le marché hésite avant de lancer un mouvement d'ampleur. Avoir une cible graphique objective permet donc de mieux tenir sa position, de ne pas se préoccuper des mouvements erratiques.

Le gap d'épuisement (« exhaustion gap »)

Il marque la dernière vague d'euphorie (gap up) ou de panique (gap down) après une tendance soutenue, souvent impulsive, nerveuse.

Ce gap est très intéressant car il pourra être traité de deux manières différentes : en intraday et en position trading.

En intraday, il va servir de force de rappel à la dernière vague, un point cible d'objectif à atteindre. Reste pour le trader à ouvrir une position sur un signal graphique, une stratégie de trading backtesté, pour pouvoir poser un stop.

Un gap d'épuisement refermé, validé en fin de journée ou les deux/trois jours suivant son apparition, est un puissant signal de fin de cycle qui pourra être traité avec des prises de position swing si tous les éléments d'analyse convergent en ce sens.

Graphique 10.4. Eurostoxx50 future – Données 30 minutes

Sur l'Eurostoxx50, le premier gap encerclé est le gap de rupture vu sur le graphique précédent en données cinq minutes. Le suivant est le gap de continuation qui accélère le mouvement directionnel en piégeant définitivement ceux qui s'étaient placés en mode espoir. Le troisième gap peut légitimement apparaître comme un gap d'épuisement, c'est le plus large et il apparaît dans un mouvement déjà avancé, sous des niveaux supports (non visibles sur le graphique). Pourtant, ceux qui ont essayé de prendre pied sur un retour haussier déchantent le soir en clôture. La théorie d'un gap de continuation en milieu de tendance validait l'hypothèse d'un gap d'épuisement. D'autres éléments plaidaient pour une poursuite du mouvement comme nous l'avions écrit à l'époque. Le retour en intraday a bien fonctionné. La gestion de type position trading aurait été invalidée par le retour avec une clôture sur les plus bas, invalidant l'hypothèse d'un gap d'épuisement pour un simple gap commun. Finalement, le jour suivant, plus précisément après le week-end, le gap d'épuisement apparaît, plus large et plus massif, puisqu'il conduit à une accélération à la baisse dans un mouvement de panique typique des fins de cycle baissier impulsif.

Un gap support ou résistance : une zone de combat cruciale

Après l'ouverture d'un gap, le marché peut soit accélérer dans le même sens, à la hausse pour un gap up ou à la baisse pour un gap down, soit entamer une correction d'une partie ou de la totalité de la zone de prix gappée.

Lorsqu'un actif retrace une partie du gap, le jour même ou quelques jours plus tard, sans le refermer à quelques points près, il faut normalement s'attendre à une reprise puissante dans le sens de la tendance majeure. Un gap représente souvent pour les traders une cible objective de cours à atteindre. Si, malgré leurs tentatives, les opérateurs actifs qui contrent le mouvement initial ne parviennent pas à atteindre leur objectif, il faut y lire une faiblesse de la spéculation et une force des investisseurs, soit une indication claire de ceux qui dirigent les opérations. Il est donc utile d'apprendre à lire le comportement des opérateurs sur chacune des zones clés. Et les zones de gaps sont des zones clés, des zones de combat entre acheteurs et vendeurs, entre suiveurs de tendance et contrariens, entre ceux qui ont pris le train de la bonne tendance et ceux qui se sont fait piégés.

Graphique 10.5. FCE – Données 3 heures

Ceux qui ne s'intéressaient qu'aux gaps stricts n'auraient rien vu de ce qui s'est joué en cet automne 2015 sur le future CAC. C'est en effet un gap de clôture qui a servi à deux reprises de support. On remarque que le second test s'effectue par un gap down qui piège les vendeurs pressés, persuadés de pouvoir jouer la fermeture du gap laissé ouvert. Le retournement est brutal, tous les vendeurs à l'ouverture du marché se sont fait piéger et doivent se racheter en catastrophe pour un joli rallye de 180 points en quelques jours.

L'essentiel

On fera la différence entre les gaps stricts et les gaps de clôture spécifiques au trading intraday.

Les gaps sont des niveaux clés de déséquilibre émotionnel.

Les gaps pourront servir à la fois de cible et de support/résistance.

L'utilisation des zones de valeur et des gaps est une extraordinaire ressource pour le trader intraday, le swing trader et aussi les investisseurs. Pour asseoir ses premiers progrès en trading, il faut se persuader que définir quand il ne faut pas agir est au moins aussi important que savoir quand et comment agir. Ce point est rarement abordé. La plupart des livres se consacrent à ce qu'il faut faire en multipliant les exemples où ce qui est expliqué fonctionne parfaitement bien. Mais dans la réalité quotidienne du trading, parfois rien ne fonctionne comme prévu. Les émotions prennent alors le dessus et discipline et rigueur s'envolent. Les erreurs émotionnelles coûtent très cher aux comptes de trading. Il faut apprendre à limiter les erreurs, à faire preuve de perspicacité dans ses choix d'intervention, utiliser les gaps à bon escient. Ne pas trader parce que vous n'êtes pas sûr n'est pas grave.

Ouvrir une position sans critères précis, sans méthode, est une attitude à bannir, le plus sûr moyen de rejoindre les cohortes de traders perdants. Le trading autour des gaps offre de multiples opportunités.

Chapitre 11

Divergences et renversements de marché

L'adage boursier « la tendance est ton amie » doit guider l'essentiel des actions des opérateurs de marché. Mais la quête de performance impose de repérer les éléments objectifs qui signalent une tendance mature, sur le point de se retourner. C'est un impératif pour éviter de roucouler avec la nuée des « pigeons » qui s'ébrouent lors des derniers mouvements impulsifs, attirés par l'appât d'un gain prétendument facile. En plus des configurations graphiques de retournement et des chandeliers japonais, les divergences entre les cours et certains indicateurs peuvent signaler un essoufflement de la tendance.

La problématique de la poursuite, ou non, de la tendance, se pose toujours à l'investisseur qui souhaite ouvrir une position. Dans le cadre de la convergence des critères de prise de position, une divergence de comportement marquée entre les fluctuations des cours et celles d'indicateurs de type oscillateurs, alerte sur une perte de momentum. Les oscillateurs agissent alors comme des lanceurs d'alerte en représentant graphiquement la décélération des prix.

> Une divergence négative apparaît en tendance haussière lorsqu'au moins deux sommets ascendants sur les cours sont marqués sur l'oscillateur par deux sommets descendants.
>
> Inversement, une divergence positive apparaît en tendance baissière lorsqu'au moins deux creux descendants sur les cours sont marqués sur l'oscillateur par deux creux ascendants.

Le comportement convergent, ou divergent, entre les cours et les indicateurs doit faire l'objet d'une attention sérieuse. Les divergences entre les cours d'un actif et un oscillateur sont des éléments clés de compréhension de la tendance, de sa vélocité et de son momentum. Ceci étant dit, l'utilisation qui est faite des divergences est souvent erronée, lorsqu'elle n'est pas source d'erreurs graves, ce qui peut nuire à leur réputation. Un outil mal utilisé ne doit pas nous faire remette en cause l'outil, mais son utilisateur. Il faut donc être très précis. Une divergence ne signale pas un retournement de marché. C'est une alerte sur la vélocité et le momentum de la

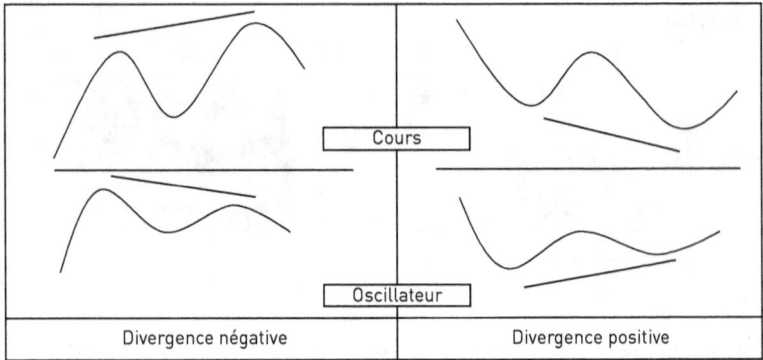

Graphique 11.1.

tendance. Seul le retournement effectif des prix, normalisé par des critères objectifs, validera le changement de tendance. En revanche, dès lors que des divergences apparaissent entre les indicateurs et les cours, la question de la pérennité de la tendance se pose. Comme nous l'avons déjà décrypté, selon la typologie de la tendance (simple, soutenue ou impulsive), l'intérêt pratique des divergences ne sera pas le même.

Mise en garde

Sur les tendances puissantes, typiquement les tendances impulsives et certaines tendances soutenues, plusieurs divergences successives peuvent apparaître sans que le moindre essoufflement des prix ne laisse leur chance à ceux qui tentent de s'y opposer. L'étude de la vitesse et de la forme de la tendance est donc un préalable indispensable. Elle permet d'éviter de nombreux faux signaux et de chercher à entrer à contre-tendance sur un marché en tendance impulsive.

L'analyse de la tendance par les divergences sera systématiquement replacée dans le contexte du radar de tendance et des horizons de temps supérieurs. Une divergence haussière M1 dans une tendance baissière H1 soutenue ou impulsive ne mérite aucune attention, à moins de vouloir intervenir sur les opérations à faible probabilité de réussite. Beaucoup de traders détectent des divergences là où il n'y a que des mouvements désordonnés ou des tendances impulsives ou soutenues sur des degrés supérieurs. Pour limiter le nombre de faux signaux, une divergence doit répondre à des critères précis et à des typologies spécifiques. Encore une fois, l'à-peu-près et l'approximation n'a pas « droit de cité » ici.

Les indicateurs

Il est possible d'utiliser plusieurs indicateurs, mais les plus efficaces dans la durée sont le MACD et le RSI. L'utilisation conjointe de ces deux indicateurs rend l'utilisation des divergences plus efficace, notamment du fait de leur construction différente. Lorsqu'une divergence entre les cours et les indicateurs n'est validée que sur un seul (généralement le RSI, du fait de son bornage), la probabilité de voir la tendance en cours se retourner est affaiblie. Or, en tant que trader ou investisseur, nous cherchons à réunir le maximum de convergence et la probabilité de réussite la plus importante. Savoir concentrer les efforts sur les scénarios les plus probables plutôt que de s'éparpiller, par ennui, ou pour faire comme le copain sur Internet qui joue en Bourse comme au casino, doit être l'objet de toutes nos attentions.

En pratique

Les divergences ne pourront être validées que si le RSI a précédemment été en zone de surachat sur les tendances haussières, pour les divergences négatives, ou en zone de survente sur les tendances baissières, pour les divergences positives.

Utilisation

La validation des divergences par les cours se fera sur cassure d'un bas (haut) précédant ou d'une ligne de tendance (sous les derniers creux pour les divergences négatives ou sur les derniers sommets pour les divergences positives). Il faudra aussi s'assurer que le RSI casse la zone des 50 (idéalement celle des 40 pour les divergences négatives, ou celle des 60 pour les divergences positives). Le RSI devra aussi casser son dernier haut pour les divergences positives, ou son dernier bas pour les divergences négatives. Enfin, le MACD devrait (idéalement) avoir retrouvé la zone d'équilibre (au-dessus pour les divergences positives, en dessous pour les divergences négatives).

Tous ces éléments objectifs ne sont jamais énoncés dans la littérature classique qui se contente de noter les divergences. Mais dans le cadre du trading, il s'agit d'être précis et concret. Dans le cas contraire, il n'est pas possible de répliquer dans la durée des stratégies.

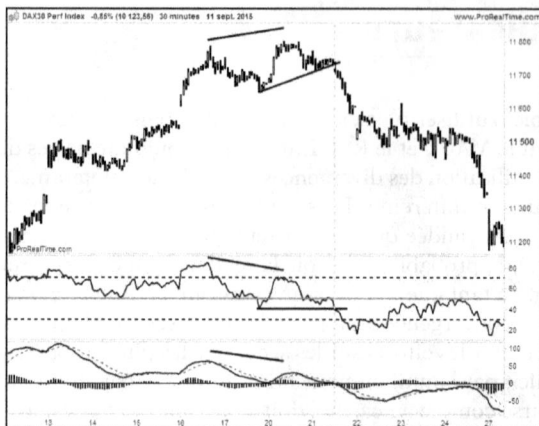

Graphique 11.2. DAX – Données 30 minutes

Sur le graphique du DAX, RSI et MACD marquent bien une divergence avec les cours. La cassure conjointe du plus bas précédent (correspondant à la ligne de cou sur les prix) sur le RSI, de la ligne de tendance sur les cours et le passage sous la ligne d'équilibre du MACD valide la divergence.

Graphique 11.3. DAX – Données 30 minutes

Sur ce second graphique du DAX, RSI et MACD marquent bien une divergence sur les prix. Après le creux sur les prix, le RSI peine à rebondir, bloque sous la ligne des 50 et ne casse pas son dernier point haut (correspondant à la ligne de cou). Le MACD reste bloqué sous sa ligne d'équilibre. Après une période de congestion étroite, la tendance baissière redémarre.

Graphique 11.4. Michelin – Données quotidiennes

Après la divergence cours/indicateurs sur Michelin, la cassure du dernier creux sur le RSI en 1 n'est pas validée par le passage du MACD sous sa ligne d'équilibre. Dans ce cas, il est préférable de s'abstenir de prendre position directement. D'ailleurs, les prix remontent rapidement vers le dernier haut sans pour autant parvenir à le casser. Mais une alerte doit résonner. Ceux qui sont en position longue sur le titre devraient solder tout ou partie de leur ligne. En 2, la cassure du dernier bas sur le RSI s'effectue conjointement avec le passage du MACD sous la ligne d'équilibre et une cassure du dernier plus bas sur les prix. Une ouverture de position à la vente peut être opérée. Ceux qui ne peuvent pas vendre à découvert (dans le cadre d'un PEA, par exemple) doivent solder leur position. Un signal de vente a été donné.

Définir des typologies de divergences

Nos travaux de recherches spécifiques sur les divergences nous ont amené à distinguer quatre structures fondatrices de divergences (types I à IV). Ces différentes structures découlent de la tendance qui précède, de momentum et de sa vélocité.

En pratique

Les divergences pourront être traitées pour jouer un retournement de marché de degré supérieur, pour jouer un retracement rapide sur une unité de temps courte, opposée à la tendance primaire, ou pour intervenir dans le cadre et le même sens que la tendance supérieure lors d'un retracement sur l'unité de temps de timing.

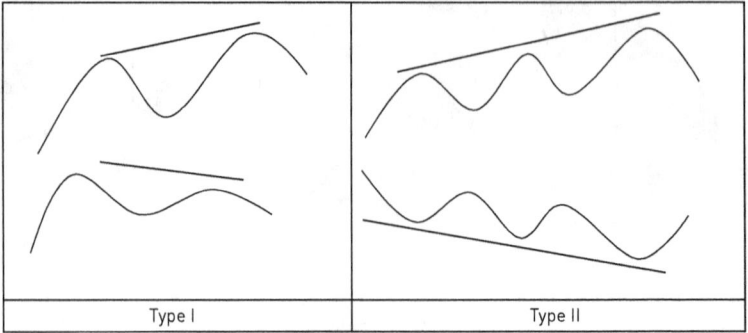

Graphique 11.5.

La divergence type I est de forme double sommet ascendant, celle de type II de forme triple sommet ascendant. Ce sont les formes les plus faciles à travailler, celles sur lesquelles notre travail pourra se concentrer. Il faudra vérifier que les éléments de validation décrits ci-dessous sont bien présents.

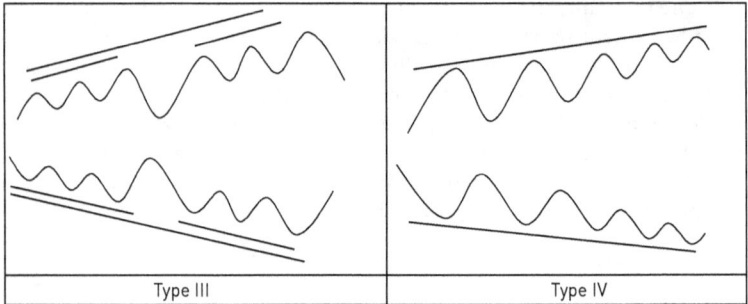

Graphique 11.6.

Les formes en type III sont des formes complexes sur les tendances soutenues. Ce sont les divergences qui sont les plus compliquées à traiter car elles lancent de nombreux faux signaux, éprouvent les nerfs des traders qui finissent par renoncer… au moment où la tendance se retourne véritablement. Les formes en type IV sont des formes classiques sur les prix en biseau. La validation pourra se faire uniquement par un mouvement de cassure du biseau par les prix.

Les taux de réussite diffèrent sensiblement selon la typologie de la divergence. Ne pas en tenir compte est donc une erreur. Adapter les timings d'entrée et la gestion de position est donc une obligation.

Grâce à la mise en perspective des différentes formes de divergences, il devient beaucoup plus difficile de se tromper.

Mise en garde

L'expérience, parmi les nombreux traders formés, nous prouve que parfois, hélas, l'œil de l'intervenant ne détecte que ce qu'il veut voir. Celui qui arrive le matin au bureau et a lu dans les journaux que tout va bien, et qu'il faut acheter, aura souvent des difficultés à se mettre vendeur. Il se concentrera, souvent involontairement, uniquement sur les signaux acheteurs.

Afin d'objectiver les divergences et d'éviter d'entrer en contre-tendance sur des tendances impulsives qui multiplient les divergences de types III et IV, il faudra ajouter un filtre sur la pénétration de ligne de cou afin de les identifier facilement. Deux moyens existent, et nous utilisons souvent les deux conjointement.

- Le premier consiste à se donner une limite minimale d'incursion ou de retracement du RSI. Pour les divergences positives, le RSI devra au minimum retracer sur la ligne des 40, idéalement au-delà des 50. Pour les divergences négatives, le RSI devra retracer sur la ligne des 60, idéalement au-delà des 50.

- Le second filtre compare le retracement de la ligne de cou avec la moyenne mobile 20. Si les cours ne parviennent pas à toucher cette moyenne mobile, la divergence ne sera pas considérée comme valide, c'est souvent le cas des divergences de type IV, qu'il convient d'éviter de travailler, sauf cas particulier de fin de cycle avéré sur l'unité de temps majeure.

Ainsi, tous les faux signaux liés aux tendances impulsives sont systématiquement filtrés, éliminés. Il restera évidemment quelques faux signaux, mais en augmentant sérieusement le taux de réussite des divergences, nous parvenons à entrer sur les retournements de marché, sans pour autant trader à contre-tendance, bien au contraire, en prenant pied sur la tendance naissante dès les premiers signes de son lancement.

Réussir à filtrer les faux signaux

- définir la tendance sur l'horizon de temps de degré supérieur ;
- définir la forme et la vitesse de la tendance sur l'horizon de temps de timing ;
- établir la typologie de la divergence et en tirer des conséquences au niveau du choix des stratégies d'intervention ;
- utiliser conjointement RSI et MACD ;
- mesurer la durée entre chaque vague constituant la ou les divergences ;

- mesurer l'écart relatif entre les tailles des vagues et la ligne de cou grâce à l'utilisation d'une moyenne mobile ou avec l'aide du RSI ;
- noter les niveaux extrêmes du RSI sur les différents horizons de temps.

Stratégies de marché autour des divergences

Une divergence seule peut faire l'objet d'une stratégie. Les éléments de timing énoncés dans ce chapitre permettent d'élaborer des critères d'entrées objectifs et de s'assurer des éléments pour filtrer les faux signaux. En revanche, il est important de bien connaître l'actif financier ainsi que l'horizon de temps. Il existe de nombreux écarts de performance selon les actifs et entre les unités de temps. Chacun doit s'astreindre à un travail de recherche et de backtesting avant de se décider à utiliser les divergences comme stratégie de trading.

La réussite passera aussi par une analyse sérieuse des tendances de degré supérieur car les implications ne seront pas les mêmes selon que l'on travaille dans le sens de la tendance majeure et de la tendance primaire, ou dans le sens opposé. Dans un cas, on pourra intervenir sur des configurations type retracement, et donc décider d'appliquer un style de gestion en trend following, dans l'autre cas, on interviendra pour jouer un retournement de marché, avec la possibilité de voir se multiplier les faux signaux.

Enfin, les divergences pourront évidemment venir compléter la convergence d'éléments techniques à l'élaboration d'une stratégie. Et dans ce cadre, elles représentent un potentiel encore plus fort.

L'essentiel

Les divergences font partie des outils qui permettent de signaler un essoufflement de la tendance en cours. Les divergences sont des lanceurs d'alerte, des indicateurs précurseurs, mais elles ne servent pas de market timing.

Les divergences servent à alléger ou solder une position ouverte dans le sens de la tendance. Elles permettent aussi d'ouvrir une position, dans le sens d'une tendance naissante, lorsque le retournement est avéré par des critères précis.

Il faut savoir identifier plusieurs types de divergences.

Les divergences seront filtrées par l'utilisation de deux indicateurs : le RSI et le MACD.

La validation des divergences passe par une action conjointe des prix et des indicateurs.

Il est possible de filtrer bon nombre de faux signaux en établissant des critères de formation précis (forme, taille, ligne de cou, extrêmes sur le RSI...).

Partie 3

Intervenir sur les marchés de futures et de CFD avec la méthode GTAS

Chapitre 12

GTAS : système de trading et stratégies

GTAS, l'acronyme de « Global Trend Analysis System », est une méthode d'analyse globale conçue au départ comme une offre d'analyse et d'intervention pour les professionnels de marché et les hedge funds. Elle a ensuite été adapté dans une optique pédagogique afin d'accélérer le processus d'apprentissage des débutants et d'aider tous ceux qui ne réussissent pas à performer de manière régulière sur les marchés. Cette évolution constante est l'une des raisons du succès de cette méthode. Si la chance et le hasard ne sont pas conviés à la table des gagnants, il faut pouvoir intervenir avec des routines efficaces. Le « tick d'après » reste statistiquement aléatoire. Chaque instant est unique, donc non reproductible. En revanche, il est possible de cadrer statistiquement des événements si l'on raisonne en termes de séries, et non plus en termes d'occurrence unique. Fort de ce constat, il convient de contrôler et maîtriser tout ce qui peut l'être et de ne plus se préoccuper de ce qui relève de l'unicité.

En pratique

Dans un environnement complexe, mouvant, fluctuant, susceptible de réagir fortement à des événements exogènes, se focaliser sur les éléments objectifs et intangibles d'une stratégie – et jamais sur la part d'incertitude inhérente à toute prise de position –, c'est endosser le costume du professionnel des marchés.

Pour réussir à performer de manière régulière, en contrôlant constamment son risque et sans laisser ses émotions jouer aux montagnes russes, chacune des interventions du trader ou de l'investisseur doit s'opérer dans un cadre précis et rigoureux, qui sera appliqué avec discipline. Systèmes de trading et stratégies inscrivent le travail du trader dans une série d'actions répétitives et reproductibles. Le trader crée ainsi un environnement de travail stable et rigoureux, seule garantie de succès pérenne dans un environnement fortement instable.

La plupart des stratégies présentées dans cette partie sont utilisées depuis de longues années, avec succès, sur de nombreux produits : futures et CFD mais aussi actions et Forex. Les critères d'entrées et de sorties sont adaptés à la volatilité et à l'inertie du momentum propre à chaque produit. GTAS présente un tronc commun de stratégies et de gestion de risques et de positions. Ensuite, un travail personnel doit être accompli par chaque investisseur ou trader pour faire coller sa manière d'intervenir sur les marchés avec son profil. Nos formations insistent particulièrement sur cet aspect et délivrent à chaque participant une méthode adaptée à son profil. Il ne faut pas tromper les débutants en leur faisant croire qu'il est possible de copier le travail d'un autre. En revanche, adapter des stratégies gagnantes à son profil d'investisseur pour coller à son capital, son mental et son agenda personnel, est une méthode performante qui a fait ses preuves depuis de nombreuses années maintenant, que les traders veuillent devenir professionnel ou qu'ils soient de simples passionnés désirant s'impliquer sur le long terme.

Vous trouverez sur www.e-winvest.com les dernières avancées ainsi que des exemples supplémentaires ou des manières spécifiques d'aborder les stratégies selon les profils d'investisseur et de trader.

Investisseur ou trader : contrats futures et CFD

Le comportement du marché, l'évolution des cours et le développement des tendances a un comportement fractal. Figures et configurations graphiques se retrouvent à l'identique quel que soit l'horizon de temps étudié. Ensuite, bien évidemment, les comportements psychologiques, les tailles et les expositions au marché, les niveaux de stops et d'objectifs sont ajustés. Mais l'enseignement d'une méthode globale de trading ou d'investissement doit permettre de travailler sur tous les horizons de temps. Le trader intraday devra y trouver son bonheur, comme l'investisseur long terme qui gère son PEA et ne voudra pas passer son temps collé devant ses écrans à analyser les marchés. D'autres n'envisageront leur vie que devant leurs graphiques – le trading devient vite addictif –, mais en restant patients et en n'opérant qu'une à deux fois par jour. D'autres enfin ne pourront penser le trading que comme un clic permanent, presque compulsif, et ils tenteront de devenir scalper. Le choix du produit dépendra du capital de départ, de l'expérience et de la durée de détention des opérations.

Des stratégies sur mesure pour les contrats futures et les CFD

Chaque trader ou investisseur étant unique, le succès à long terme passe par la construction d'un environnement de travail qui cadre avec le temps alloué au trading, ses contraintes de temps, mais aussi avec sa personnalité, son caractère, son aversion au risque et son appétence au gain : Quels horizons de temps en fonction de ses disponibilités ? Quels produits traités ? Quels types de stratégies ? Quel niveau de risque pour avoir le retour sur investissement souhaité ? Dans les séances de coaching ou lors des séminaires de formation, nous accordons toujours un temps individuel à chaque participant pour caler avec lui le cadre de travail qui lui correspond le mieux. Dans ce domaine comme dans bien d'autres, l'expérience apportée est un gain de temps considérable, sans parler de l'argent économisé grâce aux pertes évitées, pour celui qui souhaite se lancer sur les marchés. Certains traders seront à l'aise pour travailler avec de lourds leviers, d'autres au contraire se retrouveront aussitôt paralysés par l'émotion. Des traders auront besoin de réaliser au moins 10 opérations par jour pour se sentir en phase avec les marchés alors que d'autres guetteront patiemment leur entrée, quitte à ne faire qu'une opération par jour, et même parfois seulement deux ou trois par semaine. L'expérience et le capital sont d'autres facteurs, trop souvent négligés, à prendre en compte.

Mise en garde

Pour réussir à performer régulièrement, il est important de travailler avec des stratégies étudiées sérieusement et backtestées longuement. Il faudra s'attacher à connaître leur comportement dans différents environnements de marché. Il n'existe pas de système parfait. Il est facile de présenter des stratégies gagnantes sur quelques mois. Les candidats sont nombreux. Sur 10 ans, cela devient moins évident de trouver des candidats. C'est la raison pour laquelle beaucoup d'intervenants préfèrent vendre leurs conseils plutôt que leurs talents d'investisseurs. Il est facile de faire rêver sur quelques opérations, il est aisé de crier fort lorsque l'on gagne une ou deux fois, mais cela est plus difficile sur la durée.

Les stratégies présentées dans ce livre ont d'abord été développées pour les marchés de futures, essentiellement les futures indices et taux. Puis elles ont été adaptées au marché du Forex et enfin aux actions et aux CFD (indices, taux et actions). Il faut bien entendu tenir compte des spécificités de chaque produit (horaires de cotation par exemple, slippage, frais de transaction, liquidité) avant de les valider et de les passer en mode réel.

Toutes celles présentées tournent en réel depuis au moins quatre ans, plus de dix ans pour certaines, ce qui a le mérite de valider leur pertinence. Elles fonctionnent autant sur les unités de temps courtes que les très longues. Pour les avoir enseignées aux traders qui ont collaboré avec nous dans nos fonds, il est remarquable de voir que les traders les plus performants finissent toujours par se les approprier en les faisant coller à leur personnalité, plus ou moins agressive, plus ou moins prudente.

En pratique

Certains traders seront à l'aise avec des entrées très agressives tandis que d'autres voudront au contraires le maximum de confirmation avant d'ouvrir une position. Certains préféreront sortir vite et soigner leur Wind/ Loss ratio tandis que d'autres n'auront aucune peine à supporter de longues périodes de petites pertes et préféreront travailler en suivi de tendance pur. Il n'existe pas de vérité intangible, unique et identique pour tous. La clé du succès réside dans la régularité et dans la rigueur des actions du quotidien. L'erreur serait de choisir l'entrée agressive (sans raison) le lundi, et de changer les jours suivants pour se positionner dans un mode d'attente ou de patience, puis revenir à l'entrée agressive le vendredi après trois jours de perte. À l'inverse, le trader rigoureux choisira l'entrée agressive à l'achat le lundi car la tendance est uniformément haussière, sans signe de retournement, puis des entrées moins agressives à l'achat les jours suivants, en raison d'une tendance haussière « toppish » en cours de distribution.

GTAS : une méthode globale et deux systèmes d'intervention

Pour maintenir la confiance et protéger le capital, il faut doter son arsenal d'intervention de méthodes capables de performer sur les cycles adaptés et ne pas trop sous-performer pendant les phases contraires. Pour ne pas souffrir durant les changements de cycles de marché, une méthode doit donc regrouper au moins deux systèmes de trading complémentaires :

- un système de suivi de tendance (trend following et momentum) ;
- un système de retour à la moyenne (mean reversion).

Le système de suivi de tendance performera bien dans des environnements de tendance soutenue et de volatilité supérieure à sa moyenne historique ;

il permet d'inscrire l'action de l'investisseur dans le sens principal de la tendance. Son taux de réussite n'est généralement pas très élevé mais il arbore des ratios risk/reward enviables. En revanche, lors des phases de congestion, il sous-performera en raison de faux signaux ou sera confronté à des tendances trop rapidement avortées pour être rentables. Il génèrera alors de nombreuses pertes. Il faudra donc travailler sur la minimisation des pertes durant ces périodes en axant le travail sur des entrées adaptées au plus près, des niveaux d'allocation réduits et un filtrage plus serré afin de ne pas capter tous les faux signaux.

Le système de retour à la moyenne performera parfaitement bien dans des environnements non directionnels ou dans des environnements de tendance simple en vagues, lorsque la volatilité est inférieure à la moyenne historique. Il pourra aussi être parfois utilisé sur des stratégies spécifiques, avec une grande prudence pour les débutants, en fin de cycle et sur une tendance impulsive, notamment sur des phases où la tendance est décorrélée sur les échelles de temps du radar composite. Mais dans un environnement directionnel puissant, le système de retour à la moyenne ne parviendra pas à générer des gains, les lectures classiques ou des stratégies étant alors inopérantes à lire un comportement impulsif, qui ne retrace pas ou trop peu. En revanche, ce système sera particulièrement performant durant les périodes où une tendance impulsive de degré inférieur est opposée et contraire à une tendance primaire ou principale soutenue. C'est souvent le seul qui permet de saisir ces occasions d'entrer sur le marché.

L'analyse préalable de l'environnement de marché, de la tendance et de la volatilité, l'éclairage des niveaux par les zones de valeur, permettent donc de choisir de manière claire le système de trading à employer afin de coller au marché pour maximiser les chances de succès et réduire les interventions inutiles ou incompatibles.

En pratique

Comprendre les qualités particulières du système de trading que l'on utilise dans un contexte précis de cycle de marché est essentiel pour ne pas investir au hasard et inscrire la performance dans la durée. Si beaucoup de « formateurs » échouent à s'affranchir du mur du réel et préfèrent expliquer aux autres ce qu'ils doivent faire, c'est justement parce qu'ils s'obstinent à ne vouloir travailler que dans un seul système de trading. Les périodes noires, les « drawdown » succèdent alors immanquablement aux périodes fastes.

Les stratégies de trend following

Les spécificités à connaître sont de plusieurs ordres.

- Ce système de trading a une architecture de résultat présentant un ratio gain/perte (win/loss[1] ratio) relativement faible (proche ou inférieur à 50 %) et un ratio risque/récompense (risk/reward)[2] élevé à très élevé (supérieur à 2 et pouvant dépasser 4).

- Les périodes de pertes peuvent s'étendre dans la durée puisque le suivi de tendance s'inscrit avant tout dans la recherche de phases de directionnalité puissante et que la tendance n'occupe au mieux que 30 à 40 % du temps des fluctuations des cours. La durée des pertes, plus que leur ampleur (si le travail spécifique d'allocation d'actif a été effectué correctement) peut donc être déstabilisante pour des traders peu expérimentés qui manquent logiquement de confiance. Or, pour réussir à inscrire son activité dans la durée, la confiance est essentielle. Sinon, dans le cas contraire, l'opérateur hésitera à cliquer après une série de pertes, et il passera donc à côté d'une tendance forte ou il sortira trop rapidement pour sécuriser ses positions lorsqu'une tendance démarrera. Au final, il ne respectera plus ses règles d'intervention. S'il est lucide, il saura voir d'où viennent les problèmes ; dans le cas contraire, il incriminera la stratégie et passera à d'autres stratégies sans être allé au bout de ce qu'il devait faire. C'est souvent le début d'une longue errance d'un système à un autre, sans rigueur et sans discipline.

- Les stratégies de suivi de tendance permettent aux traders débutants de s'initier avec succès à la maxime « laisser courir les profits et couper les pertes rapidement ». Il faut juste accepter les règles qui se sont imposées d'elles-mêmes lors des backtests. D'où l'importance de ce travail de recherche préalable pour établir les bases d'une confiance durable.

- Un bon système ne doit pas générer trop de signaux d'entrées. Si la tendance est notre amie, les frais de courtage ne le sont pas nécessairement et beaucoup de systèmes performants sur le papier, mais insuffisamment ou mal backtestés, ne réussissent pas à franchir la barrière du réel. De nos jours, l'écosystème du trading pousse à accélérer le temps en réduisant les horizons de temps étudiés et les périodes d'intervention. La réalité statistique démontre l'inverse. Plus on inscrit le trading sur des échelles de temps larges et plus on a la possibilité de capturer des mouvements directionnels puissants. Les tendances lourdes sont enclenchées par des facteurs économiques, sociaux ou politiques par le biais des plus gros acteurs des marchés financiers.

---

1. Mesure de performance : pourcentage d'opérations gagnantes et perdantes.
2. Mesure de performance : pourcentage de gain par rapport au risque pris.

- Afin de lisser les résultats, il faudra scanner le maximum de produits pour rechercher ceux qui sont susceptibles de développer des tendances puissantes.

Une courbe de performance uniquement fondée sur des systèmes de trend following affichera une volatilité relativement élevée, peu à même de séduire les professionnels (pour ceux qui désirent s'orienter vers ce métier) et des périodes plus ou moins longues de drawdown, lors des phases de congestion et de tendance non affirmée. Dans tous les cas, les pertes doivent être petites et maîtrisées, mais elles peuvent être nombreuses puisqu'en recherchant une tendance puissante, l'opérateur accepte de voir le marché revenir en arrière et se faire stopper.

La courbe de résultat doit afficher une progression la plus linéaire possible lorsque l'on désire s'orienter vers cette profession. Les partenaires et les clients rejettent la volatilité dans la performance. Il existe plusieurs manières de lisser sa courbe de résultat afin de ne pas subir des chocs financiers et émotionnels trop forts, contraires à la sérénité nécessaire à la prise de position et à la maîtrise psychologique. Le moyen le plus simple est la gestion de position. Des prises de bénéfices partielles, étagées et programmées, diminuent fortement la volatilité des résultats en améliorant sensiblement le taux de réussite sans trop dégrader le risk/reward réel puisque l'on réussit parallèlement à réduire le temps d'exposition sur le marché d'une partie du risque consenti, ce qui peut être l'un de nos objectifs, dans une optique de gestion rigoureuse. Une gestion active des positions sur plusieurs unités de temps augmente aussi significativement le ratio gain/perte en élevant sensiblement le niveau d'allocation. Tout le travail consiste donc à trouver un équilibre entre ces différents ratios. Une légère détérioration du résultat brut total est acceptable au bénéfice d'une courbe plus équilibrée et donc nettement plus présentable à des investisseurs lorsque l'on s'inscrit dans une démarche professionnelle. Ensuite, il faudra se spécialiser sur quelques stratégies, peu nombreuses, mais les appliquer sur de nombreux sous-jacents. C'est un moyen simple d'aller chercher des produits en tendance.

Le dernier outil qui permet de réduire la volatilité des résultats de trading est, comme nous l'avons vu, de structurer sa méthode d'intervention sur les marchés d'un autre système et de stratégies complémentaires

Les stratégies de retour à la moyenne (mean reversal)

Les stratégies de retour à la moyenne partent du postulat que s'il existe un prix moyen accepté par tous, des points d'ancrage, déterminés par la somme des opinions des différents intervenants sur le marché, tout écart trop marqué de cette moyenne est une anomalie momentanée dans la fixation du prix. La probabilité de voir les cours revenir, à une échéance souvent indéterminée, proche de leur cours d'équilibre, est donc forte. Mais probabilité ne signifie jamais certitude.

En réalité, il convient donc de se montrer prudent avec ce raisonnement qui, s'il n'est pas faux, est pour le moins simpliste.

La première remarque à faire est qu'un retour à la moyenne mobile est en effet systématique, même en tendance puissante, mais qu'il peut se faire à des niveaux très différents de ceux attendus. Après un décalage de cours important, typique des tendances impulsives, l'apparition d'un niveau d'équilibre pourra se faire sur des bases très éloignées du précédent. Ce ne sont pas alors les cours qui reviennent vers leur moyenne, mais bien la moyenne qui va rejoindre le nouvel équilibre. C'est particulièrement le cas lorsqu'un nouvel élément fondamental déséquilibre fortement les anticipations précédentes des opérateurs. Chercher alors à voir les cours revenir vers leur niveau antérieur est un non-sens et une absence totale de compréhension des mouvements de marché. Une moyenne ne vaut que pour une évaluation correcte des cours, un équilibre accepté par les intervenants ; or, justement, lorsqu'un déséquilibre puissant se crée suite à une nouvelle importante, par exemple, qui oblige à réévaluer la valeur d'une entreprise, d'un indice ou d'une devise, le nouvel équilibre pourra se déplacer de manière parfois considérable. Et dans ce cas, le retour à la moyenne n'aura plus de sens.

Ces mises en garde nécessaires précisées, il est en effet possible de traiter sur les marchés avec des stratégies de retour à la moyenne des prix. Il faudra tout de suite distinguer deux cas bien différents : dans un marché sans tendance sur les unités de temps majeures, les retours à la moyenne ne sont que des retours à l'équilibre au sein d'un consensus équilibré. En revanche, dans le cadre de tendances établies, mais non impulsives, les retours à la moyenne s'effectuent de manière dynamique, avec un décalage constant du prix moyen dans la direction de la tendance dominante.

Il est aussi possible dans certains cas de traiter une même stratégie à la fois en trend following et en mean reversal. L'objectif doit être de lisser la courbe de résultat. Sinon, cela ne présente aucun intérêt.

Les résultats présentés proviennent de stratégies algorithmiques sur indice en intraday et position trading sur une période de 15 ans. La stratégie B.Fail présentée plus loin dans cette partie est une stratégie de fausse cassure. Elle peut donc être traitée à la fois en suivi de tendance (on jouera le retournement du cycle) ou en retour à la moyenne (on se contentera de prendre des points sur un retracement de marché). La manière même d'aborder la stratégie ne change pas. Les entrées sont identiques. En revanche, la gestion de position et les sorties vont être gérées de manière totalement

B.Fail

Suivi de tendance	
Gain total	162 200,00
Total Gain	297 454,00
Total Perte	135 254,00
Profit Factor	2,20
Max DD	-16 165,00
Total Trades	841,00
% Win	34,95%
% Loss	65,05%
Average trade	192,87
Average Win Trade	1 011,75
Average Los/trade	247,27
R/R	4,09
Max. Consecutive winners	12,00
Max consecutive losers	29,00
Largest winning trade	8 715,00
Largest losing trades	-1 002,00

Retour à la moyenne	
Gain total	142 657,00
Total Gain	265 188,00
Total Perte	122 531,00
Profit Factor	2,16
Max DD	-17 043,00
Total Trades	841,00
% Win	72,65%
% Loss	27,34%
Average trade	169,63
Average Win Trade	434,02
Average Los/trade	532,74
R/R	0,81
Max. Consecutive winners	21,00
Max consecutive losers	11,00
Largest winning trade	2 437,00
Largest losing trades	-1 012,00

Graphique 12.1.

différenciée, pour des résultats qui, s'ils se rapprochent en termes de gain total, présentent des nuances importantes, très intéressantes dans l'optique d'une gestion de portefeuille et de la présentation de résultats à des clients, par exemple.

Dans le cas du suivi de tendance, le risk/reward est de 4.09 contre 0.81 pour le retour à la moyenne. On voit bien là déjà que l'éternel débat sur la nécessité d'avoir un risk/reward supérieur à 2 est une illusion. Seule l'association avec le taux de réussite a du sens. Dans le premier cas, le pourcentage d'opérations gagnantes est inférieur à 35 % alors qu'il est supérieur à 72 % dans le second. On notera aussi que le système de suivi de tendance est capable d'aligner 29 pertes consécutives (contre 11 pour le retour à la moyenne). Le choix du système dépendra donc de votre capacité à continuer à cliquer après avoir encaisser autant de pertes. En mixant les deux systèmes, vous aurez certainement plus de facilité à continuer à travailler une stratégie très largement gagnante. Logiquement, le plus gros gain apparaît avec le système de suivi de tendance, c'est son objectif : des gains importants mais peu fréquents couplés avec de petites pertes, plus fréquentes.

Systématiser les interventions sur les marchés de futures et de CFD

Selon le profil de l'intervenant, son caractère et sa manière d'aborder les marchés, il aura devant lui plusieurs possibilités de systématisation des stratégies.

• Le système discrétionnaire laisse l'opérateur aux commandes des opérations. Il a cependant établi des critères d'entrées fondés sur le volume, le cours, une cassure ou un comportement d'indicateur, une convergence de signaux qui doivent valider ses actions et il choisit d'y réagir ou pas, en adaptant l'allocation et en gérant les sorties. Il inscrit ses actions dans la répétition mais il peut se laisser un peu plus de marge en fonction du contexte spécifique.

- Le trading semi-automatique se base sur un backtest poussé de stratégies de trading algorithmiques. En réel, l'opérateur va recevoir les signaux de trading sans qu'ils soient automatiquement exécutés par l'ordinateur. C'est lui qui choisit en dernier recours de cliquer ou pas, en fonction du contexte global du marché ou de paramètres exogènes, non paramétrés dans les stratégies.

- Le trading algorithmique est entièrement automatique. Après des backtests réalisés sur plusieurs années, des mises en réel durant une période de test, c'est l'ordinateur qui va passer les opérations d'achat et de vente selon des critères préétablis. L'opérateur surveille que tout se passe bien et que les résultats ne décalent pas trop des données passées.

Quelle que soit la méthode choisie, l'objectif de l'opérateur doit être de ne plus intervenir sur les marchés sans une rigueur et une discipline sans failles pour tous les critères d'investissement qui peuvent – et doivent – être maîtrisées. La décision d'achat ou de vente, les niveaux d'entrée et de sortie, les critères objectifs d'entrée et de sortie, les tailles de position, la gestion de position, sont dictés par des règles établies à l'avance, lorsque l'opérateur n'est pas soumis à la pression et au stress des fluctuations du marché. C'est la meilleure manière de ne pas laisser ses émotions prendre le pas sur la rationalité, d'empêcher ses émotions de prendre le contrôle des opérations. Une des raisons qui explique l'échec de la plupart des débutants est ce manque de volonté dans l'application méthodique et systématique de stratégies étudiées et backtestées. En ne réagissant pas toujours de la même manière aux signaux de marché, l'opérateur s'engage dans la voie de l'échec. À l'inverse, en systématisant son travail, en ayant fait l'effort de tester sur des données historiques ses convictions, il comprendra vite que la rigueur et la discipline dans l'application d'un système sont les clés de sa réussite. Il est parfois difficile de faire comprendre aux débutants, nourris aux films hollywoodiens, au cris et aux coups bas, que la réussite passe par un gros travail individuel et très personnel de réflexion avant le processus d'intervention sur les marchés, puis par une simple application mécanique.

Ce raisonnement implique un autre travail, celui de ne travailler sur le marché que lorsqu'apparaissent des configurations connues. Il est important pour au moins deux raisons – maîtrise des émotions et travail dans la répétition –, de toujours travailler avec un environnement technique connu. Introduire de nouveaux outils d'analyse ne pourra donc se faire qu'après avoir étudié, testé et backtesté le comportement de cet outil sur une longue durée, sur des phases de marché dites « normales » et sur des phases de bulle ou de krach. Toute autre manière de travailler conduira inéluctablement à la déception quant aux résultats, puis à l'échec.

Le choix de la systématisation conduira à appréhender le marché de manière différente avec des spécificités particulières. En discrétionnaire, l'opérateur devra nécessairement limiter le nombre de paramètres puisque l'exécution de la stratégie dépendra de sa capacité à analyser divers éléments. Trop de paramètres nuira à sa compréhension et rendra difficile la réplication dans le temps des stratégies. En trading semi-automatique, des algorithmes de marché délivreront les informations d'achat et de vente, tout en laissant la décision finale à l'opérateur. Avec cette méthode, le trader est à même de pouvoir gérer des environnements plus complexes puisque c'est la machine qui est chargée de leur analyse. Il sera possible de rendre les signaux les plus simples possible, de type binaire, achat ou vente, mais après un long processus de détection, réalisé en temps réel par l'ordinateur et le logiciel de marché.

Le trading algorithmique réalisera l'ensemble des opérations, de l'analyse à l'intervention sur les marchés, sans que l'opérateur n'intervienne. Son travail se résumera à vérifier que le système ne décale pas trop des résultats historiques.

Aujourd'hui, la plupart des courtiers proposent des plateformes de trading capables de gérer une certaine automatisation des tâches.

Mesurer la performance d'un système ou d'un trader

En plus du journal de trading qui compile un certain nombre de statistiques, le trader et l'investisseur devront aussi tenir un tableur Excel avec l'ensemble des statistiques présentes dans ce chapitre. Si l'analyse des marchés est cruciale à la réussite, l'analyse de ses propres opérations est fondamentale. Sans ce recul, sans cette vision à froid de ce qui est réalisé, sans une étude statistique et chiffrée des performances, il est impossible de performer sur la durée.

Si les marchés représentent un formidable miroir de notre personnalité et une aventure d'introspection, les opérateurs désirent avant tout gagner de l'argent. Et sur ce plan, Internet peut attiser les pires sentiments. Sur Internet, on trouve de tout, bien évidemment, le meilleur comme le pire. La distinction est parfois délicate à faire. Il est en effet plus facile d'attirer les foules, les débutants et les joueurs, en les faisant rêver plutôt qu'en les enjoignant de travailler pour réussir. Promettre du sang et de la sueur n'est pas vendeur. Éblouir par des résultats éphémères et souvent trafiqués l'est beaucoup plus. Sur Internet, vous trouverez donc beaucoup de performances et des pourcentages par des blogueurs, formateurs et autres conseillers qui n'ont que quelques mois au compteur. Mais rarement, voire jamais de résultats détaillés. Or, soyons clairs, un pourcentage seul ne signifie rien. Rien de sérieux. Ou plutôt, il signifie beaucoup, il montre que celui qui le présente ne veut pas détailler comment il est arrivé à ce résultat.

Beaucoup crient fort lorsqu'ils gagnent, puis se taisent lorsqu'ils perdent. Généralement, l'envie de crier lorsque vous gagnez sur les marchés devrait déjà vous mettre en garde.

En tant que directeur d'un hedge fund, j'ai eu l'occasion de poursuivre une expérience concernant les traders pour compte propre. Il s'agissait non pas, comme dans l'expérience des tortues, de former des individus n'ayant aucune connaissance en trading, mais bien plutôt de recruter des traders individuels en présupposant qu'un trader pour compte propre gérant son propre capital aurait développé une solide connaissance de la gestion du risque ; contrairement aux traders salariés qui ne courent guère de risques et sont poussés, par appât du gain sans risque, par leur hiérarchie ou par défi envers leurs collègues, à générer un maximum de performance en un minimum de temps, avec les catastrophes qui émaillent régulièrement l'actualité. Cette expérience de recrutement a été un échec pour plusieurs raisons. Malgré les promesses de gestion et de salaire, plusieurs traders connus ayant même tenté de passer nos phases de tests, il s'est avéré que la plupart étaient loin, très loin, d'être capables de générer une performance suffisamment sécurisée pour pouvoir être présentée à des clients. Moins de 1 % des candidats ont été retenus. Ceux-là travaillent encore aujourd'hui dans le métier et certains sont devenus à leur tour gérants de fonds.

> Une performance doit donc être étudiée en fonction du risque engagé et de sa régularité. Chaque statistique ci-dessous révèle un aspect important de la performance et permet d'anticiper sur les résultats futurs ou les risques encourus en utilisant un système de trading ou en confiant son argent à un fonds de gestion. Les professionnels font ce travail, mais chacun doit aussi le faire.

Tous les indicateurs statistiques dans cette partie doivent être étudiés sur des longues périodes et sur un nombre d'opérations suffisamment élevé.

La volatilité

La volatilité permet de quantifier le risque en offrant une vision de la dispersion des rendements autour de son rendement moyen. Elle est calculée par l'écart type annualisé des rendements.

Le ratio de Sharpe

Ce ratio est un indicateur de rentabilité d'un portefeuille comparativement à un placement sans risque. Il permet de mesurer le risque pris par le gestionnaire pour obtenir sa performance.

$$\frac{\text{Rentabilité du portefeuille} - \text{Rentabilité sans risque}}{\text{Volatilité}}$$

Un ratio négatif indique que la gestion n'est pas performante. Entre 0 et 1, la performance est bonne mais au prix d'un risque qui peut être considéré comme trop élevé. Enfin, si le ratio est supérieur à 1, la performance est réalisée avec une gestion du risque adéquate.

Le ratio de Sortino

Le ratio de Sortino est similaire au ratio de Sharpe mais il utilise la volatilité à la baisse en dénominateur au lieu de la déviation standard, en considérant que la volatilité à la hausse est moins inquiétante.

$$\frac{\text{Rentabilité du portefeuille} - \text{Rentabilité sans risque}}{\text{Volatilité à la baisse (downside risk)}}$$

Le max drawdown

Le max drawdown est un indicateur clé de gestion du risque sur la durée. Il représente la perte maximale d'une courbe de résultat (track record) sur une période donnée. Il mesure la réalité du risque engagé pour générer la performance. Prenons un exemple simple : un trader gère 1 000 000. Sur trois ans, il a gagné 450 000, soit 45 %. Durant cette période, il a connu des gains et des pertes. Cette courbe présente un creux maximal à 1 100 000 après un pic à 1 200 000. Son max drawdown est de 100 000, soit un peu plus de 8 %.

Ce critère est essentiel dans la gestion des hedge funds et elle est attentivement regardée par les clients. Tout bon trader doit se l'appliquer.

Le risk/reward

Le ratio risque/récompense (risk/reward) calcule le risque pris pour générer un gain.

Il présente plusieurs intérêts. En premier lieu, avant d'ouvrir une position, il convient de connaître l'espérance de gain potentielle d'une configuration. Risquer 10 pour gagner 1 est rarement un bon choix. Risquer 10 pour gagner 10, 20 ou 30 devient plus intéressant (en fonction du taux de réussite de la stratégie).

Ensuite, une fois que l'on a réalisé une série d'opérations, on pourra vérifier si le R/R réalisé correspond bien à celui souhaité.

Maximum Favorable Incursion (MFI)

MFI est le nombre de points ou de ticks que le marché offre dans le sens de notre opération après notre ouverture. MFI servira à affiner les sorties grâce à l'ensemble des statistiques enregistrées par stratégies.

Maximum Adverse Excursion (MAE)

MAE est le nombre de points ou de ticks que le marché réalise dans le sens contraire à notre opération après son ouverture. MAE permettra de régler le stop au plus près en fonction des résultats historiques par stratégie. Pour plus de renseignements, vous retrouverez des explications complètes sur notre site.

Le profit factor

Le profit factor est un indicateur clé pour déterminer la réalité d'une performance entre deux ou plusieurs traders qui présentent un résultat identique.

$$\frac{\text{Somme des gains}}{\text{Somme des pertes}}$$

Pour un gain annuel de 100 000 euros, un trader pourra avoir gagné 1 000 000 et perdu 900 000, tandis qu'un autre pourra avoir gagné 200 000 et perdu 100 000. Dans le premier cas, son profit factor sera de 1.1, dans le second cas, il sera de 2.

Le niveau de risque pris dans le premier et le second cas n'ont rien de comparable. De plus, alors que dans le second cas, en cas de mauvaise période, le trader semble avoir de la marge, dans le premier cas, sa marge est ridicule et intenable sur la durée.

Un profit factor qui tourne autour de 2 est déjà bien s'il est réalisé sur un nombre d'opérations et une durée large (entre un et trois ans et plus de 300 opérations).

Mon expérience

Certains réussissent à truquer le profit factor en n'encaissant pas leur perte et en moyennant. Sur de courtes périodes, cela peut tromper son monde. Mais il suffit d'avoir le track record détaillé (l'enregistrement de toutes ses opérations) pour s'en rendre vite compte. Certains traders que nous avions voulu recruter arrivaient avec des statistiques calculées selon leur bonne envie. L'imagination au pouvoir dans un domaine où la seule vérité est celle des chiffres.

Pourcentage trades gagnants et trades perdants (%win et %loss)

Il est important de connaître les pourcentages de réussite (et de perte) des stratégies que l'on utilise, en les filtrant par les conditions de marché dans lesquelles elles sont réalisées.

Avec le risk/reward, il sera possible de jouer entre les deux ratios pour améliorer le résultat des stratégies. De la même manière, on utilisera MFI et MAE pour affiner les entrées et le placement des stops et aussi optimiser les sorties afin de pouvoir utiliser le levier sans augmenter le risque. Ce travail permet de maximiser chaque unité investie sans alourdir le risque. À terme, c'est une recherche indispensable.

Max gain/max loss

Il est bon de connaître le gain maximum et la perte maximum. Cela permet de s'assurer qu'une seule perte ne vient pas détruire trop de gains et inversement, qu'un gain unique ne cache pas une performance peu enviable.

De la même manière, on étudiera les trois et les dix plus grosses pertes et plus gros gains, pour s'assurer qu'une performance ne repose pas uniquement sur quelques occurrences. Plus la dispersion dans les résultats sera grande et plus la probabilité de pouvoir répéter années après années la performance sera réduite. Il est important d'avoir des résultats équilibrés et quelques opérations qui sortent du lot en générant des gains supérieurs, mais il ne faut pas qu'une courbe de résultat repose uniquement sur quelques gains.

Le risque de l'« overfitting » et l'obsession de la perfection

Les statistiques d'une stratégie ne garantissent jamais le gain d'une opération ponctuelle, unique. Les débutants, souvent inquiets et stressés, voudront s'entourer d'un maximum de précautions. Ils désirent plus que tout des assurances tous risques. Ils opteront alors, à tort, pour des systèmes de trading non pas optimisés mais sur-optimisés, en générant de magnifiques résultats issus du marché… passé. C'est une erreur classique. Les backtests doivent être réalisés sur le passé, bien évidemment. Mais il faudra ensuite les confronter à des données non vues, puis à des données aléatoires, et enfin durant une période de test, au réel. Ces étapes sont incontournables.

En pratique

La réalité du trader et de l'investisseur se situe sur le tick à venir. Connaître la probabilité de réalisation, la réussite, d'une stratégie donnée, ne donne aucune certitude quant au résultat d'une opération.

Le pourcentage de réussite d'une stratégie ne représente que le passé d'un échantillon. Il ne tient pas compte de cas particuliers, d'événements improbables. Sur les marchés, la loi normale, censée diriger le petit monde de la statistique avec sa fameuse courbe en cloche, ne fonctionne pas. Les occurrences les plus rares, celles situées aux deux extrémités de la « cloche », ont des fréquences plus élevées que ne le voudraient les simples mathématiques. La faillite des systèmes uniquement fondés sur des données mathématiques et statistiques tient en grande partie de ce postulat. Les effets de levier utilisés par certains fonds parachèvent leur échec. Un trader expérimenté sait que de nombreux mouvements de marché sortent de l'ordinaire. Pour employer un langage grand public, ils n'entrent pas dans le cadre de données statistiques classiques. C'est pour cela que dans ce livre, nous mettons l'accent sur la gestion du risque. Car pour ne pas tomber dans le piège de mouvements improbables, il ne reste que la gestion du risque. Fuyez ceux qui vous promettent des pourcentages hallucinants. Ils ont juste omis de vous parler de la gestion du risque. Ils sont soit incompétents, soit des escrocs. L'expérience permet au contraire de s'appuyer sur les statistiques des stratégies, sur la gestion du risque, pour raisonner en termes de séries et ne jamais s'appuyer sur un résultat unique.

Portrait : Michel, probabilités et statistiques

Michel, de formation scientifique, jeune retraité, backteste une seule stratégie. Une stratégie qui génère 72 % de taux de réussite sur 10 ans de données et un risk/reward de 1,34. Il décide donc de commencer sa mise en production, de l'appliquer en réel, en mode trading semi-automatique. Les trois premières opérations se soldent par trois pertes. Après dix opérations, seulement quatre ont été gagnantes. Statistiquement, rien d'improbable. Pourtant, une alarme se déclenche dans sa tête. Il doit revoir ses tests. Il a bien noté notre préoccupation constante de la gestion du risque, aussi décide-t-il, sans nous prévenir, de resserrer ses stops. Pour protéger son capital, bien évidemment. Tout cela part d'un bon sentiment, la gestion du risque et la protection de son outil de travail. Pourtant, il enfreint ses règles de gestion. Il dénature un travail de plusieurs mois. Mais peu importe, il ne voit plus que le résultat en cours, la perte. L'opération suivante se solde par une nouvelle perte… uniquement causée par son stress de perdre et la modification de ses règles de gestion. En intervenant sur ses règles, il a

... / ...

faussé le résultat de la série de trades. Michel n'avait pas bien compris que la gestion du risque n'était pas une girouette que l'on pouvait faire tourner sur elle-même au moindre coup de vent contraire.

Il est déstabilisé mais continue à ne rien dire et il se mure dans son silence, paralysé par le stress après des mois d'efforts et surtout d'espoirs. Il hésite maintenant à entrer. Le poids des pertes est un fardeau qui l'empêche de cliquer. Il attend encore un peu, puis se décide... juste avant de se raviser.

Le marché a décalé, le stop est maintenant trop éloigné. Il veut respecter la gestion du risque. Donc il ne peut plus entrer. Sauf qu'il va rater un gain conséquent qui couvrait trois de ses précédentes pertes.

Il se retrouve donc avec des pertes et un « non » trade. Son stress augmente encore. Son comportement est en cause. Et il le sait. Du coup, il commence à s'en vouloir et sa frustration prend le dessus. Il prend conscience que tout a commencé à cause de la gestion du risque. Il décide donc d'oublier un peu cette donnée. Il doit se refaire. Il perd parce qu'il a voulu trop bien gérer son risque. C'était une erreur, il ne veut pas la refaire.

Il augmente donc son risque sur la prochaine opération. Il est bien décidé. Mais son cœur et son estomac ne viennent pas en aide à ses décisions. Il a du mal à supporter les fluctuations du compteur. Après quelques minutes, il coupe son achat en léger gain. Entre l'envie sur le papier et la pression une fois la position ouverte, il n'a pas pu résister. Tant pis, il a gagné, même si c'est peu. Il sourit un court instant. Puis il rit jaune. Le marché décale violemment à la hausse. À quelques secondes près, il aurait réalisé un énorme gain.

« À quelques secondes près » : le mur de la réalité, en fait.

Il éteint ses ordinateurs. Rageur. Envie, déjà, de tout arrêter. Il a le sentiment affreux que le marché lit en lui et que quoiqu'il fasse, il choisit la mauvaise option.

Le lendemain, nous l'avions au téléphone et tout a été repris calmement. Après cette expérience, il a décidé de suivre ses stratégies sans modifier les règles au gré des résultats individuels des stratégies. Il a aussi accepté de considérer que faire une erreur était humain, et qu'il fallait vivre avec, sans augmenter sa frustration mais en essayant de corriger ce qui était réellement grave. Depuis, il gagne sur les marches de manière régulière.

Chapitre 13

Les indicateurs GTAS

La conceptualisation d'une méthode globale nous a conduit à développer des indicateurs spécifiques, adaptés aux stratégies utilisées. Ils sont régulièrement complétés et leurs paramètres ajustés mécaniquement pour coller aux évolutions des marchés et aux résultats des stratégies en temps réel. Les indicateurs présentés sont ceux qui sont le plus couramment utilisés. Il en existe d'autres, plus spécifiques à des produits ou à des configurations de marché.

L'indicateur S-Trend

> L'indicateur S-Trend est un indicateur de momentum qui détermine les tendances à partir d'une double technique : mathématique et statistique.

Il est au cœur de la méthode GTAS puisqu'il permet de définir simplement le sens de marché privilégié et l'allocation d'actif spécifique déterminée par la maturité de la tendance. Cette adaptation des tailles de position aux conditions de marché est très importante pour performer dans la durée. C'est un paramètre rarement ou jamais évoqué par les vendeurs de systèmes, plus concentrés sur leur profit que sur celui de leurs clients.

S-Trend accompagne les mouvements de marché et signale très rapidement la mise en place de zones de congestion. Il est aussi utile pour marquer les phases de consensus trop bien établis, souvent prétexte à de forts retournements de marché.

Lecture

L'indicateur oscille entre 65 et – 65 avec une zone neutre comprise entre – 25 et 25 autour d'une ligne d'équilibre. Ces deux bornes marquent les zones de congestion avec un biais haussier entre 0 et 25, et un biais baissier entre 0 et – 25. Au-delà de 25, la tendance haussière est affirmée. En deçà de – 25, les cours sont en tendance baissière.

Utilisation

Indicateur de tendance

L'indicateur est d'autant plus intéressant qu'il sera utilisé sur plusieurs unités de temps.

Au-delà de 25, et en l'absence de figures de retournement, il faudra simplement privilégier fortement les achats. En deçà de – 25, et en l'absence de figures de retournement, il faudra privilégier les ventes à découvert, ou les prises de bénéfices si l'on est en position d'achat.

En – 25 et 25, il faudra privilégier les opérations rapides, et toute la gestion spécifique aux zones de congestion.

Indicateur de gestion de taille de position

Son positionnement permet de définir des critères précis de taille de position adaptée au risque et au portefeuille global.

Indicateur de timing

Dans les zones de tendance non affirmée, une sortie confirmée de l'indicateur sans que les prix ne le suivent est un signe de force qui pourra être utilisé comme indicateur précurseur de cassure. Il sert alors de timing, l'un des rares cas où une confirmation par les prix n'est pas nécessaire car le ratio risk/reward devient alors très intéressant.

Graphique 13.1. Dax – Données 15 minutes

Dans la première partie, l'indicateur S-Trend du **DAX** évolue entre les deux bornes de tendance – 25 et 25, il confirme l'absence de mouvement directionnel marqué des prix. Il casse à la hausse une première fois la zone des 25 avant de se replier légèrement, mais en restant largement au-dessus de la ligne d'équilibre. Lorsqu'il casse franchement ce dernier haut en marquant un nouveau haut, sans que les prix ne cassent le haut précédent à 09:15, il lance un signal précurseur. Il faudra attendre 14:15 pour voir les prix casser à leur tour. Il a bien servi de signal d'anticipation, de signal précurseur de tendance. Ensuite, tant que dure la tendance, il reste installé au-dessus des 25, zone qui sert à deux reprises de support.

Graphique 13.2. FCE – Données 10 minutes

Sur la partie gauche du graphique du FCE, la tendance reste bien confinée sur l'indicateur sous la zone des – 25. On note un pic de référence qui teste les 25. Ensuite, ce pic est d'abord cassé sur l'indicateur qui s'installe rapidement au-dessus des 25 et dépasse les 40, ensuite seulement, les cours viennent valider. L'indicateur a encore une fois offert une anticipation utile de retournement de tendance. La tendance haussière s'installe et se développe, l'indicateur reste alors durablement inscrit au-dessus de la zone des 25 qui sert de support à de multiples reprises.

L'indicateur BSI

L'indicateur BSI a été une avancée majeure pour la réussite des programmes algorithmiques. Il est d'une utilité incomparable pour valider les retournements de marché. Il permet le développement et la systématisation d'algorithmes de trading et l'apprentissage des marchés aux débutants, grâce à un outil binaire qui ne laisse pas de place à l'interprétation.

C'est un indicateur de timing, précis et efficace. Il peut être utilisé seul pour renforcer des positions déjà ouverte sur une tendance et aussi comme instrument de timing pour des stratégies particulières. Il est réactif sans tomber dans l'excès en donnant de faux signaux. Il peut être particulièrement utile pour filtrer la fin des tendances impulsives. Enfin, c'est un atout incontestable pour filtrer les cassures, qui viendra s'ajouter aux règles déjà explicitées.

Lecture

L'indicateur est simple à lire puisqu'il offre une vision binaire 100 ou – 100. Les autres niveaux de lecture sont uniquement destinés au trading algorithmique. Il fonctionne donc en mode on/off comme les marchés.

Utilisation

Lorsqu'il indique 100, il autorise ou déclenche l'achat. Lorsqu'il marque – 100, il autorise ou déclenche la vente. Dans certains cas, les signaux d'achat ou de vente pourront être utilisés seuls, notamment pour les prises de bénéfices. Lorsqu'une position est ouverte à l'achat et que le BSI se retourne à – 100, il faut prendre tout ou partie de ses bénéfices. Mais le BSI sera aussi utilisé pour valider des stratégies de trading plus complexes, en offrant un timing précis.

Graphique 13.3. FCE – Données 10 minutes

En reprenant le graphique précédent du FCE et en y ajoutant le BSI, l'indicateur offre des entrées sur le momentum, de manière simple et terriblement efficace, tant que l'indicateur S-Trend valide le momentum haussier.

Enfin, le BSI sera particulièrement utile en conjonction avec le radar de tendance puisqu'il est possible de le surveiller sur les trois unités de temps et de n'agir que lorsque celles-ci sont en phases convergentes. Ainsi, on pourra décider de n'être acheteur que lorsque les trois BSI indiquent + 100 ou d'être vendeur uniquement lorsque les trois BSI indiquent – 100. Là encore, c'est un moyen de ne plus s'éparpiller sur les zones de marché confuses, lorsque le radar de tendance indique des divergences fortes sur les différentes unités de temps. Le trader décide d'opérer uniquement lorsque les forces de marché sont convergentes et poussent toutes dans le même sens. Bien évidemment, c'est à ce moment-là que les chances de succès sont maximales. Pourquoi s'en priver ? Beaucoup de traders ou d'investisseur pensent, à tort, qu'il faut investir, trader chaque mouvement de marché. En utilisant le radar de tendance et le triple BSI, ils décident de concentrer leurs opérations sur les périodes les plus favorables. L'ajout des zones de valeur sera évidemment une pierre supplémentaire qui sécurisera encore plus les opérations.

L'indicateur TCA

Cet indicateur, construit à la fois sur des éléments de tendance et de volatilité, quantifie les vagues correctives dans les marchés directionnels. Il introduit la notion de cycle.

L'indicateur est constitué d'une ligne de tendance TCA, d'un indicateur de volatilité MoM et de sa ligne de signal. L'indicateur de volatilité va donner

Graphique 13.4.

des signaux d'achat lorsqu'il est situé au-dessus de la ligne de tendance, et des signaux de vente lorsqu'il est situé en dessous. Selon le positionnement du MoM, au-dessus ou en dessous de la ligne des 50, les signaux à prendre en compte seront différents.

Il permet de trouver des opérations dans le sens de la tendance, après une correction, tout en s'assurant que le retracement reste cohérent (en durée, c'est la notion de cycle, et en amplitude, c'est la notion de tendance) avec une reprise de la tendance précédente.

L'indicateur FibTdi

Cet indicateur de tendance est utilisé essentiellement comme stop suiveur. Dans certaines stratégies spécifiques, il pourra aussi servir à valider les cassures et les sorties de range. Contrairement aux stops suiveurs classiques, il utilise tendance et volatilité pour ajuster le stop aux fluctuations du marché.

Représenté par une enveloppe sous les prix ou au-dessus des prix, il est un stop suiveur efficace pour les stratégies de suivi de tendance. Mais il servira aussi de validation supplémentaire de tendance, en combinaison avec le S-Trend dans certaines stratégies.

Graphique 13.5. Orange – Données quotidiennes – Indicateur FibTdi

Sur le site dédié www.e-winvest.com, vous pourrez retrouver de nombreux exemples avec ces indicateurs ainsi que des mises à jour régulières, notamment des stratégies spécifiques.

Chapitre 14

Zones de valeur et horaires des contrats futures et des CFD

Les zones de valeur

Le concept de zone de valeur et de zone d'équilibre a été développé en interne pour répondre directement aux marchés actuels et à l'importance croissante des algorithmes de trading sur le comportement des prix. C'est un concept clé pour appréhender le trading et l'investissement, afin d'agir ou de réagir correctement sur les zones de combat qui concentrent la majorité des acteurs. L'investissement moderne ne peut plus se contenter de la bonne vieille technique du « buy and hold[3] » dans des marchés de plus en plus volatils. Ce concept n'a rien à voir avec le « market profile », une méthode d'analyse trop spécifique pour convenir à tous les produits et à tous les investisseurs. Les zones de valeur GTAS ont d'abord permis de résoudre des problématiques spécifiques au trading algorithmique que nous utilisions dans nos fonds de gestion. Devant son efficacité – et sa simplicité relative –, nous avons pris conscience de l'atout qu'il représentait pour faciliter la compréhension des mouvements de marché. Il a donc a été adapté au trading discrétionnaire. Enfin, dans une optique de pédagogie, il est apparu rapidement comme un outil d'aide majeur pour tous ceux qui débutaient sur les marchés et pour tous ceux qui peinaient depuis des années à gagner de l'argent de manière régulière. Le système n'est pas figé, les améliorations se poursuivent pour rendre l'investissement toujours plus accessible grâce à des concepts simples à analyser, et surtout à mettre en pratique, avec deux critères : l'efficacité et la performance.

> Définir des zones de valeur à partir d'une analyse multicritères permet d'appréhender le comportement des différents opérateurs, sur plusieurs horizons de temps, selon leur spécificité et leurs différents modes d'intervention.

---

3. Méthode d'investissement qui consiste à acheter un titre, après une analyse macro et micro-économique, pour le conserver durant une longue période, indépendamment des mouvements de marché.

> L'objectif est d'établir la carte graphique d'un territoire en définissant des zones d'intervention et, très important, de non-intervention, sur lesquelles l'opérateur pourra appliquer des stratégies spécifiques, des gestions du risque et des positions programmées. De manière simple, en un coup d'œil, l'opérateur sait sur quelle zone se trouvent les cours et en déduit les actions qu'il peut mener, les niveaux d'allocations d'actifs, et aussi – ou surtout – les stratégies à ne pas utiliser. Mécaniquement, le risque d'erreur est fortement réduit et les interventions en sont facilitées. La performance globale des portefeuilles est augmentée grâce à la fourniture de signaux, simples et clairs. L'allocation d'actif maximale est utilisée sur les zones les plus favorables, ce qui optimise la performance.

Longtemps, les investisseurs se sont contentés d'investir en analysant le marché selon leur « propre chapelle ». Les gérants ne voulaient pas entendre parler d'analyse technique et les analystes techniques refusaient – sourire de connivence en coin – de laisser les notions économiques perturber leur vision du marché. L'analyse comportementale et l'analyse statistique ont achevé de diviser les analystes et les opérateurs de marché. Pourtant, seule une analyse globale, multicritères, permet d'appréhender réellement les marchés financiers. Les horizons de temps multiples permettent de se placer, techniquement, dans la peau de différents intervenants, mais ils ajoutent souvent de la complexité, notamment pour les débutants qui peinent déjà à analyser froidement une seule unité de temps. L'objet même du travail de l'investisseur et du trader devrait être de rechercher de la simplicité et de la clarté. Pour intervenir sur les marchés, il faut réussir à rendre simple le fruit d'une analyse souvent complexe. Chaque zone de valeur est définie, à la base, grâce à l'analyse multicritères : analyse technique, modèles mathématiques et algorithmes de trading spécifiques au sous-jacent. Cette approche moderne des marchés permet d'intervenir à bon escient et soulage nombre de traders de biais psychologiques néfastes.

Le hasard n'a pas sa place grâce à ce concept qui va donc définir des stratégies adaptées à chaque zone mais aussi des modes de gestion de risque et de gestion de position adaptés à chaque zone. Enfin, s'il est important de savoir quand et comment il faut agir, les zones de valeur permettent aussi de savoir quand il ne faut pas agir, quand il est préférable de rester spectateur du marché parce que les conditions ne sont pas réunies. En effet, il est inutile de vouloir intervenir sur le marché lorsque les configurations ne présentent pas d'avantage comparatif. Ne pas agir, ne pas trader, ne pas investir est aussi une position de marché, un acte de gestion. Trop souvent, celui qui se trouve face à ses écrans ressent l'impérieuse nécessité d'agir, de cliquer, de passer un ordre. L'application rigoureuse de GTAS permet de ne pas tomber dans ce travers trop coûteux pour les portefeuilles, et souvent désastreux en termes de performance globale et de drawdown.

En pratique

Le marché fonctionne en mode on/off. Les opérateurs sont risk-on lorsqu'ils sont acheteurs d'actions et ils sont en mode risk-off lorsque, sur la défensive, ils quittent les actifs risqués pour privilégier les valeurs refuges comme les marchés de taux, l'or et certaines devises comme le dollar. Le goût du risque ou l'aversion au risque guide donc le choix des opérateurs d'un actif à l'autre et offre les meilleures opportunités pour les investisseurs. C'est ce sentiment qui évolue au fil des jours, au fil des heures, au fil des minutes, et pousse les opérateurs à agir dans un sens ou dans l'autre. Les zones de valeur correspondent précisément au changement potentiel de sentiment, l'investisseur peut appliquer ses stratégies de trading avec des probabilités de réussite supérieure.

Toutes les ouvertures de position devront se faire dans le cadre précis et rigoureux de trois zones de valeur, définies simplement :

- une zone d'achat ;
- une zone de neutralité ;
- une zone de vente.

Chacune de ces zones sera croisée avec les zones de degrés supérieurs afin de déterminer un sens prioritaire selon l'échelle de temps des interventions. Ce qui permettra de projeter les actions sur des opérations à la journée, aussi bien que sur des échéances plus lointaines, mais aussi de définir des tailles adaptées au risque. Et ce risque pourra être facilement quantifié grâce au positionnement des cours dans les zones de valeur.

Classiquement, il faut déterminer trois zones neutres : une zone neutre primaire ou majeure (N3 ou ZEM), une zone neutre principale (N2 ou ZEP) et une zone neutre quotidienne (N1 ou ZEI) pour le trading intraday.

Tout est donc plus simple et plus encadré. C'est l'objectif. Simplifier le travail de l'intervenant de marché en lui proposant des zones d'interventions précises qui déterminent le sens de ses actions, ses choix de stratégies, des tailles de position relative (par rapport à l'UDB), ses choix de gestion de position, entrées multiples, sorties étagées...). Pouvoir déterminer simplement lorsqu'il est possible d'acheter, lorsqu'il faut se tenir à l'écart ou lorsqu'il est préférable de passer vendeur à découvert, est un avantage énorme. Beaucoup de particuliers, et même des professionnels, sont perdus au milieu des tendances et des fluctuations. En s'inscrivant clairement dans des actions répétitives et facilement compréhensibles, le débutant éliminera déjà beaucoup d'erreurs. Et celui qui peinait à gagner régulièrement sera surpris de ses résultats et du confort psychologique apportée par cette méthode.

Chaque zone (achat, neutre et vente) sera pondérée en fonction de son positionnement au sein de la zone de degré supérieur. Par exemple, en intraday, une zone d'achat située au sein d'une zone d'achat sur l'unité de temps principale ou sur une zone de vente sur l'unité de temps principale ne sera pas traitée de la même manière au niveau des allocations d'actifs, des market timing et du choix des stratégies. Il est logique de se montrer beaucoup plus agressif, tant sur les critères d'entrée que sur les leviers utilisés si la zone d'achat intraday se situe sur une zone d'achat de l'unité de temps principale. Inversement, lorsqu'elle se situe sur une zone de vente sur l'unité de temps principale, il faudra se montrer prudent avec les leviers, et ajuster les sorties puisqu'il ne faut pas espérer une accélération du mouvement.

La détermination des zones correspondait au départ à des analyses complexes, réalisées grâce à des algorithmes de trading sur des niveaux de prix statistiques, que nous utilisons encore mais que l'investisseur individuel n'a ni le temps ni les moyens de réaliser. Nous avons donc travaillé à la simplification des procédures afin de pouvoir rendre le concept accessible à tous, sans pour autant négliger la performance et l'efficacité.

Les zones de valeur peuvent ainsi être déterminées de manière simple grâce à une moyenne mobile longue adaptée à la tendance, celle qui sert de point d'ancrage sur l'unité de temps de référence. Chacun peut donc faire ce travail. Il suffit ensuite d'y appliquer un coefficient de volatilité pour déterminer l'étendue de la zone neutre.

Typiquement, sur le FCE, la moyenne mobile simple 147 fonctionne parfaitement sur la plupart des unités de temps avec un coefficient de volatilité de 20 % du TrDma. Lorsque le marché décale trop, la moyenne mobile sera ajustée pour coller aux fluctuations des cours. Les zones de valeur seront calculées à partir de la moyenne mobile longue au début de la période de référence : le début de journée pour l'intraday, de la semaine…

Les zones neutres, ou zones d'équilibres, sont à regarder de près puisqu'elles vont servir à la fois de support et de résistance mais, lorsque les prix s'installent à l'intérieur, une sortie est susceptible de créer un mouvement directionnel puissant.

Sur des marchés caractérisés par une faible volatilité, les stratégies de suivi de tendance devront être adaptées et de préférence utilisées sur les unités de temps les plus courtes. Le positionnement des différentes zones d'équilibre offrira à la fois des niveaux de prises de bénéfices éventuelles ou des zones d'accélération. Celui qui voudra acheter devra d'abord s'assurer qu'il situe bien son action au-dessus de la zone d'équilibre de son unité de temps de timing. La taille de position dépendra du cadre environnemental global et du radar de tendance. Si les tendances sont convergentes et pointent toutes à la hausse, l'allocation sera maximale. Dans le cas contraire, l'allocation sera ajustée ainsi que les niveaux de sortie. Le positionnement des cours par rapport aux zones d'équilibre principales et majeures déterminera aussi la taille de position et les objectifs de sortie, en mettant en lumière des zones de blocage potentiel.

Il faudra s'assurer que l'on se trouve bien dans une zone risk-on, une zone d'achat sur notre horizon de temps mineur et nous devrons, quoiqu'il en soit, ajuster les sorties puisque les unités de temps supérieures, en plus de nous indiquer les zones de blocage potentiel du mouvement, nous indiquent une faible volatilité, donc une potentialité d'extension du mouvement réduite. Grâce au concept de zone de prix et d'horizon de temps, les niveaux de sortie et de prises de bénéfices sont adaptés aux configurations et aux cycles de marchés. En l'absence de cadrage par les zones de valeurs, le trader pourra être tenté de jouer le mouvement en extension, mouvement qui ne se produirait (très probablement) pas et engendrerait de la frustration et de l'agacement, toujours source de risques futurs pour sa psychologie et son moral.

C'est un moyen simple d'optimiser le suivi de tendance souvent mal perçu par les traders débutants car il reste trop aléatoire. Très performant sur les marchés en tendances convergentes, il devient très pénible, voire perdant sur les marchés en tendances divergentes et sur les zones de basse volatilité. En ciblant précisément les zones où le suivi de tendance sera utilisé, avec une allocation optimale du levier, la performance est considérablement sécurisée. Les périodes de drawdowns sont limitées, le ratio risque/récompense est maximisé, et les taux de réussite restent élevés.

Sur un marché en tendance haussière sur l'horizon de temps large (UTM), tant que les prix se trouvent au-dessus de la zone d'équilibre intraday, le trader doit chercher une configuration haussière pour entrer sur le marché. Le passage sous la zone ne signifie pas qu'il faille vendre le marché. Il marque une faiblesse intraday au sein d'une tendance supérieure toujours haussière. Les entrées, le choix des stratégies et le niveau de risque devront être ajustés pour toutes les opérations d'achat. C'est typiquement le cas où l'on pourra utiliser les timings d'entrées sur niveau avec des stops type TrDma avant de renforcer la position lorsque des signaux techniques valident les anticipations de reprise de tendance.

Mais si les prix tiennent la zone d'équilibre, la testent, et rebondissent dessus, la probabilité de voir un mouvement haussier solide se développer est forte. Il est alors plus facile d'entrer à l'achat, les conditions sont moins rigoureuses, le niveau d'allocation est adapté et les sorties seront traitées de manière à profiter au maximum du mouvement haussier puisque les probabilités sont en notre faveur. L'important est de savoir maximiser les profits lorsque les conditions optimales sont réunies. Pour cela, il faut avoir des éléments objectifs, clairs et qui ne laissent pas de place au doute. C'est exactement ce à quoi servent les zones de prix.

> **Une stratégie donnée, dans deux cycles de marché différents et dans des zones de prix différentes, doit déclencher deux gestions différentes, des gestions de position adaptées.**

Les timings d'entrée de la stratégie, les éléments déclencheurs, ne sont pas les mêmes. Il sera possible de se montrer plus agressif dans l'entrée dès lors que les probabilités de sortie dans le même sens que la tendance de degré supérieur nous sont favorables. Le plan de trading doit évidemment lister toutes les zones et les actions correspondantes.

Graphique 14.1. FCE – Données 10 minutes

Sur le FCE, la zone d'équilibre intraday (N1) avait été annoncée sur www.bpdtrading.com ce jour-là. Après un gap down d'ouverture, la tentative des cours de repasser au-dessus de la N1 échoue. Le signal est clair et la tendance évidente. Tant que les cours restent en dessous, il faudra concentrer nos actions vers le « short » et la vente à découvert. C'est un moyen simple de ne pas chasser le marché dans tous les sens en se laissant piéger par les faux mouvements. Comme le graphique le montre clairement, la N1 (calculée par nos algorithmes) correspond pratiquement au niveau de la moyenne mobile longue adaptée (en l'occurrence ici pour le FCE, la SMA147). Le calcul réel est plus complexe, mais l'utilisation d'une moyenne mobile qui encadre le mouvement des prix permet de simplifier l'usage des zones de valeur. Si la zone d'équilibre principale s'était trouvé en dessous, en support, il aurait été possible d'envisager des achats sur niveau. Mais dans ce cas, elle se situait près de 100 points au-dessus. En conséquence, seules des ventes pouvaient être réalisées tant que des signaux clairs de retournement n'apparaissaient pas sur l'unité de temps principale. En respectant cette méthodologie, l'opérateur se simplifie grandement la tâche.

L'essentiel

Pour intervenir sur les marchés, il faut réussir à rendre simple le fruit d'une analyse souvent complexe.

Le concept des zones de valeur permet d'affiner la compréhension du territoire de combat entre acheteurs et vendeurs en offrant immédiatement une lecture graphique des zones clés ainsi que le sens à privilégier sur chaque zone. Ainsi, l'opérateur se libère d'une lourde charge d'analyse pour se concentrer immédiatement sur l'application de ses stratégies. Chaque zone délivre un message particulier en offrant un cadre précis et clair des actions qu'il est possible d'entreprendre, et des opérations qui doivent être exclues.

Savoir quand acheter, vendre ou ne rien faire est un atout et un confort psychologique.

Le croisement des zones d'équilibre, des zones d'achat et des zones de vente sur les trois unités du radar de tendance donne un cadre précis, un maillage des différentes actions à mener avec des allocations d'actifs spécifiques.

Le degré d'agressivité sur les entrées comme les objectifs de sortie sont ajustés. La gestion de position en est grandement facilitée.

L'optimisation des actions sur des zones statistiquement favorables, combinées à l'optimisation des leviers utilisés, permet d'améliorer la courbe de trading en la lissant grâce à une réduction des drawdowns.

Niveaux horaires particuliers pour les contrats futures et les CFD

Pour les traders intraday et tous ceux qui veulent intervenir de manière active sur les marchés, certains horaires présentent des spécificités. Au sein d'une journée, des tranches horaires et des heures précises doivent être surlignées. Il faut donc en tenir compte pour intervenir sur les marchés en ajoutant ce paramètre dans les stratégies de trading.

Selon les produits, les horaires à surveiller ne seront pas les mêmes. Comme il n'est pas possible dans un seul livre d'être totalement exhaustif sur tous les sujets, nous vous renverrons à nos analyses sur notre site ou nos séances de coaching et de formation pour ceux qui le souhaitent.

L'exemple du CAC 40, et plus particulièrement du future CAC (le FCE) est riche d'enseignements et vous montrera la voie à suivre pour aborder un graphique dans son contexte temporel intraday. Comme pour les horizons de temps larges, chaque période de marché intraday correspond à un type particulier d'investisseur.

Sur les contrats futures indices, les indices et les CFD indices européens, quatre niveaux horaires seront notés :

- l'ouverture de 08:00 ;
- l'ouverture des actions à 09:00 ;
- la clôture des actions à 17:30 ;
- la clôture des contrats futures à 22:00.

Ces niveaux vont à la fois servir de support et de résistance, mais aussi de point d'accélération et d'inflexion. La preuve avec l'exemple ci-dessous.

Graphique 14.2. Future CAC – Données 10 minutes

Le 1 représente la clôture de la veille, le 2 l'ouverture de 08:00 et le 3, l'ouverture de 09:00.

La cassure haussière du niveau d'ouverture de 08:00 déclenche une première vague haussière. Le retracement s'arrête au tick près sur le niveau d'ouverture de 09:00 (premier cercle). Le FCE repart alors en hausse et va chercher la clôture de la veille. Sur ce niveau, les acheteurs renoncent. Une formation proche de l'étoile du soir (3e cercle) est dessinée. Une tendance baissière impulsive se dessine. Les enfoncements rapides des niveaux d'ouverture de 08:00 et 09:00 confirment la tendance. Quelques chandeliers plus loin, la clôture de 22:00 est à son tour atteinte. Le gap de clôture est refermé. L'après-midi donne alors lieu à un jeu de ping-pong entre les niveaux d'ouverture de 08:00 et 09:00, et le niveau de clôture de 22:00, qui servent de supports et de résistances en bloquant toute progression au-delà de l'ouverture de 08:00.

Par définition, un marché qui évolue au-dessus de son niveau d'ouverture a un biais haussier, les acheteurs ont la main sur le flux. Logiquement, ceux qui ont acheté les premières minutes sont satisfaits et ceux qui sont vendeurs à découvert sont soumis à la pression de chaque tick haussier. S'ils craquent, ils viendront nourrir à leur tour la pression acheteuse. Lorsqu'une vague de retracement vient tester l'ouverture, la réaction des intervenants est lourde de sens et elle doit être regardée de près.

Les traders peuvent supporter de perdre, ou de gagner, durant un certain temps, mais dès lors que les prix s'éloignent trop de leur entrée, ils doivent agir.

Ce qui est valable pour les traders intraday avec les ouvertures et les clôtures quotidiennes l'est tout autant avec les ouvertures et les clôtures hebdomadaires et mensuelles pour les investisseurs.

Graphique 14.3. Future CAC (FCE) – Données 5 minutes

Dans le deuxième exemple, l'ouverture de 08:00 (2) se produit au niveau de la clôture de la veille à 17:30 (1). Mais dès l'ouverture des marchés actions à 09:00 (3), le FCE repart à la hausse et casse le niveau de clôture de la veille et de l'ouverture de 08:00. Dès lors, la pression s'installe sur les vendeurs. Les acheteurs prennent la main. Et malgré la baisse qui suit, les doubles niveaux clôture/ouverture contrat future servent de support sur le pullback. La confirmation des deux niveaux par le pullback oblige les vendeurs à renoncer. La suite est éclairante. Le marché évoluera toute la journée au-dessus de ces deux niveaux et les retracements seront systématiquement rachetés.

L'ouverture du DAX (2) sur un gap up ne permet pas aux acheteurs de prendre réellement la main. Le relais acheteur, ou le biais directionnel, est inexistant malgré la hausse initiale qui aurait dû piéger les vendeurs de la veille. L'ouverture de 09:00 (3) marque un haut relatif, testé dans les

Graphique 14.4. DAX future – Données 10 minutes

chandeliers suivants. La cassure baissière du niveau d'ouverture de 08:00 ne donne pas de coup d'accélération à la baisse. Le gap up maintient un certain momentum à l'achat et on voit la matinée s'écouler dans un long range, qui tourne précisément autour de l'ouverture de 08:00 sans jamais retester celle de 09:00. Avec l'ouverture américaine, les acheteurs sont obligés de céder, ils se sont fait piégés par le gap haussier qui n'a pas déclenché d'accélération. Un dernier passage sous l'ouverture de 08:00 après la cassure du range en forme de biseau ascendant déclenche un mouvement directionnel de baisse impulsive. Comme par hasard, la clôture de la veille (3) permet un arrêt momentané du mouvement de baisse, un simple canal de consolidation (flag), le seul petit retracement dans une tendance baissière impulsive. Sa cassure déclenche une nouvelle vague de baisse. L'incapacité des acheteurs à tenir l'ouverture de 09:00 a fini par déclencher une capitulation l'après-midi. Une nouvelle preuve de la force de ses horaires mais aussi de la patience exigée pour recevoir la juste récompense de son travail.

Une journée en trois phases pour les day traders

Une journée de trading peut être divisée en au moins trois tranches horaires. Certaines phases correspondent mieux à des stratégies de type suivi de tendance, d'autres à des stratégies de type mean reversal ou retour à la moyenne. La volatilité du matin est rarement la même que celle de l'après-midi. Fluctuations et tendances subissent l'influence américaine. L'arrivée de nouveaux investisseurs, avec des préoccupations différentes, modifie la donne. Beaucoup d'opérateurs européens réagissent alors en fonction du comportement du marché directeur, le SP500 et son contrat future (ES).

Des arbitrages sont mis en place, des positions sont révisées. Enfin, certaines tranches horaires ne devraient pas être traitées. Pour réussir à performer de manière régulière sur les marchés, il est donc utile de se pencher sérieusement sur les tranches horaires qui composent une journée :

- la première phase de la journée commence à 08:00 et se termine à 12:15. À l'intérieur de cette phase, on distinguera une première tranche entre 08:00 et 09:30 ;

- la deuxième phase de la journée est celle du repas en Europe. Entre 12:15 et 14:15. Durant ces deux heures, il ne se passe généralement pas grand-chose ;

- la troisième et dernière phase de la journée commence à 14:15 et se termine à 17:30. À l'intérieur de cette phase, on distinguera une première tranche qui court jusqu'à 16:00 et correspond à l'essentiel des annonces statistiques ;

- la période qui court après 17:30 jusqu'à 22:00 ne devrait pas être traitée par les opérateurs européens, hormis pour ceux qui souhaitent travailler directement sur les marchés américains.

L'approche des marchés ne doit pas être la même le matin, lorsque les seuls marchés ouverts sont les marchés européens, et l'après-midi où les marchés directeurs, les marchés américains, dictent leur conduite aux petits cousins européens. Sans parler de tendance, la volatilité est différente entre la matinée et l'après-midi, et l'ouverture américaine donne souvent lieu à de forts mouvements, avec de nombreux signaux, difficiles à analyser pour les traders débutants, et surtout de nombreux contre-pieds.

- Le matin, le marché dessine généralement une tendance d'amplitude moyenne, entre 40 et 80 % du TrDma. Si un mouvement puissant a été dessiné la veille, un retracement est probable dans l'attente de l'ouverture américaine et d'une confirmation du marché directeur. Lorsque le range balayé s'approche ou dépasse les 100 % de TrDma, la journée est directionnelle et il faudra s'attendre à une reprise dans le même sens l'après-midi.

- Ensuite, aux environs de midi, le marché s'installe généralement en zone de congestion, la volatilité diminue fortement. En revanche, lorsque le marché accélère et casse des zones de résistance (ou de support) importantes, une indication précieuse est donnée. Ces mouvements sont suffisamment rares pour ne pas être anodins. Ils alertent souvent sur des accélérations à venir avec l'ouverture des marchés américains. C'est notamment le cas lors des marchés fortement directionnels en tendance primaire.

- À partir de 14:30, les premières statistiques américaines tombent. Sur les marchés de futures, selon les sous-jacents traités (indices, devises, obligataires ou matières premières), il est nécessaire de connaître l'impact de la statistique. L'ouverture de Wall Street à 15:30 accélère la volatilité et la première demi-heure doit être regardée de près. L'essentiel de la planète financière est alors connecté derrières ses ordinateurs. Les mouvements s'accélèrent.

Il ne convient pas d'écarquiller les yeux pour sauter sur un retournement de 10:00 ou à 16:00 ou voir une accélération du marché à 15:30. Mais si les éléments techniques favorables sont présents, ce sera un critère supplémentaire à la convergence des éléments de stratégie.

> ## L'essentiel
>
> Les traders qui interviennent en intraday doivent tenir compte de quatre niveaux clés : les clôtures de la veille (17:30 ou 35 selon les marchés, et 22:00 pour les contrats futures européens) et les niveaux d'ouverture de 08:00 et 09:00.
>
> Les périodes de fort intérêt, de forte participation des opérateurs, servent souvent de pivot de tendance, de support ou de résistance, ou d'accélérateur de mouvement en cas de cassure.
>
> Une journée de trading (en Europe) se décompose en trois phases distinctes : de 08:00 à 12:15, de 12:15 à 14:15 et enfin, jusqu'à 17:30.
>
> Savoir sur quelle tranche de la journée il vaut mieux travailler ou ne pas travailler est un atout.
>
> Définir les stratégies sur lesquelles il vaudra mieux intervenir en fonction des tranches horaires devient un élément intrinsèque de la performance.

L'unité de base

L'unité de base est un concept de gestion du risque développé à l'origine pour des stratégies algorithmiques, notamment sur les contrats futures. Il est aussi utile pour la gestion des comptes CFD. L'unité de base est le levier, ou l'allocation moyenne utilisée. Un trader qui utilisera un contrat FCE pour un compte de 50 000 euros aura donc une unité de base de 1 contrat et il sera en levier 1. Un trader qui utilisera en moyenne trois contrats FCE pour un compte identique de 50 000 euros aura une unité de base de 3 contrats et il sera en levier 3. Lorsqu'il se mettra en unité de base de 2, il prendra 6 contrats.

L'unité de base permet d'adapter rapidement et mécaniquement l'allocation d'actifs divers en fonction de critères variés :

- les spécificités propres à une stratégie ;
- les différents cycles de marché ;
- des options délibérées sur plusieurs comptes de gestion, notamment pour les professionnels qui s'occupent des comptes gérés (« managed accounts ») ;

- le niveau de volatilité du produit, notamment pour adapter les interventions aux amplitudes intraday ;
- la courbe de résultat et la performance en cours.

Il sert aussi, et surtout, à calculer la qualité d'une performance hors effets de levier et donc de mesurer la pertinence des interventions et leur régularité, sans se laisser obnubiler par le résultat purement financier, le résultat brut.

Mise en garde

Une courbe de performance doit toujours se mesurer au risque engagé et à sa volatilité, notamment les drawdown. Une performance annoncée sans ces éléments doit toujours être regardée avec circonspection à tout le moins, et avec méfiance, certainement.

Adaptation à chaque stratégie

Les stratégies ne présentent pas toutes les mêmes courbes de résultat. Pour une performance identique sur une période donnée, une stratégie pourra exposer des drawdown plus ou moins marqués et une courbe plus ou moins régulière. Tous ces éléments doivent être pris en compte. Une stratégie qui présente une courbe lisse avec de faibles drawdown pourra être travaillée avec du levier ; une autre, moins équilibrée, pourra aussi être travaillée, mais il faudra ajuster le risque pour ne pas dégrader l'ensemble de la performance. Les clients sont rarement satisfaits lorsque leurs comptes de gestion sont en négatifs.

Chaque stratégie se verra donc attribuer une allocation spécifique à partir de l'unité de base, la référence globale du système. Grâce à l'unité de base, le levier adapté sera calculé facilement et mis en place, que ce soit en discrétionnaire ou en systématique.

Adaptation au cycle de marché et aux zones de valeur

Certaines stratégies performent plus en tendance haussière, d'autres en tendance baissière, d'autres encore sur des marchés volatils. Les leviers seront donc alloués différemment pour une stratégie donnée en fonction du cycle du marché, selon des critères précis et objectifs.

Adaptation au compte ou au style

Lorsque l'on gère des comptes clients dans une société de gestion, certains clients ont des exigences particulières. Certains ne veulent pas dépasser 5 % de perte par an, d'autres 10 %, d'autres plus encore. L'unité de base permet d'attribuer facilement une clé de répartition, par compte et par produit, afin de caler les interventions sur le marché aux souhaits particuliers des clients.

Prenons l'exemple de deux comptes de 250 000 euros. Pour une stratégie donnée sans levier et un CAC à 5 000 points, l'unité de base (UdB) sera, par exemple, de 5 contrats. Sur une opération donnée, le premier client se verra alloué 15 contrats et le second 5 contrats. Sur une stratégie qui serait travaillée en levier 2, le premier client se verra alloué 2 UdB, soit 30 contrats et le second client, 10 contrats.

Adaptation à la volatilité du sous-jacent

Des indices comme le CAC ou le DAX, qu'ils soient traités en contrats futures ou en CFD, ont à la journée des amplitudes totalement différentes. Le future CAC vaut 10 euros et varie en moyenne de 60 points par jour dans des conditions de marché normales alors que le DAX vaut 25 euros le point et varie de plus de 130 points par jour en moyenne. Le risque en intraday est donc totalement différent. L'unité de base allouée par produit permet de déterminer exactement le nombre de contrats qu'il faut prendre en le faisant évoluer régulièrement en fonction de la volatilité intraday, de l'amplitude moyenne des fluctuations quotidiennes, pour ne pas se retrouver en décalage avec le risque réel du marché.

Adaptation à la performance pour maximiser le profit

L'unité de base permet aussi de coller à la courbe de résultat pour maximiser le rendement en tenant compte des gains accumulés dans le calcul. Reprenons le compte à 250 000 euros du client X. Lorsque ce compte atteint 300 000 euros, il faut ajuster l'UdB sinon la performance relative s'en ressentira. L'UdB passera donc de 5 à 6.

Calcul de performance

L'unité de base sert de calcul à la performance pure en dehors des effets de leviers et des échelles de temps. Il est particulièrement en intraday et en position trading pour mesurer les progrès réalisés mais aussi pour alerter lorsque le trader s'éloigne de sa performance habituelle.

Prenons un exemple : pour un compte de 50 000 euros, un trader décidera de travailler avec deux contrats en unités de base 1 sur contrat future CAC, soit 25 000 euros par contrat.

Faisons un calcul rapide :

- le jour J, il ouvre une position short avec deux contrats et gagne 10 points, soit 200 euros. C'est son objectif quotidien. Il notera donc 10 points en unité de base. Pour calcul rapide, un trader qui gagne 200 euros par jour avec 50 000 euros ferait 4 000 euros par mois soit 48 000 euros par an, donc 96 % par an ;
- le jour J + 1, il gagne 10 points avec un contrat, il notera donc 10 points avec 0,5 unités de base ;
- le jour J + 2, il gagne 5 points avec 4 cents, donc 5 points avec 2 unités de base.

Ainsi, le trader peut facilement appréhender la constitution progressive de ses gains. Il apprend à mieux utiliser l'effet de levier en faisant varier ses allocations d'actifs de manière mécanique, et à maximiser le nombre de points réalisés. Il comprend aussi rapidement l'influence, souvent néfaste, de l'effet de levier sur son mental. Certains tiennent facilement 20 points avec une UdB de 0,5 ou 0,3, d'autres avec une UdB de 1 ou de 2.

Mise en garde

La capacité à tenir des positions dépend souvent du risque engagé. Or, cette pression psychologique, qui s'accroît avec le temps de détention, est rarement bien évaluée avant l'ouverture de la position.

Gagner 1 000 euros avec 10 contrats ou avec un contrat, sur un compte de 50 000 euros n'est pas la même chose. Le risque pris pour le gain engrangé n'a rien à voir. La performance réelle est donc totalement différente.

L'essentiel

L'unité de base offre une adaptation rapide de l'allocation d'actifs en fonction des critères de gestion essentiels.

La mesure de la performance en est facilitée.

L'unité de base permet une cohérence certaine entre les différents leviers utilisés. Selon le style de trading ou d'investissement, court ou long terme, il faut savoir déterminer immédiatement quelles allocations allouer à une stratégie donnée.

L'intérêt de travailler en unité de base est aussi évident lorsque l'on travaille avec d'autres traders, ou dans une société de gestion. L'unité de base permet des comparaisons entre les niveaux de risque par stratégies.

Chapitre 15

GTAS – Stratégies pour les futures et les CFD

Toutes les stratégies présentées dans cette partie sont utilisées quotidiennement aussi bien sur les actions, les devises, les contrats futures que les CFD. Certains souhaiteront les appliquer à la lettre, d'autres souhaiteront se les approprier pour les faire coller à leur profil d'investisseur ou de trader. Enfin, certains opérateurs seront plus l'aise avec des stops courts et beaucoup de leviers, afin de ne pas rester trop longtemps dans le marché et limiter ainsi l'exposition au risque temporel ; d'autres au contraire voudront s'inscrire dans la durée et privilégieront les mouvements larges, de petites allocations et des stops plus larges. Ce choix est personnel. GTAS permet de simplifier le trading sans contraindre dans un cadre rigide et impersonnel qui ne correspondrait pas à la personnalité de l'opérateur. Ce n'est pas une méthode fermée, mais au contraire, une approche innovante des marchés, qui colle tant aux cycles de marchés qu'aux profils des opérateurs.

Le choix de travailler avec des stratégies précises est un préalable pour acquérir confiance et régularité, grâce à la répétition et à la spécialisation.

Se spécialiser

Certains traders ou investisseurs voudront traiter toutes les stratégies présentées ici pour répondre à toutes les phases de marché. C'est possible mais ils devront alors se concentrer sur un ou deux produits. Pas plus. D'autres voudront absolument traiter plusieurs produits car cela correspond à leur psychologie, leur manière d'être, leur envie. Ils devront donc se concentrer sur une ou deux stratégies, trois au maximum. Les traders performants sont des spécialistes, sûrs d'eux car ils maîtrisent parfaitement chacune de leurs actions pour les avoir répétées des milliers de fois.

Il faut aussi opter pour des horizons de temps qui dépendront des horaires de travail souhaités, de la pression psychologique et des qualités de concentration différentes. Un scalper n'a pas le même profil qu'un position trader. De même qu'un marathonien n'a pas le même gabarit ni les mêmes qualités qu'un sprinter. Mais chacun peut, dans son domaine, remporter la médaille d'or. Et l'objet de ce livre est de faire de vous des médaillés en puissance, à vous de choisir parmi les disciplines possibles.

Répéter ses gammes

La réussite sur le long terme passe par la répétition des mêmes stratégies. Il n'existe pas de passe-droit à ce niveau. Mais durant certaines périodes de marché, des stratégies performent mieux que d'autres, d'où la nécessité de s'armer d'un bagage, une méthode globale, qui prend en compte toutes les phases de marché.

Acquérir l'indispensable confiance

Connaître les backtests de ses stratégies sur un produit spécifique et sur une échelle de temps donné est essentiel à la confiance. La performance ne peut naître que de la confiance. Car si après trois pertes, la stratégie est arrêtée alors qu'elle s'apprête à entrer dans une phase de gain, la réussite ne sera jamais au rendez-vous. Il faut donc travailler sérieusement avant de se lancer. Ou se lancer sur des petits comptes CFD pour tester en temps réel les stratégies, voir celles qui conviennent le mieux et les adapter éventuellement.

> Dans tous les cas, chaque investisseur ou trader devra adapter les stratégies aux produits qu'il préfère traiter, à ses disponibilités et ses horizons de temps. En plus de GTAS, comme méthode et tronc commun, nous proposons des modules spécifiques adaptés au style de l'intervenant (investisseur, position trader, trader...) ou à des produits particuliers (actions volatiles, indices...). Ces modules seront développés et précisés sur notre site www.e-winvest.com. Ils seront réservés aux lecteurs de cet ouvrage, sur simple inscription gratuite, et accessible via un mot de passe.

ST – SHMO : une stratégie de rupture d'équilibre

La rupture d'équilibre dans un contexte de basse volatilité est une situation graphique et technique toujours très intéressante pour le trader puisqu'elle offre un gain potentiel élevé avec une prise de risque déterminée, faible et maîtrisée. C'est exactement le genre de situation que recherche un trader ou un investisseur. C'est la stratégie de base que doit posséder tout opérateur de marché. Pourtant, le plus souvent, ces stratégies ne fonctionnent pas car elles sont réalisées au hasard, sans critères d'entrées précis, sans critères de validation et avec des allocations d'actifs indifférenciés. Du coup, certains se mettent à penser que les stratégies de cassure ne sont pas rentables.

Outils

Ce sont :

- les volumes,
- une SMA longue,
- une SMA courte,
- les bandes de Bollinger,
- le MACD,
- le bandwith,
- le FibTdi,
- le BSI,
- une ou deux échelles de temps.

Configuration

La première étape consiste à repérer une zone de cours en congestion après une première impulsion directionnelle. La moyenne mobile longue doit se situer sous les cours (pour une impulsion haussière) ou sous les cours (pour une impulsion baissière). La zone de congestion sur les cours doit être validée par des bandes de Bollinger en phase IV et une configuration de squeeze. Dans la dernière phase, les chandeliers dessineront des toupies et/ou formeront une configuration en triangle au sein de la zone de congestion sur l'unité de temps de timing.

À ce stade, les opérateurs agacés commencent à cesser de regarder leurs écrans. Ils s'ennuient. Le marché les ennuie. Leur concentration s'envole. D'autres, ceux qui aiment les zones de congestion, jouent à acheter les bas et à vendre les hauts. Mais le marché diffuse sa torpeur à l'ensemble des intervenants. Le consensus a tué le marché et un extrême de consensus, un extrême dans l'équilibre, trouve généralement une réponse dans un extrême de déséquilibre : une vague directionnelle puissante.

Timing

Les prix cassent la zone de congestion. Si tous les critères de la configuration ont validé la stratégie, le trader s'assure de la validité du timing :

- le volume doit augmenter de manière significative (on le traite mécaniquement par des algorithmes qui filtrent les périodes et les sous-jacents, ou l'on décide en discrétionnaire d'un volume minimal) ;
- et la taille du chandelier, son range, doit lui aussi être significativement plus élevé.

Dans tous les cas, l'opérateur attend que le chandelier de l'unité de temps de timing soit terminé. La cassure du range est validée si la clôture du chandelier se produit dans le 1/5 supérieur (cassure à la hausse).

Le MACD croise à la hausse (pour un achat), à la baisse (pour une vente).

Le BSI est en position acheteuse (pour un long) ou en position vendeuse (pour un short). Le BSI permet d'augmenter de manière sensible le taux de réussite en filtrant les signaux d'impulsion de manière efficace.

La position est ouverte par un ordre « marché ». Pour cette stratégie, les ordres limites ne peuvent pas être utilisés. Dans les cas les plus éruptifs, ceux au potentiel de gain le plus important, les ordres limites feront courir le risque de passer à côté de l'entrée, de chercher à entrer après des ticks de retard, ce qu'il ne faut jamais faire.

Stop de protection

Le stop sera placé de deux façons :

- 50 % sous (sur, pour un short) le chandelier de cassure haussière ;
- 50 % sous (sur, pour un short) le plus bas (haut) des deux chandeliers qui précèdent la cassure.

Prise de bénéfices et sortie

Il est souvent bon de prendre des bénéfices sur une partie de la position. Il est rare d'entrer dans le marché pour le voir se retourner immédiatement contre nous. La position pourra donc être divisée en trois.

- Prise de bénéfice partielle entre 50 % et 100 % du risque engagé. L'ajustement se fait en fonction de la tendance sur l'unité de temps majeure (et donc l'espoir de s'engager sur une vague impulsive de degré supérieur). Si l'on achète au-dessus de la zone d'équilibre principale, on ne sortira pas avant 100 %, si l'achat se produit sous la N2, il est conseillé de prendre des bénéfices autour de 50 %.

- Prise de bénéfice partielle entre 100 % et 150 % du risque. Ajustement en fonction de la tendance sur l'unité de temps majeure.

- Stop suiveur avec l'indicateur FibTdi ou, à défaut, un stop palier adapté à l'unité de temps utilisée. L'indicateur FibTdi permet une amélioration sensible des résultats de près de 10 % avec une prédominance marquée durant les phases directionnelles de tendance majeure.

La gestion des sorties sur les zones de valeur se fera de la manière suivante : plus la tendance est convergente sur les horizons de temps, plus la position sera jouée en suivi de tendance. À l'inverse, des prises de bénéfices rapides seront effectuées dès lors que le radar de tendance indique des divergences.

Zones de valeur et gestion du risque

Les cours doivent toujours se situer au-dessus de la zone d'équilibre de l'unité de temps de timing (NI en intraday par exemple) pour un achat, ou en dessous pour une vente short. L'allocation d'actif sera ajustée en fonction du positionnement des zones d'équilibre de degré supérieur. Les niveaux d'allocation varieront de 1 à 5 selon la zone de valeur dans laquelle se trouve la configuration. Lorsque le radar de tendance sera synchrone et convergent, l'exposition sera maximale. En revanche, cette stratégie ne sera jamais utilisée dans le cas où la tendance mineure est opposée à la fois à la tendance principale, à la tendance majeure et à la tendance primaire.

Ce type de stratégie a, selon les sous-jacents utilisés et les horizons de temps, des taux de réussite supérieurs à 60 %, et l'on peut arriver à des taux supérieurs proche de 80 % dans une gestion mécanique intégrant tous les paramètres optimisés, à condition de réduire le nombre d'opérations grâce un filtrage exhaustif des configurations.

Techniquement, nous travaillons en faisant varier les paramètres et en définissant trois groupes de conditions. Nous nous assurons que les backtests de chaque groupe délivrent les statistiques voulues avant de les mettre en production. Si le réel valide, nous attribuons un levier différent à chaque groupe en fonction des ratios générés (de 1 à 3) sachant que les trois groupes pourront déclencher en même temps, ce qui nous donnera au final des leviers allant de 1 (si seul le premier groupe déclenche) à 6 (si les trois groupes déclenchent en même temps). La prise de risque induite est minorée par le fait que le déclenchement du groupe trois signale un potentiel de réussite très élevé.

Exemple 1

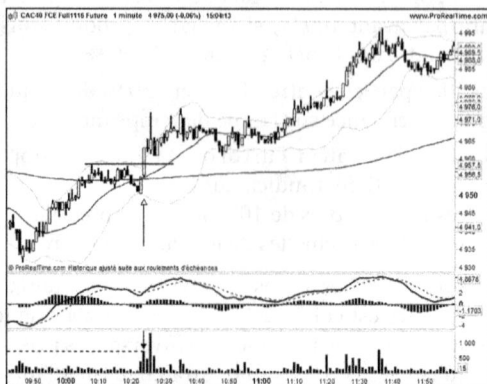

Graphique 15.1. CAC future en données 1 minute

Après une première vague haussière, les cours marquent une pause et latéralisent. Le chandelier de cassure qui donne le timing est de type chandelier de déséquilibre marqué par le range le plus large et le volume le plus important depuis l'ouverture. Les bandes de Bollinger ont bien formé un squeeze. La clôture du chandelier se produit au plus haut et le MACD croise à la hausse sa ligne de signal. Tous ces éléments valident la stratégie d'entrée. Le bandwith et le BSI n'ont pas été ajouté sur le graphique pour des raisons de facilité de lecture. La tendance est haussière sur toutes les unités de temps du 4H au M15. L'entrée s'effectue à 63, le stop est placé à 55 et à 50, soit un risque global de 10,50 points ((8+13)/2). Au plus haut, le FCE ira à 4 506, soit un gain potentiel (MFI) de 43,50, près de quatre fois le risque engagé.

Exemple 2

Graphique 15.2. Altran Technologies (ALT) en données quotidiennes

Dans le cas d'Altran, la cassure de la zone de congestion s'effectue sans squeeze préalable sur les bandes de Bollinger. Au contraire, les bandes sont largement ouvertes et la tendance déjà avancée comme le montre la divergence claire sur le MACD. Dans ce cas, la cassure est un bull trap classique qui attire les derniers acheteurs avant un repli. En aucun cas il ne faut confondre ce cas avec la stratégie SHMO. Une simple étude des bandes de Bollinger permet d'éviter de se tromper et d'encaisser une perte. Une cassure n'est jamais une raison suffisante pour entrer en position. D'où l'intérêt d'avoir des paramètres de stratégies clairs et aisément compréhensibles.

Exemple 3

Graphique 15.3. Future crude oil en 15 minutes

La tendance sur le crude oil est baissière, le squeeze est visible sans l'aide du bandwith. Le SHMO casse le bas précédent dans le plus gros volume et le plus gros range de la période. Dans le graphique suivant, on vérifie bien que le BSI est orienté vendeur depuis déjà 5 périodes, ce qui ajoute une validation supplémentaire et augmente la probabilité de réussite de l'opération.

Graphique 15.4.

L'utilisation du stop suiveur FibTdi est justifié du fait d'un radar de tendance convergent à la baisse. Il nous fait sortir de position à 31.15 pour une entrée short à 32.17 et un stop à 32.61, soit un gain de 1.02 pour un risque de 0.43. Le MFI était de 1.74 avec un bas à 30.43 et le MAE de 0.03. Une opération d'une précision chirurgicale.

ST – BSI%RET

La stratégie BSI%RET est certainement parmi le trio de tête des stratégies les plus efficaces, mais aussi les plus faciles à utiliser. Facilement automatisable, en plus, elle permet d'entrer au plus près du démarrage d'une tendance en recherchant des zones de consolidation. L'objectif est d'anticiper sur la cassure, lorsque cela est possible, afin de maximiser le ratio risk/reward sans pour autant dégrader excessivement le taux de réussite. Cette stratégie permet de jouer les vagues C lors d'une phase corrective ou les vagues III lors des phases impulsives.

C'est une stratégie qui est utilisée depuis le début des années 2000 avec succès, essentiellement sur les marchés de futures indices, en intraday et en position trading. Depuis quatre ans, avec le développement de GTAS et la recherche d'indicateurs avancés, un pas significatif a été fait grâce à l'association avec les indicateurs BSI qui filtrent parfaitement les faux signaux et détectent les zones d'accumulation et de distribution. Grâce à cet apport technique, le taux de réussite de la stratégie a été substantiellement accru.

Outils et indicateurs utilisés

- Ratios de Fibonacci
- Indicateur BSI
- Moyenne mobile exponentielle 20

L'indicateur BSI est un atout pour cette stratégie. À défaut, il peut être remplacé par un MACD court et un MACD long, mais avec une dégradation sensible des résultats, notamment sur les drawdown.

Configuration

- Une zone de congestion ou une tendance qui montre des signes d'épuisement (divergences…).
- Un test de l'extrême de la zone de congestion, une cassure de la zone de congestion ou une cassure d'un support (en tendance haussière) ou d'une résistance (en tendance baissière).
- Un retracement inférieur à 75 %.

Timing

- Indicateur BSI active.
- Cours au-dessus de la moyenne mobile 20 (pour un achat), au-dessous de la moyenne mobile 20 (pour une vente).

Stop de protection

Un niveau de Fibonacci au-dessus pour les ventes (sous, pour les achats) du niveau de retracement.

Sortie

- Entre 100 et 127 % du risque pour la moitié de position.
- Niveaux d'extension sur 138,20 % et 161,80 %.
- Stop suiveur palier.

Gestion du risque

L'allocation d'actif dépendra à la fois de la vague (vague de retracement ou vague d'impulsion) et aussi de la convergence avec les horizons de temps supérieurs.

Exemple 1

Graphique 15.5. DAX – Données 60 minutes

Après une tendance haussière, le DAX casse un support précédent dans une tendance impulsive. La reprise échoue sous les 61,80 % de retracement. Le BSI passe baissier alors que les cours repassent sous la moyenne mobile 20. Le short est pris à 11 898 et le stop est placé à 12 141, soit un risque de 243 points ou 6 075 euros. Pour jouer ce type de mouvement, il faut donc être soit fortement capitalisé, soit utiliser les CFD et les micro-tailles.

Graphique 15.6. DAX – Données 4 heures

Le DAX est allé chercher d'abord les 161,80 % sur 10 863 (soit un MFI de 1 035 points, plus de quatre fois le risque engagé) et bien plus tard les 9 400 points. Cette stratégie a donné le point de départ de la baisse initiée en avril 2015 qui devait se conclure par le krach du 24 août.

Exemple 2

Graphique 15.7. FCE en 15 minutes

Après avoir cassé un bas précédent, la baisse se poursuit avant une correction en trois temps qui stoppe le rebond sur 38,20 % de retracement. Le BSI passe négatif et donne le timing d'entrée qui correspond à la cassure de la ligne de tendance baissière de la formation en flag, mais qui permet d'anticiper sur la cassure de la ligne support horizontale. L'entrée s'effectue à 4 654 pour un stop placé à 4 711, soit un risque de 57 points.

Graphique 15.8.

Le FCE teste d'abord les 100 % d'extension, rebondit sans marquer de plus haut, il va ensuite s'appuyer sur les 127,10 % pour tenter un nouveau rebond, qui là aussi échoue à dessiner un nouveau plus haut relatif et enfin, il enfonce les 138,20 % pour marquer le bas sous les 161,80 % à 4 447, soit un **MFI** de 207, près de quatre fois le risque engagé. Dans ce trade, le MAE a été de 21 points, soit largement sous les 50 % du stop placé.

ST – RSI MTC (Market Timing Contrarian)

Cette stratégie utilise le RSI comme indicateur de surachat et de survente sur des tendances établies pour reprendre appui sur une tendance en cours. Nous allons détailler les différents paramètres et montrer comment on peut faire évoluer une stratégie, notamment grâce au système GTAS qui combine de multiples indicateurs et analyses statistiques pour profiter du mouvement sur les prix.

Outils

- RSI sur UTT
- S-Trend sur UTP
- Deux échelles de temps avec un ratio compris entre 3 et 5

Configuration

- L'indicateur S-Trend marque l'entrée en tendance haussière (baissière) par le passage au-dessus de 25 (sous – 25).
- Une correction des cours renvoie le RSI sous les 30.

Timing

Les entrées sont réalisées en deux temps. Une première entrée agressive lorsque le RSI est passé sous les 30 (au-dessus des 70) en clôture du chandelier de timing. La seconde entrée est réalisée sur validation par les cours avec une clôture supérieure (inférieure) au plus haut (bas) du chandelier qui a marqué le passage sous les 30 (au-dessus des 70).

Les deux entrées peuvent être réalisées sur la base de position divisée en deux. Les débutants auront tout intérêt à se familiariser avec la stratégie en n'utilisant que la seconde entrée durant les premiers temps. Ensuite, lorsqu'ils prendront confiance, ils pourront adopter les deux entrées. L'intérêt d'avoir deux entrées est évident. La première, agressive, permet d'entrer rapidement sur le marché et donc d'optimiser le ratio risk/reward. En cas de retournement de tendance, l'allocation d'actif n'est que de la moitié. Après confirmation par les prix, la position est complétée.

Stop

Le stop d'invalidation est placé à 20 % du TrDma20 pour les opérations intraday, à 1 TrDma pour les opérations d'investissement sur des unités de temps quotidiennes.

Gestion des positions

On utilisera des stops paliers avec des prises de bénéfices sur passage du RSI en zone de surachat (survente).

Gestion psychologique

Parfois, les débutants auront du mal à ouvrir une position à l'achat sur un marché qui baisse, ou à la vente sur un marché qui monte. En plus d'être efficace, cette stratégie, normalisée par des critères précis, présente l'avantage d'obliger traders et investisseurs à penser la tendance comme une force sous-jacente et non pas comme une vague émotionnelle. En effet, les prises de position sont réalisées alors que le marché se replie, parfois rapidement, sous l'effet d'une news ou d'une annonce particulière. Se concentrer sur les critères objectifs de la stratégie permet de faire abstraction de l'instant présent pour se soucier des forces de marché.

Exemple 1

Graphique 15.9. Future CAC M30/M10

Le passage de l'indicateur S-Trend valide la tendance haussière. Tant qu'il restera au-dessus de 0, tout retour du RSI sous les 30 donnera l'occasion d'ouvrir une position acheteuse.

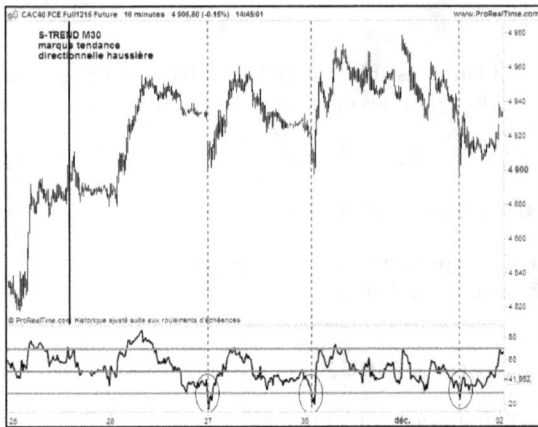

Graphique 15.10.

Par trois fois, le passage du RSI sous 30 donne l'occasion d'ouvrir une position longue. Le stop maximum n'excède pas 20 points tandis que les gains donnent entre 40 et 80 points.

Exemple 2

Graphique 15.11. Thalès – HO – Données quotidiennes

En données quotidiennes, le titre Thalès entre en tendance haussière fin 2014. Tant que l'indicateur S-Trend reste supérieur à 0, la stratégie peut être activée.

Graphique 15.12. Thalès – HO – Données 2 heures

Durant cette période, sept signaux clairs sont donnés par la stratégie. Les stops à 1 TrDma fonctionnent parfaitement. Il n'y a que sur la septième opération que la position a été stoppée, avant d'être reprise sur validation par les cours. Le stop moyen a été de 2,4 % pour des gains compris entre 4 et 11,2 %.

ST – Buying et selling climax

Cette stratégie type de retour à la moyenne s'intéresse aux configurations d'excès en fin de tendance. C'est une stratégie contrarienne qui peut se traiter de deux manières différentes. Ceux qui recherchent des taux de réussite élevés joueront la sécurité en jouant le retour sur la moyenne mobile longue après la cassure de la moyenne mobile courte. Ceux qui n'ont aucun souci avec des faibles taux de réussite décideront de jouer le retournement de tendance. Pour cela, ils mettront toutes leurs chances de leur côté en ne jouant les climax contrariens que l'unité de temps mineure, lorsque le sens de déclenchement correspond à la tendance de l'unité de temps principale. Cette stratégie sera toujours utilisée avec de faibles allocations d'actifs car c'est une stratégie qui n'a pas une fréquence élevée.

Outils

- SMA7
- SMA147
- RSI UTP et UTT

Configuration

- Une tendance soutenue qui accélère en tendance impulsive et déclenche un ou plusieurs chandeliers de déséquilibre en fin de mouvement.
- Les RSI UTP et UTT doivent avoir marqué des niveaux de surachat (ou de survente), sauf si on traite le climax dans le cadre d'une vague de retracement (un haut moins haut pour une vente, ou un bas plus haut pour un achat), comme nous le verrons dans le second exemple du CAC en 30 minutes.

Timing

Cassure SMA7.

Stops

Sur le haut précédent (vente) ou sous les bas précédents (achat).

Exemple

Graphique 15.13. Future CAC en données 5 minutes

Sur ce graphique en 5 minutes, la moyenne mobile 147 est orientée à la baisse lorsque le mouvement haussier impulsif s'enclenche. Trois soldats blancs marquent le climax avec le plus gros volume sur le dernier. La cassure de la SMA7 donne le timing d'entrée à 4 894 et le stop est placé à 4 908. L'objectif 1 est le retour sur la SMA147 qui est à 4 867 au moment de l'entrée, donc un potentiel de gain de 27 points pour un risque de 14. Le marché ne déclenche pas de retour immédiat et il faudra savoir se montrer patient pour attendre le lendemain l'objectif. À noter qu'après avoir été enfoncée, la SMA147 servira de résistance avant une nouvelle baisse.

Graphique 15.14. FCE – Données 30 minutes

On retrouve le climax dans l'ellipse, avec une amplitude et un volume qui qualifient le chandelier de chandelier de déséquilibre. On note aussi que le niveau de 61,8 % est un inversement de polarité entre un support devenu résistance. Ce climax est intéressant car il apparaît sur une vague de retracement clairement décomposée en trois temps et fait suite à un autre climax, sur la gauche du graphique. La cassure de la moyenne mobile courte donne le timing d'entrée. Et dans ce cas, il faudra jouer le retournement de tendance et le retour sur la moyenne mobile longue situé sur les 4 820.

ST – Pump up/Pump down

Cette stratégie, spécifique à l'intraday, ne s'adresse pas qu'aux scalpeurs puisqu'elle pourra aussi être travaillée en position trading, en overnight. De nombreux paramètres sont automatisables, mais la validation reste discrétionnaire.

Elle performe particulièrement bien sur les indices boursiers, les taux aussi (comme le bund) et pourra être traitée par des contrats futures et des CFD. Il faudra préférer les sous-jacents volatils, comme le DAX et Bund, pour obtenir les meilleures performances sur le long terme.

Configuration

- Un gap haussier (ou baissier) de clôture. Pour les **CFD**, les horaires de cotation seront réglés sur la tranche 08:00-22:00 comme pour les contrats futures.
- Une zone de consolidation après l'ouverture du gap. Le gap doit rester ouvert ou, s'il est refermé, il doit servir de niveau de support rapide (gap up) ou de résistance (gap down).

Timing

La cassure du haut de la zone de consolidation pour un gap up et la stratégie pump up. La cassure du bas de la zone de consolidation pour les gaps down et la stratégie pump down.

Il faut adapter l'unité de temps principale à la volatilité du sous-jacent. Ainsi, de manière classique, nous utiliserons UT5 pour le future CAC et le future DAX, et UT10 pour le future Eurostoxx50.

Stop de protection

- Stop initial sous le bas du range ou à X bars, selon la forme de la cassure. Plus la cassure est de nature impulsive, plus le stop pourra être placé proche pour augmenter l'allocation sans augmenter le risque. C'est un paramètre important pour cette stratégie dans une optique de performance à long terme.
- stops suiveurs de deux types :
  - un premier stop vague ou palier qui accompagne la tendance en collant au plus près des vagues,
  - un second stop placé à proximité d'une moyenne mobile longue (1 point en dessous pour les pump up, et un point au-dessus pour les pump down), qui sera adaptée à la volatilité du sous-jacent traité, en vérifiant les points d'ancrage les deux journées précédentes.

Sortie

- Une sortie automatique en fin de journée si un des stops suiveurs (en principe le stop palier a été déclenché) avant 13:00, sans que le stop sur la moyenne mobile ait été enclenché.
- Une sortie le lendemain, en stop suiveur sur la moyenne mobile longue, si le stop palier n'a pas été déclenché avant 13:00 et que la moyenne mobile longue n'a pas été touchée.

Exemples

Graphique 15.15. Estoxx50 – Données 10 minutes

Cet exemple de pump up a été travaillé avec les paramètres de la stratégie, comme tous les exemples de stratégies. La cassure du haut du range
d'ouverture en 1, suite au gap up de clôture, donne le timing d'entrée
en position. Le stop est placé sous le chandelier de cassure, considéré
comme un chandelier de déséquilibre. L'entrée s'effectue à 3 076. Le
stop a été placé à 3 060. Ensuite, on applique la technique de stop vague
en remontant le stop suiveur (pour 50 % de la position) sous le bas de
chaque zone de consolidation à chaque fois que la cassure du haut précédent est validée.

Entre 1 et 2, à chaque cassure validée du haut du range précédent, le
stop est remonté sur les bas du range. Lorsque la moyenne mobile longue
dépasse le stop initial, un stop sur 50 % de la position est placé dessus. En
2, 50 % de la position est soldée sur 3 094, soit 18 points de gain. En 3,
la moyenne mobile longue est enfoncée, la position est automatiquement
soldée à 3 101 pour un gain de 25 points. À noter que quelques chandeliers
auparavant, les cours avaient effleuré graphiquement la moyenne mobile
sans déclencher le stop automatique (pour 1 point). On peut voir que dans
ce cas, la gestion des positions décidée systématiquement sécurise l'opération puisque si la matinée est haussière, l'après-midi gratifie les opérateurs
d'une zone de congestion en forme de triple top, puis d'un retour rapide sur
les bas, en fin de soirée.

L'avantage d'opérer avec une gestion de position avancée est de réussir
à surfer sur les tendances puissantes, tout en maîtrisant rapidement son
risque, et en augmentant sensiblement le taux de réussite des stratégies
sans détériorer de manière significative le risk/reward. Dans ce cas, on sort
un gain équivalent à 120 % du risque environ, soit un risk/reward réel de

1,20 et un gain, alors qu'avec une gestion basique de trend following, une perte ou une opération nulle aurait été encaissée. Si le timing est important sur les marchés, la manière de gérer les positions ne peut pas être négligée, comme le démontre cet exemple.

Graphique 15.16. Future DAX – Données 5 minutes

Dans cet exemple, après un gap down strict de plus de 100 points, la cassure du bas du range nous donne l'occasion d'ouvrir une position de vente. L'entrée s'effectue à 1 1125 et le stop est placé à 1 1162 (soit un risque de 37 points). Le chandelier de cassure est un chandelier de déséquilibre. Deux creux et un test de creux permettent de remonter le stop. En 2, la moyenne mobile longue est touchée, le stop est activé un point au-dessus à 11 051 pour un gain de 74 points (soit le double du risque initial), sur la moitié de la position. Pour deux points, le stop vague n'est pas activé. Les cours repartent à la baisse. En 3, le stop vague est déplacé sur 11 013 puis sur 10 959. Quelques minutes plus tard, la cassure du petit range de consolidation, en tendance impulsive, nous fait déplacer le stop sur les 10 928. À 16:35, la position est stoppée pour un gain de 197 points, soit un gain total de 135,50 pour la position à comparer avec un risque de 37 points, ce qui donne un risk/reward de plus de 3,6.

Ensuite, le DAX remontera et clôturera à 11 050. Encore une fois, la gestion de position active permet non seulement d'encaisser une première partie de bénéfices et de sécuriser les gains, puis elle accompagne parfaitement bien le mouvement de baisse, en laissant suffisamment de place aux cours pour ne pas être stoppés par le bruit du marché.

L'entrée en 1 se fait après un rebond sur le gap de 22:00. Le rebond rapide permet de valider la stratégie. En effet, si le gap a été refermé, il a servi de support rapide et impulsif. Ensuite, la journée est directionnelle et il suffit

Graphique 15.17. FCE – Données 5 minutes

de remonter les stops comme prévu dans la stratégie. Cet exemple avait été traité en direct sur notre site www.bpdtrading.com après une analyse anticipant la stratégie. En 2, après 17:00, la position est allégée sur 4 608 pour 56 points de gain pour un risque de 27. La sortie avant la fermeture de 22:00 donne encore 91 points de gain, soit un total de 147 pour un risque de 54. Un joli risk/reward qui approche les 3.

Variantes

- La gestion des positions et des stops suiveurs est celle utilisée le plus couramment. Mais selon les périodes de marchés, notamment sur les périodes de tendances puissantes, l'option de tenir les positions plus longtemps qu'en intraday est souvent une option payante. Les stops sont alors élargis pour laisser les cours fluctuer et, dans certains cas, lorsque l'évidence des tendances ne fait aucun doute, la stratégie sera traitée en trend following sans stop suiveur, en laissant uniquement le stop initial. Dans ce cas, lorsque le marché aura décalé de plus de 75 % du TrDma, il sera possible de remonter le stop sur l'entrée sur le break-even point. Mais uniquement à ce moment-là. Pas avant.

- Lorsque la tendance primaire et la tendance principale sont orientées dans le même sens que le gap, l'exposition sera relevée de manière significative. Pour cette stratégie, nous la faisons varier de 1 à 5 unités de base.

- Enfin, troisième option, la stratégie sera à la fois ouverte en intraday et en position trading. Et des stratégies de scalping dans le sens du pump et du gap seront utilisées pour profiter pleinement de la dynamique, sans pour autant générer plus de risques puisque chaque allocation d'actifs sera gérée dans le cadre des gestions du risque autorisée.

ST – UGS : la stratégie de retracement sur gap

L'étude des gaps a démontré qu'ils permettaient de cibler des zones de déséquilibres importants pour les opérateurs mais aussi qu'ils s'avéraient utiles comme niveaux de supports et de résistances. La stratégie « unfilled gap » (UGS) est une stratégie de momentum qui inscrit son action dans le sens du gap.

Elle présente plusieurs avantages et permet notamment aux traders et investisseurs débutants de ne pas se laisser happer par la ou les nouvelles qui ont propulsé les cours à la hausse ou à la baisse. En ce sens, elle est éducative et enseigne la patience, la rigueur intellectuelle et une certaine méthodologie à tous ceux qui sont tentés de trader leurs émotions et celles des autres, plutôt que les mouvements de prix.

Face à un gap, le trader doit se montrer patient et ne pas se jeter immédiatement dans le mouvement du gap, ou contre sa direction. Le premier travail à accomplir est d'évaluer la taille du gap par rapport à la norme, à sa moyenne historique. Bien évidemment, il faudra le juger sur un sous-jacent donné. D'où l'importance particulière pour cette stratégie de posséder des historiques importants, des statistiques et donc, de parfaitement bien connaître le sous-jacent sur lequel nous opérons. L'importance de la spécialisation a déjà été explicitée.

Typiquement, en intraday, sur des futures sur indices comme le future CAC ou le DAX, un gap est considéré comme hors norme dès lors qu'il dépasse les 60 % du TrDma20.

Unfilled gap est une stratégie intraday qui pourra être utilisée en discrétionnaire et en systématique, mais c'est le type même de stratégie qui permet un mariage utile entre l'homme et la machine. En effet, si cette stratégie est performante, ses occurrences sont relativement peu nombreuses. Fréquentes sur les marchés nerveux et volatils, elles seront beaucoup moins présentes lors des phases de congestion. L'aide de la détection via des algorithmes de trading permet d'alerter le trader discrétionnaire. Libre à lui ensuite de juger s'il souhaite intervenir ou pas. Cette stratégie intraday peut facilement se transformer en stratégie de type swing de position, ou position trading, en overnight, dès que la position aura été allégée de 50 % et le stop suiveur activé, comme nous le détaillons dans les critères précis ci-dessous.

Contrairement au pump down/up, cette stratégie s'intéresse au retracement qui suit le gap. Une autre différence est de réussir à entrer bien souvent bien avant la cassure de l'extrême, grâce à l'utilisation d'indicateurs pour la valider ex ante. C'est une stratégie cousine de pump mais qui se montre plus agressive à l'entrée. La contrepartie de cette « agressivité » à l'entrée est un nombre de critères de validation plus important. C'est un moyen de montrer aux débutants qu'il est possible de traiter des configurations techniques proches de plusieurs manières, avec des outils différents et des manières d'opérer sensiblement différentes. Pour notre part, nous utilisons les deux stratégies lorsqu'elles se présentent, l'une pouvant venir compléter l'autre.

Indicateurs

- Une moyenne mobile longue,
- RSI,
- MACD,
- S-Trend.

Configuration

- un gap down (l'inverse pour le gap up),
- un RSI en zone de survente (en zone de surachat),
- un MACD sous (au-dessus) sa ligne d'équilibre,
- une moyenne mobile longue au-dessus (au-dessous) des prix,
- un rebond (un repli) du marché dans la première demi-heure,
- UTT sera UT5 minutes,
- S-Trend < 25 (> 25) sur UTP.

Timing

- un retracement compris entre 50 et 62 % ;
- un RSI inférieur à 60 ;
- un MACD sous sa ligne d'équilibre ;
- un chandelier qui clôture sous le bas du chandelier qui a marqué le dernier haut ;
- S-Trend UTT < 0.

Stop de protection

- 50 % sur le dernier haut ;
- 50 % sur le niveau de 75 % de retracement.

Prises de bénéfices et sortie

- 50 % sur la première des trois conditions suivantes :
  - test du bas du gap,
  - une clôture plus haute que l'avant-dernier haut,
  - 150 % du niveau du stop moyen ;
- 50 % en stop suiveur sur la moyenne mobile longue ajustée.

Gestion du risque

Cette stratégie fonctionne très bien dans les environnements volatils et les tendances soutenues. Sa fréquence est directement liée à ces environnements spécifiques. Elle fonctionne parfaitement bien en trading algorithmique. Les sous-jacents à privilégier sont les indices actions, les actions et certaines matières premières.

C'est une stratégie de type trend-following qui, dès lors qu'elle est bien appliquée et bien maîtrisée, permet des taux de réussite autour de 50 % avec des risk/reward supérieurs à 3.

La principale difficulté que nous avons rencontrée dans son application discrétionnaire concerne la difficulté de faire comprendre aux traders qui doivent l'utiliser qu'ils doivent faire abstraction, comme souvent, de leurs émotions. En effet, c'est une stratégie doublement contrarienne. Le trader débutant ou peu expérimenté est happé par le gap down, ses émotions ne voient plus que le négatif, l'environnement est noir et toutes les nouvelles vont en ce sens. Finalement, le marché remonte à l'ouverture. Le trader ne comprend plus. S'il a vendu le gap à l'ouverture, il prend peur, et ses émotions le mettent en mode stress. Réfléchir devient plus compliqué, ne parlons pas de lucidité, il l'a abandonnée depuis longtemps. En voyant la hausse, la tentation est grande de vouloir jouer la fermeture du gap. Il pensait short, il pense long. Le trader ne sait plus où il en est. D'où la nécessité absolue de la patience, du calme et de la maîtrise.

> Les paramètres de la stratégie autorisent des optimisations individuelles, ils permettent à chacun de les adapter à son propre trading, voire à ses propres unités de temps. Elles ont le mérite de ne pas laisser le trader jouer avec ses émotions. Il doit appliquer strictement, rigoureusement, la stratégie.

Pour les débutants et les autres qui opèrent sur les CFD, il suffira de paramétrer leur plateforme aux horaires du contrat future ou du produit suivi, afin d'y laisser apparaître le gap et de pouvoir utiliser cette stratégie.

Exemples

Graphique 15.18. Future CAC – Données 5 minutes

Après un gap de près de 100 points (soit 82 % du TrDma20), le FCE remonte en retraçant près de 62 %. Une clôture sous le bas du chandelier, un RSI inférieur à 60 et un MACD sous sa ligne d'équilibre autorisent l'ouverture de position. L'entrée est actée à 4 582 et le stop placé à 4 599 et 4 616, soit un risque de 17 et 34, 51 points au total (risque moyen de 25.50 par contrat, donc). La première prise de bénéfices survient à 4 544, sur 150 % du risque moyen, soit 38 points (4 582 – 38 = 4 544). Le stop suiveur est déclenché et placé sur la moyenne mobile longue.

Graphique 15.19. Future Eurostoxx50 – Données 5 minutes

Dans le graphique de l'Eurostoxx50, l'ouverture de la position dans le cercle en pointillé se fait sur cassure du bas du chandelier précédent, le RSI et le MACD sont conformes à nos critères, ainsi que la moyenne mobile longue qui fait office de résistance. L'ouverture de la position de produit à 3 262 et le stop est placé à 3 273 et 3 281. Le risque pris est donc de 11 + 19 = 30 points, soit 15 points moyens par contrat. Ce qui nous donne une prise de profit potentielle à 23 points de l'entrée, soit 3 239. Une première sortie est effectuée sur 3 243 sur le test du bas. Le stop est aussitôt placé sur la moyenne mobile longue. Le marché rebondit. Le stop suiveur est activé à 12:30 sur 4 269, pour une perte de 6 points. Soit au total, un gain de 17 points par contrat alors que le marché est allé refermer son gap et aurait pu nous conduire à une perte totale sur la position sans une gestion de position active.

Graphique 15.20. FCE – Données 5 minutes

Cette opération avait été particulièrement intéressante puisque après avoir ouvert sur un gap down de 45 points, le FCE est venu sur la triple résistance de la clôture de la veille (ligne en tiret), de la zone d'équilibre intraday (ZEI ou N1 en grisé) et sur les 50 %. L'entrée peut se faire dès la clôture du deuxième chandelier sans attendre la cassure du bas du globex. Le potentiel de gain était supérieur à 100 points pour un risque inférieur à 20.

ST – B.Fail : une stratégie de fausse cassure

Les stratégies à base de cassures, notamment sur les zones de congestion, sont des stratégies efficaces à condition de s'entourer de précautions pour éviter la multiplication des faux signaux.

Mais il faut savoir quand une cassure a des chances de ne pas déclencher un mouvement directionnel. L'analyse de la maturité de la tendance sert justement à déterminer les probabilités d'une poursuite ou non de la tendance.

Pour qu'une stratégie discrétionnaire soit efficace sur le long terme, il ne faut pas qu'elle présente une courbe de résultat trop irrégulière. Dans le cas inverse, le trader ou l'investisseur perdra confiance et n'appliquera plus sa stratégie ou, pire encore, il l'appliquera mal, en modifiant les paramètres, non pas après un backtest sérieux mais juste sur la base des dernières configurations.

Tactiquement, il convient donc de toujours opter pour des paramètres qui lisseront la courbe de résultat et ne généreront pas de périodes de pertes (drawdown) trop significatives et trop longues, plutôt que de choisir la performance absolue la plus remarquable.

Nous noterons que cet argument peut aussi valoir pour les stratégies algorithmiques ainsi que pour la gestion professionnelle. Dans notre métier de gérant de hedge fund, il faut savoir et pouvoir rendre des comptes aux clients ; des périodes de pertes trop prononcées sont l'assurance de voir les capitaux et les clients quitter le fonds.

L'intérêt majeur de cette stratégie est d'offrir la possibilité de capturer un retournement de tendance. Il faudra distinguer deux cas principaux : les retournements de cycles, de tendance primaire donc, et les retournements intermédiaires, de tendance secondaire. Dans le premier cas, cette stratégie sera une stratégie purement contrarienne ; dans le second cas, ce sera une stratégie de type trend following, avec entrée en retracement. Rentrer sur une fausse cassure pour jouer un retournement permet d'offrir des points d'entrées à faible coût. Le stop est placé à des niveaux proches et le potentiel de gain est très large.

Tous les exemples donnés dans ce chapitre le sont pour les BDFail, les fausses cassures de support. Tout est valable pour les BOFail.

Configuration

Après une période directionnelle baissière, le marché se stabilise et marque une ou des zones supports. Un test de cassure de support échoue.

Indicateurs

- RSI
- Histogramme du MACD (7/13/5)

Timing

Trois timings sont utilisés, en divisant la prise de position en trois tiers. Cela permet de se montrer agressif et d'augmenter progressivement la taille de l'exposition au fur et à mesure que la convergence des signaux valide la stratégie. Dans le cas du BDFail (les critères seront inversés pour le BOFail), il faudra surveiller :

- l'apparition d'un chandelier type marteau qui casse un support et clôture au-dessus de ce support, ou bien une configuration en deux chandeliers type marubozu baissier suivi d'un avalement avec une clôture au-dessus du support précédent ;
- la validation par la clôture au-dessus d'une moyenne mobile courte ;
- l'histogramme du MACD court (7/13/5) qui repasse positif.

L'avantage de procéder ainsi est de limiter la perte sur les faux signaux puisque la position sera rarement prise en totalité (en cas d'échec de la stratégie). L'agressivité est ainsi maîtrisée et l'augmentation de la taille de position correspond à une validation progressive des signaux recherchés. Plus la convergence augmente et plus l'exposition au marché est accrue. La probabilité de voir le marché se retourner est réduite au fur et à mesure que l'exposition est augmentée.

Stop de protection

Le stop de protection initial est placé quelques ticks sous le bas marqué par le BDFail ou sur le bas testé. Cela dépend du sous-jacent.

Prises de bénéfices et gestion du risque

Il est possible de traiter cette stratégie de plusieurs manières. Si l'on considère que la tendance est arrivée à maturité et qu'elle est sur le point de se retourner, il ne faudra jamais hésiter à tenir la position. En agissant ainsi, on dégradera le taux de réussite en augmentant considérablement le risk/reward et on aura selon les sous-jacents des taux de réussite qui tourneront autour de 40-45 % avec des risk/reward supérieurs à quatre. Mais pour ceux qui préfèrent lisser leur courbe de résultat tout en acceptant des gains globaux légèrement inférieurs, il est possible de viser des risk/reward compris autour de 1. Le taux de réussite est alors supérieur à 70 %.

Chacun doit adapter sa gestion de position en fonction de sa psychologie propre. Vouloir s'imposer des règles qui ne nous mettent pas à l'aise est une erreur.

Les éléments techniques à surveiller

Pour les BOFail de support, il faudra surveiller les points suivants (l'inverse étant valable pour les BDFail de résistance) :

- le taux de pénétration du support. Plus les vendeurs ont poussé leur avantage, plus il sera possible de considérer que le nombre de vendeurs piégés est important ;
- le volume durant la cassure du support. Même considération que le point précédent ;
- l'importance du rebond. Il est important de voir une véritable réaction des acheteurs sur ces niveaux. Une réaction « molle », qui manque de dynamisme, n'est pas un facteur encourageant puisque la psychologique sous-jacente à cette stratégie est le bear trap (ou le bull trap dans le cas du BOFail).

Psychologie de marché

Cette stratégie est très efficace car elle repose sur un changement radical de la psychologie des intervenants.

Dans le cadre d'une tendance baissière, tous les opérateurs attendent d'une cassure baissière une accélération du mouvement. Pourtant, la cassure du support entraîne une réaction des acheteurs marquant probablement la fin d'une tendance. Les vendeurs se sont donc fait piéger, mais aussi les acheteurs qui avaient tenté l'achat du support. Seuls les investisseurs patients, ceux qui ont attendu d'appliquer des règles d'entrées rigoureuses et qui sont hors marché, sont prêts à saisir l'occasion qui se présente sans frustration. Le rebond piège les vendeurs et agace les acheteurs qui viennent d'être stoppés. Des acheteurs agacés vont donc tenter d'acheter à nouveau et des vendeurs piégés doivent couper leurs positions, gonflant à leur tour la masse des acheteurs.

Dans le cadre d'une tendance haussière, cette configuration en fausse cassure va piéger les investisseurs et traders contrariens qui ne réussissent pas à comprendre le fonctionnement des tendances et cherchent toujours à s'y opposer. Ainsi, dans une tendance haussière, une zone de congestion ou un drapeau à pente faible pourra lancer un faux signal de cassure de support. La stratégie s'applique alors comme une stratégie de suivi de tendance et offre de belles opportunités d'entrée à faible coût.

Exemple 1 : Airbus

Graphique 15.21. Airbus Group (AIR) – Données quotidiennes

Cet exemple est particulièrement intéressant puisqu'il regroupe beaucoup d'éléments techniques étudiés dans ce livre. Il est aussi utile pour montrer que ce type de stratégie de contre-attaque haussière peut se retrouver dans une tendance haussière sur des niveaux supports importants, là où les opérateurs qui chassent à tort un retournement de tendance tentent de s'engouffrer. Inscrit dans une tendance haussière depuis plusieurs mois, l'investisseur repère en premier lieu un triple top ou triple sommet en formation entre mars et juin. Les investisseurs vont donc chercher à vendre la cassure de la ligne de cou à 56.90. Certains, plus agressifs, vont anticiper la cassure en vendant précipitamment, souvent par peur de rater le mouvement sur un gap ou sur un mouvement trop rapide. Lorsque le test des 56.90 se produit enfin, ceux qui ont déjà vendu sécurisent leur position, et ceux qui ont attendu se mettent à vendre. Les plus sérieux attendent la fin du chandelier pour savoir si la cassure est effective ou pas. Ils ont lu attentivement nos recommandations. Mais les plus pressés, ceux qui avaient hésité à vendre avant la cassure, se le reprochent soudain et décident de ne plus attendre, la cassure ne fait plus de doute dans leur esprit. Ils vendent le titre à découvert. L'impatience et la frustration sont deux armes que l'on retourne contre soi-même. Résultat : lorsque la journée se termine par une fausse cassure et un chandelier de type marteau, l'impatience et la frustration cèdent la place à la peur de perdre et le sentiment de toujours agir à l'envers du marché. Alors qu'en réalité, ils travaillent sans règles d'entrées précises. Les investisseurs rigoureux et disciplinés auront eux attendu la validation de l'étoile du matin et la cassure conjointe de l'histogramme du MACD et de la moyenne mobile 20. Ce BDFail en 1, en invalidant le triple top, est un cas typique de chien de Baskerville. D'ailleurs, en 2, on voit que malgré la tentative pour recasser la ligne de cou, les prix rebondissent avant le test du support. Ensuite, une formation en double creux propulse les prix sur l'objectif graphique des 68 euros.

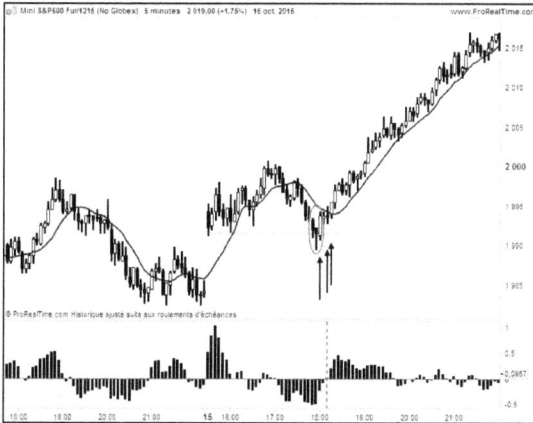

Graphique 15.22. SP500 (ES) – Données 5 minutes

Après une première impulsion haussière, le future ES teste son support. L'apparition d'un marteau alerte le trader. L'entrée ne peut s'effectuer que sur le chandelier suivant qui clôture au-dessus du support, contrairement au marteau. Une étoile du matin est dessinée. Le 2e tiers peut être pris dès le chandelier suivant avec l'histogramme du MACD qui repasse haussier. Enfin, la cassure de la moyenne mobile donne la dernière entrée. Cette entrée donnait un risque maximal inférieur à 5 points pour un gain de 20. La hausse qui suit est impressionnante, avec une tendance impulsive sans retracement. Les vendeurs qui ont tenté de jouer la cassure pour refermer le gap se sont fait piéger. Et tous ceux qui tentent de jouer la fermeture du gap coupent leur position au fur et à mesure, nourrissant un flot continu d'acheteurs.

Cet exemple est particulièrement intéressant car il illustre parfaitement l'importance du placement des stops et de la gestion des positions, la force de cette stratégie et la nécessité de ne pas leurrer le lecteur en ne lui présentant que des cas parfaits où tout se passe bien.

Au point 1, l'entrée s'effectue en totalité puisque le signal est donné à la fois par la clôture au-dessus du support précédent, par l'histogramme du MACD et le croisement de la moyenne mobile. Mais après une première poussée d'une vingtaine de points, un nouveau test du bas se produit avec un enfoncement de quatre ticks, soit 2 points. Donc, en fonction du placement de vos stops, vous aurez été stoppé ou pas, après avoir eu l'équivalent

Graphique 15.23. FCE – Données 10 minutes

en points de votre risque (risque de 19 points et gain potentiel de 22,5 précisément). Celui qui a placé ses stops 3 points sous les bas du BDFail n'est pas stoppé. Celui qui les a placés à 2 points est stoppé. Enfin, celui qui prend tout ou partie de ses bénéfices à 1 risk/reward a allégé ou a coupé sa position.

Dans cette stratégie, nous utilisons un stop à… 0 point avec le future CAC. Autrement dit, le bas précédent est pris comme stop. Tous les tests discrétionnaires et algorithmiques que nous avons utilisés nous prouvent que c'est le meilleur stop, celui qui nous assure dans la durée la meilleure performance, à condition d'accepter de perdre et d'être prêt à reprendre position si un nouveau cas se présente aussitôt. Nous avons donc été stoppés. En fait, deux ticks en dessous avec le slippage, comme ça vous saurez réellement tout. C'est un des inconvénients de travailler avec un nombre de contrats conséquent.

Mais aussitôt, une nouvelle configuration apparaît en 2. Et comme l'indique les trois flèches, chandelier, puis histogramme et clôture au-dessus de la moyenne mobile, nous avons repris position après une perte de 19,5 points. Au final, le potentiel était supérieur à 70 points.

Il est important de savoir réagir après une perte lorsqu'une nouvelle stratégie apparaît. Il ne s'agit pas de vouloir se venger du marché en nourrissant un quelconque ressentiment. Se mêler à la foule des aigris ne sert à rien, sinon à se rendre encore plus aigri. Mais calmement, en appliquant toujours nos stratégies, il faut savoir investir ou trader ce qui est décidé froidement sur le papier. Après une perte, si un nouveau signal apparaît, il faut savoir le prendre. Peu importe le résultat. Dans ce cas, il a été gagnant. Il aurait pu être perdant. On ne le sait jamais à l'avance.

Exemple 2 : Bonduelle

Graphique 15.24. Bonduelle – Données quotidiennes

Ce BDFail est intéressant à plusieurs titres. Le titre est inscrit dans une phase corrective baissière clairement définie par un canal baissier en trois vagues. La double tentative de cassure conjointe du canal baissier (en trois vagues correctives ABC) et du support horizontal, se traduit par un chandelier de type marteau avec une longue mèche basse. L'entrée a été décidée sur validation double de l'histogramme du MACD et la clôture au-dessus du marteau. L'objectif était le haut du canal sur lequel nous avons pris une partie des bénéfices seulement, avant de remonter le stop sur l'entrée.

ST – VRM, V-reversal de momentum

Les configurations graphiques en V-top et V-bottom peuvent constituer de véritables stratégies d'intervention sur les marchés, à condition de spécifier un certain nombre de règles et de ne pas essayer de les traiter comme des figures de retournement, mais seulement des figures de retour à la tendance principale ou majeure après un retournement. Dans le premier cas, il n'existe que peu d'avantages comparatifs à les traiter et tous les modèles que nous avons testés ont échoué à performer dans la durée de manière efficace. Dans le second cas, les stratégies ont prouvé leur efficacité sur tous les produits et sur toutes les unités de temps. Il n'est plus nécessaire à ce stade de rappeler l'intérêt de toujours replacer une configuration technique ou graphique dans son contexte global.

S'il reste compliqué d'anticiper cette configuration de type climax, nous allons établir plusieurs règles, fruit de nos recherches, qui nous permettront de les surveiller dans des cas précis.

- Règle n° 1 : il faudra distinguer les configurations de retournement de cycle, des configurations de retournement de vague corrective.

- Règle n° 2 : en tendance haussière, il sera possible de traiter uniquement les retournements de vagues de correction, donc les V-bottom. Inversement, en tendance baissière, il ne sera possible de traiter que les V-tops sur les vagues de correction.

- Règle n° 3 : la durée de chaque vague ne devra pas excéder l'autre de plus de 20 %, sauf si la deuxième vague (haussière pour les V-bottom, baissière pour les V-tops) est plus courte que la première.

- Règle n° 4 : la présence de volumes significativement élevés sur les extrêmes est un critère de validation supplémentaire (pour les produits qui permettent de lire les volumes).

Calcul d'objectif

Comme pour nombre de configurations graphiques classiques, le calcul d'objectif s'effectuera en reportant l'amplitude de la figure à partir de sa ligne de cou. L'objectif devrait être atteint dans une période de temps moyenne inférieure au double de la durée de la configuration, et au triple au maximum. Plus simplement, si la figure a une durée de 20 unités de temps, l'objectif graphique devrait être atteint en moins de 40, avec un maximum de 60. Dans le cas où l'objectif n'est pas atteint au terme de la durée maximale, la bonne attitude est de couper la position ouverte.

Graphique 15.25. Orange (ORA) – Données quotidiennes

Ce cas de figure est riche d'enseignements et d'un intérêt tout particulier. Le titre Orange se trouve en tendance haussière, attestée par la moyenne mobile 200 orientée à la hausse, en position de support. Orange s'inscrit dans une zone de consolidation, un canal descendant bien construit, au sein duquel on peut aisément compter cinq vagues. Le troisième test du support du canal déclenche une augmentation significative du volume (le plus élevé en quatre mois) et de la volatilité (une hausse du range entre le bas et le haut), soit un chandelier de déséquilibre potentiel. À compter de ce point, la reprise haussière valide le V-bottom. La hausse s'effectue en 8 séances contre 12 pour la descente. Enfin, la validation de la figure est donnée par un marubozu qui casse à la fois la ligne de cou du V-bottom et la ligne de résistance baissière du canal. Enfin, pour les étourdis, les plus timides et les timorés, ceux qui ne seraient toujours pas convaincus, le cours dessine un magnifique pullback en forme de pendu.

Tous les critères du V-bottom sont donc présents. Le doute n'est pas permis : tendance haussière, volume significatif (chandelier de déséquilibre), deuxième vague plus courte que la première et timing de validation.

Stop et invalidation

Le stop sera placé entre 50 et 62 % de l'amplitude de la figure. Il arrive dans quelques cas rares (statistiquement, dans moins de 8 % des cas en intraday) que le retracement dépasse les 62 %, mais dans ce cas, il est encore difficile de parler d'un V-bottom ou d'un V-top. Normalement, les prix doivent accélérer après la cassure, et s'ils viennent à retracer, ils ne devraient pas excéder les 38 %. En travaillant avec un stop supérieur à 50 %, on s'assure donc un risk/reward potentiel proche de 2 et des taux de réussite qui, selon les produits traités, doivent dépasser les 60 %. De quoi rendre cette figure simple largement rentable et utilisable en tant que stratégie d'intervention sur les marchés, alors qu'une utilisation sans les règles décrites au-dessus ne dégage pas d'avantages comparatifs suffisants pour pouvoir opérer cette figure avec succès sur les marchés.

Dans le graphique de Néopost, la tendance est baissière (un haut moins haut et un retour sous la moyenne mobile simple à 200 périodes pour valider la cassure du V-top). Le volume est significatif, c'est le plus important depuis plusieurs mois. Si l'opérateur se pose la question de la pertinence ou pas d'un critère pour valider une stratégie, il est préférable de ne pas insister. Écarquiller les yeux pour trouver des éléments objectifs est toujours une mauvaise idée. La durée de la vague de baisse prend 9 séances contre 12 pour la montée. On notera le gap de cassure durant la phase de descente qui valide l'hypothèse d'un retournement dans un mouvement impulsif. Il est ensuite aisé de constater le changement de polarité après la cassure puisque la ligne de cou du V-top sert parfaitement de résistance au

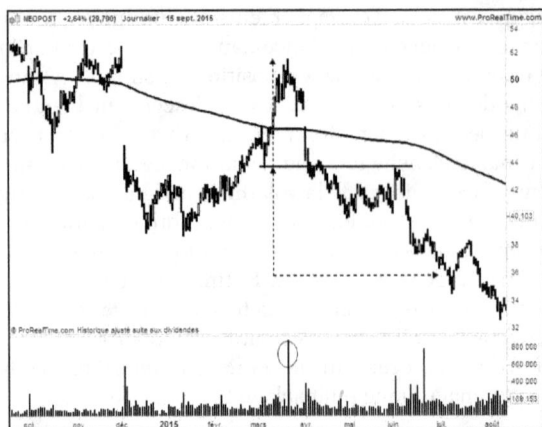

Graphique 15.26. Néopost (NEO) – Données quotidiennes

pullback sur les cours. Le calcul de l'objectif se fait simplement en reportant l'amplitude de la figure sur sa sortie. Il est ici atteint en 60 séances, soit pratiquement le triple de la durée totale de la figure qui est la limite maximale acceptée avant de sortir et de couper la position sur objectif temporel et non plus objectif graphique.

Chapitre 16

Une journée de trading

Une journée de trading, c'est réussir à assembler ce qui est épars. C'est avoir lu et appris tout ce qui a été écrit dans ce livre pour l'appliquer, tant au niveau de l'analyse du marché que du choix des stratégies, des allocations d'actifs, des stops loss et des cibles. C'est aussi apprendre à gérer son mental et sa concentration tout au long de la journée pour ne jamais céder, par facilité ou par ennui, au clic étourdi qui peut vite tourner au cauchemar.

5 novembre 2015

Graphique 16.1. FCE – Données 3 minutes

Une baisse initiale marque une première stratégie en 1 : le B.Fail. Le rebond s'effectue en 2 par un V-bottom de type 17/13 (17 chandeliers de baisse pour 13 de hausse) qui le valide complètement. L'objectif est atteint au point près. Il est aussitôt suivi d'une zone de congestion qui finit par dessiner un double top de forme Eve et Adam. La cassure est impulsive et se produit dans la tranche horaire où les retournements sont attendus, juste après 16:00. L'objectif est là aussi atteint au tick près. En 3, les marchés dessinent un sommet plus bas que le sommet précédent (a lower high). La cassure de la ligne de cou nous donne le timing d'entrée pour jouer le double sommet.

9 novembre 2015

À 08:50, peu avant l'ouverture des marchés actions, la cassure du support valide le pump down. Le FCE est vendu à 4 983 et le stop placé à 5 002.

Graphique 16.2.

Après la baisse initiale qui a duré 01:15, un rebond en ABC a duré 01:30 et a bloqué sous les 62 % de retracement, sous l'ouverture de 09:00 et sous la NI (zone d'équilibre intraday). La cassure du bas du chandelier UTP et le passage de l'indicateur BSI en zone de vente sur l'unité de temps de timing imposent d'entrer en short à 4 969, le stop est placé serré sur le haut à 4 978. Le passage sous la NI (4 978/4 982) valide le scénario de l'analyse d'une journée baissière d'autant plus qu'elle sert maintenant de résistance. L'objectif logique se situe donc maintenant sur N2 à 4 915.

À 12:55, la position est soldée à 4 958 (+11). Après deux tentatives de cassure du bas du jour, le support a tenu. Le stop temporel est activé. Il ne faut pas insister et le gain est suffisant.

Entre 09:15 et 15:30, les prix ont fluctué dans une zone de consolidation sous NI. Depuis 11:25, ils forment une zone de congestion en triangle. À 15:40, juste après l'ouverture de Wall Street, un SHMO se produit, le range est le plus important du jour, c'est un chandelier de déséquilibre sur UTP et le volume est le 4e plus important du jour. L'indicateur BSI valide le signal en passant baissier. L'indicateur S-trend offre un signal de convergence supplémentaire, très efficace, puisqu'il se situe en zone de vente, mais surtout en zone potentielle d'accélération. Un nouveau short est donc ouvert à 4 949. Le stop est placé sur le haut du chandelier de déséquilibre à 4 964.

Graphique 16.3.

Graphique 16.4.

Chapitre 17

Derniers conseils

Accumuler des connaissances, s'abreuver de savoir technique est à la portée de tous. Tout le monde devrait pouvoir devenir trader ou investisseur gagnant. Un ordinateur, deux ou trois écrans, un compte chez un courtier et c'est parti. Or, peu nombreux sont ceux qui gagnent régulièrement. La réalité est cruelle, voici quelques rappels utiles avant de refermer ce livre :

- l'analyse de marché et les outils utilisés ne sont qu'une des facettes du trading. En l'absence d'une gestion du risque rigoureuse, sans une psychologie particulière, le risque de déception est fort ;

- sur les marchés, l'expérience personnelle est un atout. Il faut être suffisamment patient pour accepter d'apprendre pas à pas, en corrigeant graduellement et calmement les défauts qui empêchent de parvenir à une réussite régulière. Il n'existe pas de raccourcis rapides ;

- les pièges et les faux signaux sont nombreux. Les marchés changent rapidement. Il faut savoir s'adapter vite. Les professionnels en usent et en abusent. Après trois pertes, le débutant hésitera à cliquer à nouveau, mettant en doute la qualité de sa stratégie. Pourtant, s'il a bien travaillé en amont, il ne devra pas hésiter à cliquer ;

- à posteriori, tout semble évident. Les graphiques sont clairs et précis mais le gain doit se faire sur la partie droite du graphique, celle qui reste inconnue. La facilité, si elle existe, n'est qu'apparente ;

- le capital nécessaire pour le trading est largement sous-évalué, d'autant plus lorsque l'on débute ;

- les frais des courtiers viennent grever de manière importante les résultats si l'on n'y prête pas attention ;

- le manque de formation initiale est un handicap. Le coût d'une formation sérieuse reste faible par rapport aux pertes sur les marchés, mais certains préfèrent payer avant de se former sérieusement auprès de professionnels reconnus qui montrent leurs résultats comme nous le faisons.

Pour réussir à surmonter toutes ces difficultés, il ne faut pas hésiter à lire et relire les 15 conseils suivants.

Étudier le marché

Un trader gagnant n'intervient pas au hasard sur les marchés. Il prépare ses journées et ses interventions de manière consciencieuse, en élaborant des plans d'opérations détaillés et précis. Il ne confond jamais la réactivité avec l'impréparation et un travail d'analyse sérieux. Il détermine précisément les niveaux d'invalidation des scénarios de marché.

Créer une bulle protectrice autour de soi

Il y a 20 ans, il était compliqué, souvent impossible, de recueillir de l'information en temps réel sur les marchés, sinon à des coûts exorbitants. De nos jours, entre les chaînes de télévision, les médias financiers sur Internet, les réseaux sociaux et des flux de données économiques et financiers à des prix abordables, le risque n'est plus le manque d'information, mais le trop plein. Trop d'informations sème la confusion dans l'esprit des débutants. Le choix devient compliqué, agir devient compliqué. Plus on augmente les sources d'information, souvent pour se rassurer, par manque de confiance, et plus il devient difficile de se montrer efficace.

Il faut se concentrer sur son propre travail.

Il faut absolument éviter de s'éparpiller sur les forums, source de discussions le plus souvent stériles, et de perdre son temps sur les réseaux sociaux. La concentration doit être maximale durant les périodes de travail. Le trading n'est pas un jeu.

Coller aux cours et à sa méthode

Il est facile de se laisser distraire devant ses écrans. On se laisse facilement submerger par les avis des uns et des autres sur les réseaux sociaux, on lit les opinions des analystes, ceux qui sont payés pour avoir des avis sans prendre le risque de payer le marché pour savoir s'ils ont vraiment raison.

La seule réalité à suivre est celle du comportement des cours. Le cours d'une action, d'un contrat future ou d'un CFD intègre le consensus des opérateurs, inutile de vagabonder dans l'espace numérique à la recherche d'un appui virtuel. Les avis donnés ont une chance sur deux d'avoir raison ou tort, et ils oublient deux paramètres essentiels : la gestion du risque et des positions ainsi que les données psychologiques et mentales.

Ne jamais écarquiller les yeux devant les écrans

Les traders intraday ou les investisseurs actifs doivent faire preuve d'une grande capacité de concentration, sur une longue période. Quelques secondes de relâchement peuvent suffire à déclencher un mauvais choix qui en entraînera d'autres.

L'analyse a permis d'élaborer des scénarios dans un cadre stratégique. Les fluctuations des cours vont guider les actions. Écarquiller les yeux, par impatience, par ennui, par avidité ou par jalousie, occulte l'objectivité nécessaire à une action réfléchie. Une stratégie d'intervention doit comprendre des paramètres suffisamment précis pour ne pas laisser place au doute et permettre aux émotions de prendre le dessus. C'est toute la différence entre un trader rigoureux et gagnant, et un trader indiscipliné, mû par ses émotions.

Conjuguer patience et réactivité sans tomber dans le syndrome du garage

Un trader avisé se montre patient avec ses opérations gagnantes, et il n'hésite pas à couper rapidement ses opérations perdantes dès que les niveaux d'invalidation de sa stratégie ont été atteints. Malgré des biais émotionnels qui poussent à agir à l'inverse, il faut apprendre la patience avec ses positions gagnantes et la réactivité pour couper ses pertes.

Comprendre la cyclicité des marchés

La difficulté de performer dans la durée découle des cycles de marché qui proposent des comportements différents. Il faut savoir s'adapter rapidement en ajustant sa méthode, notamment grâce aux zones de valeur : techniques d'analyse, systèmes, stratégies adaptées, biais psychologiques différents, et gestion du risque et des positions.

Le marché fonctionne par cycles : tendance, congestion, baisse, volatilité, absence de volatilité… et ces cycles s'entremêlent sur des horizons de temps différents. L'opérateur qui va intervenir à une période où ses stratégies sont en phase avec le marché développera sa confiance, parfois son arrogance, sûrement son exposition et son niveau de risques. Sur le cycle de marché suivant, soit il a acquis l'humilité et l'expérience pour comprendre qu'il doit modifier son approche des marchés ; soit son égo prendra le dessus et il persistera dans des stratégies qui performaient mais ne performent plus. Après avoir cru tutoyer les sommets, retomber n'est jamais facile. L'esprit cherche des biais, des stops oubliés, des expositions plus lourdes pour rattraper les pertes…

La réussite passe par l'acceptation des règles du jeu : un environnement changeant qui exige d'adapter technique, psychologie et gestion du risque aux conditions globales. Et ne pas laisser son égo lui dicter sa conduite.

Une veille technologique indispensable

Un trader ou un investisseur doit faire évoluer son système et ses méthodes d'intervention. La révolution technologique en cours a balayé nombre de configurations et d'habitudes techniques qui provenaient de comportement de parquet[4]. La montée en puissance des acteurs du trading à haute fréquence (HFT) a bouleversé les marchés et induit des nouveaux comportements de prix qui peuvent être exploités avec succès.

Ce changement d'environnement doit être pris en considération pour rester performant. La recherche de l'excellence passe par une recherche constante et une attention de tous les instants sur les résultats des stratégies utilisées. Les déviations par rapport aux résultats historiques doivent résonner comme des alertes.

La constance dans l'exécution des stratégies

Le manque de rigueur dans l'application des stratégies est mortifère. Les traders ou investisseurs peinent à appliquer, dans la durée et avec rigueur, les paramètres d'une stratégie pourtant backtestée. Souvent, le manque de discipline découle de biais émotionnels induits par des performances

---

4. Lieu où se traitaient les actions avant le passage d'ordres électroniques généralisé.

décevantes ou, à l'inverse, trop favorables. La constance est l'une des clés de la réussite. La discipline, c'est toujours ou jamais. Discipliné ou presque, discipliné quatre jours sur cinq, discipliné tous les jours sauf un jour par mois, c'est être indiscipliné.

Intervenir au bon moment

Le marché semble receler de multiples opportunités. Tout est fait pour pousser les opérateurs à agir. La réalité est différente. Ne pas agir fait partie du métier de trader, être « hors marché » est une position, un acte de gestion. La réussite passe par la sélection stricte des opérations. L'overtrading, défaut qui consiste à réaliser un nombre d'opérations trop important, doit être banni.

Accepter l'incertitude

Les backtests servent à s'assurer qu'une stratégie sera capable de performer dans le temps, dans différentes conditions de marché, maximisant les gains sur les périodes favorables et limitant les pertes sur les périodes défavorables pour dégager au final une performance positive. Mais il faut accepter que ce qui est valable sur une série d'opérations ne préjuge en rien de ce qui peut arriver au tick suivant l'ouverture de position. C'est un état d'esprit à développer. Le trader doit uniquement se concentrer sur ce qu'il peut maîtriser (la préparation, l'exécution, la gestion du risque, la gestion des positions). Le résultat d'une opération unique n'a aucun intérêt et ne doit déclencher ni joie (gain) ni peine (perte).

Gérer l'ennui

Beaucoup de débutants viennent au trading avec l'espoir de gagner, évidemment, mais aussi par jeu. La réalité est bien différente : le professionnel passe plus de temps à préparer son travail qu'à agir concrètement sur le marché. Avant d'agir, il va devoir attendre patiemment qu'une configuration intéressante se découvre, sans céder à un ennui légitime et à une envie de cliquer qui peut devenir source de pertes et de frustration.

Pour gérer l'ennui, l'analyse en temps réel des fluctuations doit devenir un objet intellectuel sérieux, pour comprendre ce que prépare le marché.

Gérer le risque

Armé des plus belles stratégies, les meilleurs traders sur le papier s'écrasent sur le mur de la réalité s'ils négligent la gestion du risque et une gestion de position dynamique. La performance ne peut se mesurer qu'à l'aune du risque engagé.

La gestion du risque et des positions est essentielle à la réussite, elle est partie intégrante de la performance car elle adapte les tailles de position aux différents cycles de marché.

Se spécialiser

Trader ou investisseur, la spécialisation est un atout. Un opérateur pourra se spécialiser sur un marché spécifique (le Forex par exemple), sur un groupe de marché (les futures sur indices actions), ou sur un marché spécifique (marché obligataires), mais aussi sur des systèmes de trading spécifiques (trend following ou mean reversal), ou sur une ou deux stratégies gagnantes de ce livre qu'il appliquera sur plusieurs horizons de temps et plusieurs sous-jacents. Enfin, il pourrait se spécialiser sur un style de trading : swing ou position trading à plusieurs semaines, swing à quelques jours, intraday, scalping... selon ses disponibilités horaires.

Pour réussir sur les marchés, la spécialisation est un atout indépassable. En sport, les décathloniens sont des sportifs accomplis. Mais face aux spécialistes de chaque discipline individuelle, ils sont très moyens. Sur les marchés, la problématique est identique.

Acquérir les qualités mentales des sportifs

Un joueur de poker connaît parfaitement les statistiques des mains qu'il a sous les yeux et il ne jouera que les meilleures. Un trader doit apprendre à évaluer la qualité des configurations que le marché lui présente et décider ou pas d'engager, et avec quelle taille, de l'argent. La tactique et le processus psychologique sont les mêmes.

Un joueur de poker doit aussi être capable de patienter de longues heures, en jouant petit, ou en passant son tour lorsqu'aucune main intéressante ne se présente. Un trader doit savoir patienter sur des marchés peu favorables lorsque les configurations ne l'intéressent pas, il doit savoir résister à l'envie de cliquer par ennui ou par désœuvrement.

Un bon golfeur maîtrise la technique. Un très bon golfeur se nourrit de ses succès pour enchaîner les *birdies*. Un champion de golf se nourrit d'un échec sur un trou pour enchaîner par des coups gagnants extraordinaires.

Un trader doit savoir se reconcentrer et se relâcher encore plus après un échec, une ou plusieurs opérations perdantes. Là où d'autres vont se crisper et tomber dans un cycle de perte, le trader champion tire profit d'un échec pour se relancer.

Gagner sans peur

Confondre la préservation du capital avec la peur de perdre peut conduire à la paralysie, à la procrastination et finalement à la perte. Pour apprendre à gagner, il faut savoir respecter le marché sans en avoir peur. La perte ne doit pas inspirer la fuite ou de mauvaises réactions, elle doit être comprise comme un acte de bonne gestion.

La différence entre un trader discipliné et un trader indiscipliné

Le trader discipliné	Le trader indiscipliné
Laborieux, il prépare ses journées de travail	Il croit à son « feeling », son intuition
Il opère à partir d'un plan de trading précis	Il trade ses émotions plus que les prix
Il est concentré sur l'exécution de ses trades	Il est obsédé par le résultat financier
Il ouvre une position à partir d'une stratégie prédéfinie	Il ouvre une position dans l'espoir d'un gain
Il coupe une position lorsque les conditions ne sont plus réunies	Il tient sa position contre le marché, pour lui (se) prouver qu'il est le plus fort
Il clôture une position gagnante en respectant les règles de son plan	Il clôture une position gagnante pour ne pas perdre ses gains en cours

.../...

Le trader discipliné	Le trader indiscipliné
Il opère en restant calme et concentré	Le cœur battant lourdement dans sa poitrine, il surveille chaque tick de marché
Après une perte, il se reconcentre et passe au prochain trade, l'esprit vierge de frustration ou d'agacement	Après une perte, il accuse tout le monde... sauf lui, bien évidemment. Il veut sa revanche
Quel que soit le résultat de ses opérations, il reste d'humeur égale	Trader cyclothymique, il alterne entre euphorie et dépression

Source : www.bpdtrading.com

Si vous êtes arrivé au bout de ce voyage de 300 et quelques pages, vous avez maintenant compris que réussir sur les marchés est peut-être moins facile que ce que vous pensiez. Mais la bonne nouvelle, c'est que le travail, la rigueur et la discipline pourront vous ouvrir les portes du succès. Il n'existe pas de raccourcis, sinon certains, éphémères, donc inintéressants. La réussite doit se bâtir sur de solides fondations afin de pouvoir résister à l'usure du temps, aux soubresauts des marchés et à l'évolution psychologique de l'intervenant. La méthode GTAS encadre chacune de nos actions et nous facilite la tâche au quotidien en éclairant les fluctuations de cours et en délivrant des messages simples de zones d'achat et de vente.

La performance passera par des prises de risques mesurées, sans cesse calculées et l'acceptation que si certains paramètres sont maîtrisables, d'autres le sont moins. Le trading est un formidable voyage intérieur, une introspection profonde dont on ressort différent, obligatoirement changé. Je vous souhaite bien évidemment le meilleur car, depuis 20 ans, j'ai vu passer de nombreuses comètes qui ont brillé quelques semaines ou quelques mois avant de disparaître, détruites par des méthodes trop rigides ou trop exigeantes mentalement.

Dans cet ouvrage, l'accent a été mis sur une méthode globale, capable de résister aux changements d'humeur des marchés. Depuis 20 ans, les marchés ont subi des bulles, des krachs, des hausses, des baisses. Avoir une méthode qui performe dans toutes les circonstances de marché est donc essentiel pour pouvoir se projeter dans le temps.

Votre formation ne fait que débuter, pour certains elle se poursuit. Et elle se poursuivra tant que vous ouvrirez vos ordinateurs le matin pour essayer de comprendre ce qui se cache derrière les mouvements de marché. L'apprentissage ne s'arrête jamais.

L'application des règles contenues dans cet ouvrage ne vous garantira pas le succès mais il vous évitera déjà bien des déboires. Ensuite, il vous faudra accepter d'avancer, pas à pas, à votre rythme, sans vouloir regarder, copier, ou imiter le voisin.

Et n'hésitez pas à me faire part de vos progrès et de votre réussite. Enfin, donnons-nous rendez-vous sur les marchés et continuons à cultiver ce qui fait notre plus grande force : notre humanité, avec ses qualités et ses défauts.

Remerciements

Écrire un livre est un long travail, souvent ingrat, parfois laborieux. Mais la solitude n'est qu'une apparence. Seul, nous ne sommes rien. Et ce livre n'aurait certainement jamais vu le jour sans l'aide, à un moment ou à un autre, des personnes citées ci-dessous.

Thami Kabbaj, directeur de la collection, qui était me venu chercher en 2007 pour écrire *Trading et contrats futures* et qui m'a encouragé à écrire un nouveau livre sur le trading et l'investissement, fort de mon expérience supplémentaire sur les marchés, notamment dans le monde de la gestion.

Florian Migairou, mon éditeur chez Eyrolles, qui a toujours su me guider au mieux et n'a jamais été avare de bons conseils.

David Pitter, et la société Prorealtime, qui m'ont permis d'utiliser les graphiques et les données de leur logiciel.

Alain Petit, qui me supporte (dans tous les sens du terme) depuis maintenant près de quinze ans et qui a toujours été là pour moi, un soutien sans failles.

Laurent Biousse qui au vu de mes résultats en tant que trader pour compte propre est venu, le premier, me recruter pour intégrer un hedge fund.

Je dois aussi remercier tous ceux qui ont croisé mon chemin depuis plus de vingt ans, notamment mes nombreux élèves, souvent exigeants, et qui m'ont poussé dans mes retranchements. Si mon approche pédagogique est meilleure aujourd'hui qu'hier, c'est à leurs remarques, leurs questions et leurs doutes que je le dois. Si la méthode GTAS a vu le jour, c'est aussi pour répondre à leurs difficultés. Je ne pouvais donc pas les oublier.

Et pour finir, je ne saurai oublier les lecteurs de mon premier livre *Trading et contrats futures*. Ils n'ont jamais cessé durant des années de me demander si j'écrirai un jour un autre livre. Sans eux, et sans leurs messages de soutien et d'encouragement, qui font toujours chaud au cœur, et sont une réelle récompense pour les heures de solitude éloignée de sa famille à plancher sur le manuscrit, je n'aurai pas eu la force de m'atteler à l'écriture du livre que vous avez entre les mains.

Index

Mise en page : STDI

Dépôt légal : xxxxx 2016
Imprimé en France

www.ingramcontent.com/pod-product-compliance
Lightning Source LLC
Chambersburg PA
CBHW061237220326
41599CB00028B/5449